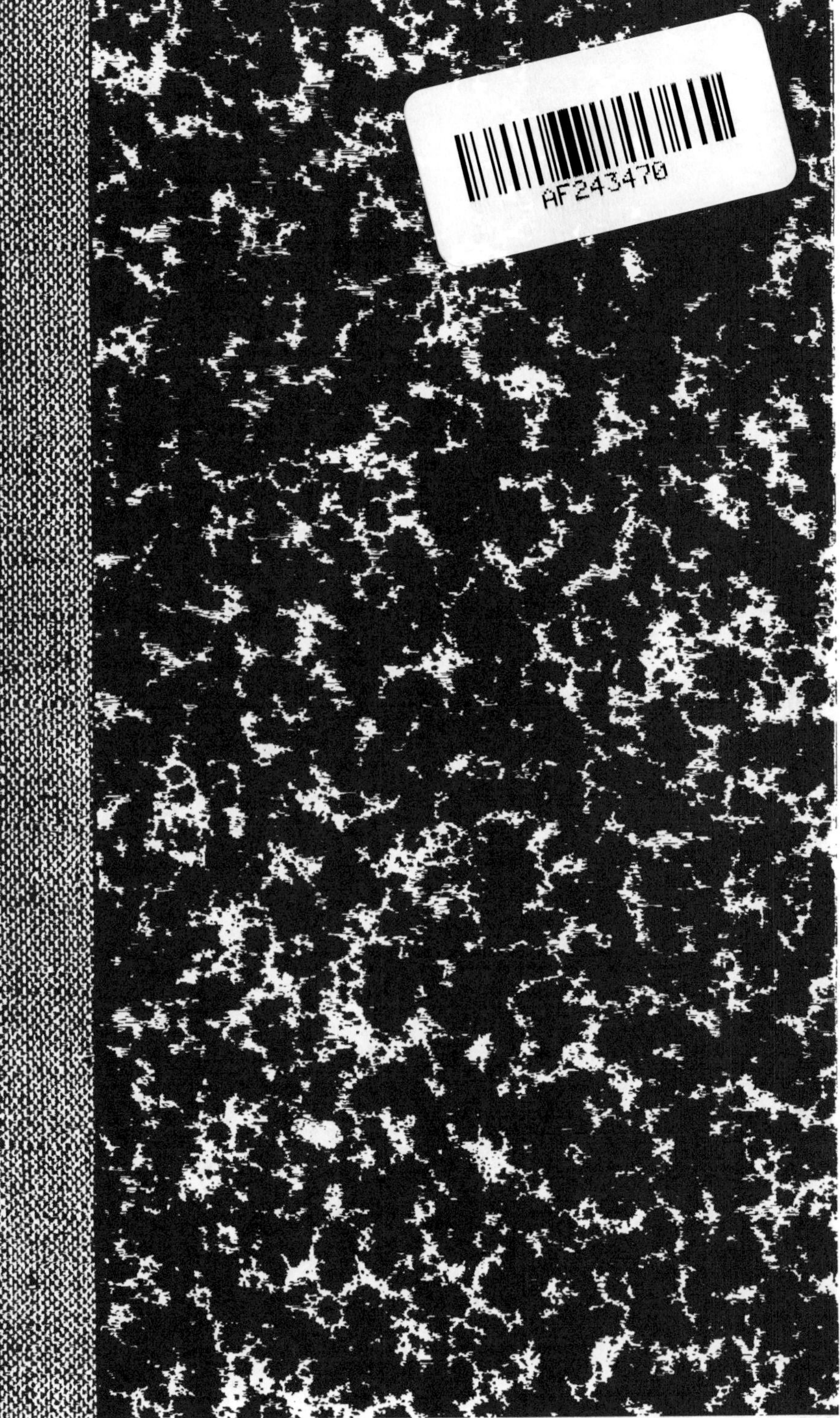

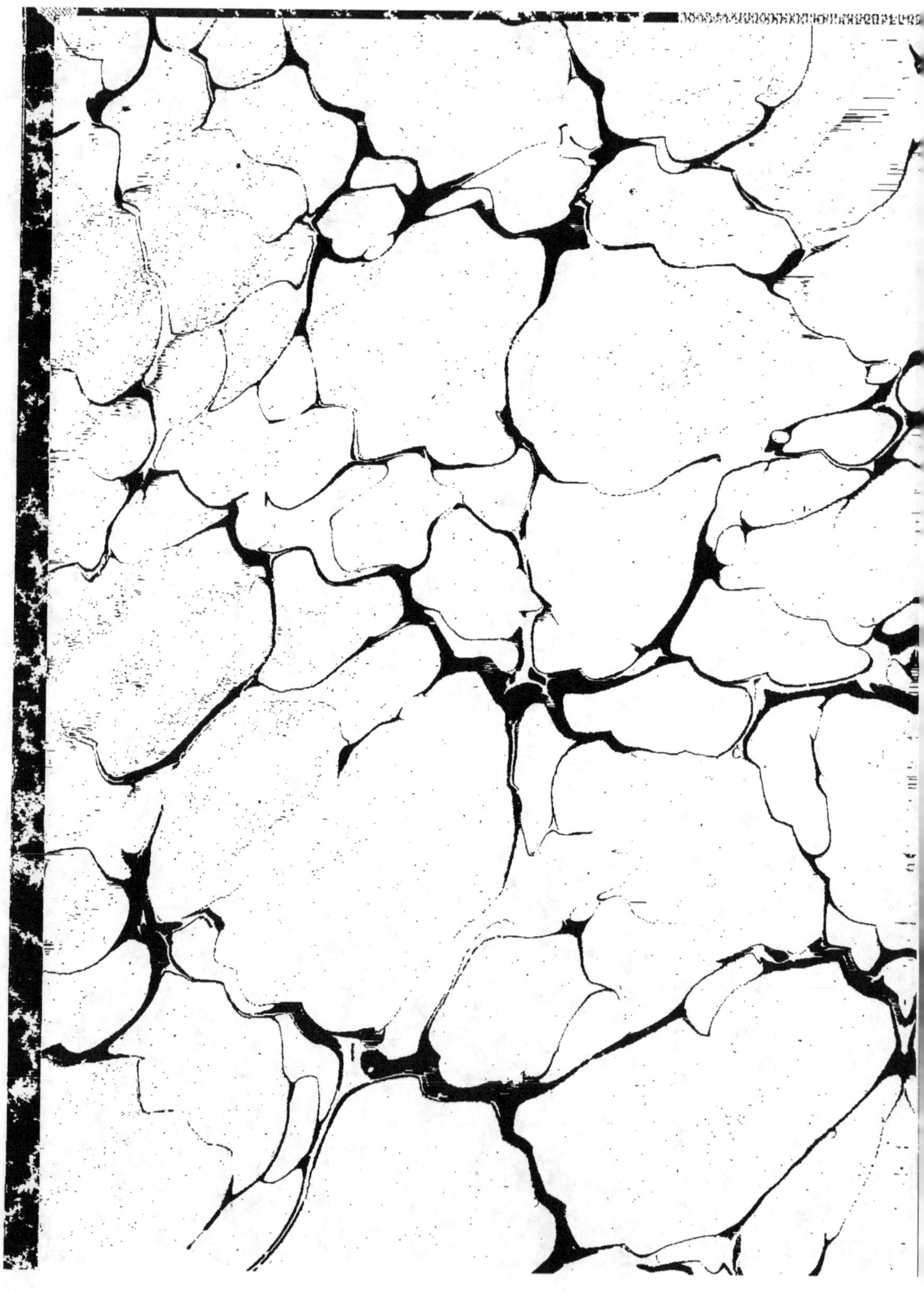

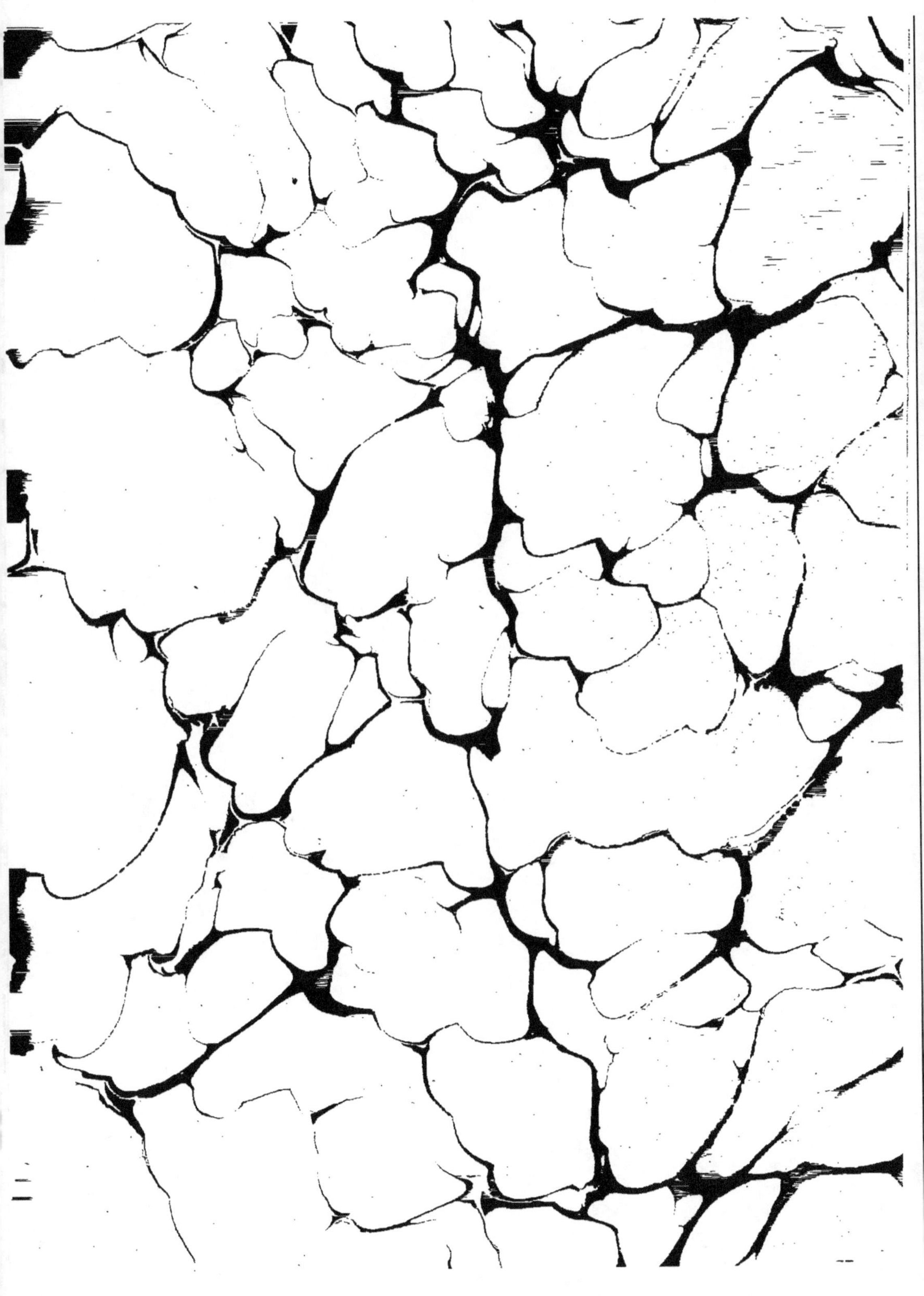

MANUEL

DE DROIT INDOU

MANUEL
DE DROIT INDOU

ET DE

LÉGISLATION CIVILE ET CRIMINELLE

APPLICABLE

DANS LES ÉTABLISSEMENTS FRANÇAIS DE L'INDE

DÉDIÉ

A M. LE CONTRE-AMIRAL DE VERNINAC SAINT-MAUR

Gouverneur des Établissements français de l'Inde

PAR F.-N. LAUDÉ,

Juge impérial à Chandernagor.

Les lois ne doivent point être subtiles :
elles sont faites pour des gens de médiocre
entendement.

PONDICHÉRY

E.-V. GÉRUZET, IMPRIMEUR DU GOUVERNEMENT

1856

A Monsieur

de Verninac Saint-Maur

Contre-Amiral

Commandeur de l'ordre impérial de la Légion d'honneur

Gouverneur des Etablissements français de l'Inde.

Hommage & Respect.

AVERTISSEMENT.

Dans aucun pays, le principe que *nul n'est censé ignorer la loi,* ne fut plus une fiction que dans les Établissements français de l'Inde. Les lois civiles, les lois de procédure, les lois pénales même, sont inconnues à la plus grande partie des justiciables : écrites en sanscrit ou en français, langues étrangères aux habitants du pays, elles échappent à la connaissance du peuple. Quelques personnes éclairées peuvent, sinon les connaître, du moins les étudier. La législation indoue résultant, soit des écrits des législateurs, soit d'usages, de coutumes, est loin de présenter un corps complet de doctrine fixe et uniforme. Les décisions les plus contradictoires, sur les mêmes questions, se rencontrent dans les écrits des jurisconsultes indous : de la confusion dans les textes naît la confusion dans la pratique et dans les décisions des Tribunaux. Il en résulte que les justiciables sont livrés à l'arbitraire du juge, qui peut toujours placer ses décisions erronées à l'abri d'un texte de la loi indoue.

Pour les Indiens, les lois n'existent qu'à l'état de tradition : « *Leges sacratissimæ, quæ constringunt omnium vitas, intelligi ab omnibus debent, ut universi, prescripto earum manifestiùs cognito, vel inhibita declinent, vel permissa sectentur* (Valentinien). »

Le magistrat souffre, dans l'Inde, de cette confusion dans les lois. Appelé à rendre la justice, il se trouve aux prises avec une législation qui lui est entièrement inconnue, qu'il lui est même difficile d'étudier et d'apprendre. La traduction en français des lois de Manou, ne peut lui donner qu'une idée incomplète des lois qu'il doit appliquer : ce sont des études nouvelles qu'il est obligé d'entreprendre au milieu d'une carrière surchargée de travaux, et sous un climat brûlant, qui énerve le corps et affaiblit l'intelligence. Ne serait-il pas possible de rendre la condition des justiciables meilleure, et la tâche du juge plus facile ? Le législateur ne pourrait-il pas coordonner les textes des jurisconsultes indous les plus estimés, les mettre en harmonie avec nos Codes, en faire un recueil complet et les promulguer comme lois? Les essais partiels qui ont été tentés, en ce sens, sous l'administration de M. le gouverneur DE VERNINAC, ont réussi au delà de toute attente. Ne pourrait-on continuer à marcher dans cette voie ?

Les textes indous que les Tribunaux appliquent, ont été écrits à une époque où la société n'avait ni les mêmes besoins, ni la même civilisation que ceux qu'elle a de nos jours. Sous la domination européenne, plus équitable et plus éclairée que la domination musulmane et indoue, les populations se sont enrichies, ont participé à une vie civile plus large et plus libre : les lois seules, n'ont pas changé. Il nous semble que la législation indoue doit être éclairée et vivifiée par les principes des législations européennes, plus nets, plus précis et souvent plus équitables. Le droit romain sera encore d'une grande utilité pour l'interprétation des lois indoues. Il faut le dire, au milieu de ce chaos des lois et des décisions, le rôle du juge est difficile : il est, en quelque sorte, obligé de se faire son *édit*, comme le préteur romain, si l'on peut employer cette comparaison, et de créer, pour l'accomplissement de ses fonctions, une jurisprudence invariable suppléant à la loi.

Ce n'est pas le seul embarras qu'éprouve le juge. Tous nos Codes ont été promulgués dans nos Étatablissements; des règlements du Conseil supérieur, d'anciennes ordonnances royales, enfouies dans les archives, ont été maintenus en vigueur. Dans toute affaire entre Indiens, qui lui est soumise, il doit rechercher, d'abord, s'il doit appliquer nos Codes, ou les lois indoues, ou, même, s'il doit concilier les deux législations, les expliquer l'une par l'autre. Il se fait donc, dans chaque procès, la loi qu'il applique; il usurpe les droits du législateur. La jurisprudence présente autant de confusion que les lois : telle doctrine est appliquée au Bengale, telle autre dans le sud de l'Indoustan. On verra, dans le cours de cet ouvrage, de nombreux exemples de cette divergence dans les opinions des jurisconsultes.

Il nous a semblé qu'un essai, qui aurait pour but d'assimiler la législation indoue à la législation française, ne serait pas inutile aux justiciables. Nous écrivons pour les personnes inexpérimentées, peu habituées aux affaires litigieuses, et non pour des magistrats plus instruits que nous, ou pour les membres habiles du barreau. Nous voulons être utile aux personnes que leurs relations d'affaires mettent en contact journalier avec les Indiens, les tenir en garde contre les ambages de la législation, et éclairer les Indiens, si passionnés pour les contestations judiciaires, sur leurs véritables intérêts.

Nous avons, autant que possible, adopté, dans les questions controversées, la solution qui se rapproche de notre droit : nous avons pris pour guide de nos études le Code Napoléon. Nous n'avons pas écrit un traité complet sur le droit indou ; nous avons posé quelques principes généraux, indiqué les rapprochements qu'il est possible d'établir entre la législation indoue et la législation française : nous avons fait, en un mot, un programme d'études plutôt qu'un ouvrage de jurisprudence. La doctrine que nous exposons est celle de Strange, de Colebrooke, d'Ellis : nous ne pouvions suivre des jurisconsultes plus éclairés et plus éminents. Les travaux considérables qu'ils ont entrepris sur le droit indou, seront toujours consultés avec fruit. Ils ont porté la lumière dans les ténèbres du droit de l'Inde ; ils ont rendu facile la tâche de ceux qui sont appelés à rendre la justice. Mais leurs ouvrages doivent être lus avec réserve par les magistrats français, car le droit indou a été modifié sur notre territoire dans plusieurs points importants, soit par des arrêtés locaux, soit par des lois métropolitaines.

En traitant du droit indou, nous indiquerons, sur chaque matière, les modifications spéciales qui y ont été apportées par la législation locale. Nous ferons suivre ce traité des ordonnances ou arrêtés qui ont dérogé aux Codes de procédure, d'instruction criminelle et au Code pénal, et qui nous ont paru encore applicables. On trouvera ainsi, dans un cadre restreint, la plupart des lois relatives à la pratique judiciaire. Cet ouvrage, à défaut d'autre utilité, aura du moins celle d'éviter des recherches pénibles, souvent infructueuses et toujours difficiles.

Avant de terminer, nous devons remercier M. le procureur général Ristelhueber, des avis sages et éclairés qu'il nous a donnés dans notre travail, et l'Administration, du concours bienveillant et de l'appui généreux qu'elle nous a prêtés.

MANUEL

DE DROIT INDOU

ET DE LÉGISLATION CIVILE ET CRIMINELLE

APPLICABLE

DANS LES ÉTABLISSEMENTS FRANÇAIS DE L'INDE.

CHAPITRE PREMIER.

Du Mariage.

Le mariage est l'acte le plus important de la vie d'un Indou. En se mariant il accomplit à la fois un devoir moral et religieux, et une obligation civile. Le mariage lui est prescrit, afin d'acquitter, par la procréation d'enfants mâles, sa dette envers ses ancêtres, et d'assurer pour lui les délices du ciel. Manou dit, au livre IX de ses Lois :

« Par un fils un homme gagne les mondes célestes ; par le fils d'un fils, il obtient l'immortalité ; par le fils de ce petit-fils, il s'élève au séjour du soleil.

« Par la raison que le fils délivre son père du séjour infernal appelé *Pout*, il a été appelé sauveur de l'enfer (Pouttra) par Brahma lui-même. »

L'Indien attache donc une grande importance à la naissance d'un fils. Avant de traiter des devoirs réciproques qu'impose la paternité, il est nécessaire d'examiner les lois sur le mariage, les conditions requises pour son accomplissement, ses formalités, les devoirs qu'il fait naître entre les époux, les causes de nullité ou de dissolution de ce contrat, les obligations civiles et religieuses que le veuvage impose aux femmes, et enfin le droit qu'elles ont de posséder des biens particuliers.

§ 1ᵉʳ. DES QUALITÉS REQUISES POUR CONTRACTER MARIAGE.

En général les Indiens se marient fort jeunes, lorsqu'ils atteignent leur septième ou huitième année ; on peut même affirmer que les filles sont données en mariage à cet âge. Le législateur indou ne s'est occupé ni du bonheur futur des époux, ni des inclinations du cœur. Il ne s'est attaché qu'au devoir religieux envers les mânes des ancêtres, dont le mariage peut amener l'accomplissement ; il s'est placé au point de vue exclusif des intérêts de l'ascendant, sans s'inquiéter du consentement des époux. Aussi que de mécomptes, que de malheurs domestiques une législation aussi rigoureuse n'a-t-elle pas dû engendrer ? Quelque puissant que soit le sentiment religieux chez l'Indien, il ne peut commander complètement à sa raison, et étouffer les aspirations de son cœur. Les mœurs doivent être moins pures ; et s'il était possible de pénétrer dans la vie privée des populations, on y trouverait bien des souffrances domestiques, on y relèverait bien des écarts que la faiblesse peut excuser, mais que la morale réprouve.

Une des premières conditions requises pour le mariage est l'égalité de la classe entre les époux : si un homme épouse une femme d'une classe inférieure à la sienne, les enfants qui naîtront de ce mariage sont illégitimes d'après certains jurisconsultes ; d'autres, au contraire, considèrent le mariage contracté entre des personnes de classe différente, à l'exclusion toutefois des Sudras, comme valables et jouissant de certains effets civils. C'est une sorte de concubinat, comme chez les Romains : les enfants n'ont pas tous les avantages de la légitimité, mais ils sont mieux traités que des bâtards et ont sur la succession de leur père des droits comme héritiers, qui varient selon la classe à laquelle ils appartiennent. Cette distinction n'a, du reste, qu'un intérêt historique: les mariages entre personnes de classe différente sont défendus dans l'âge actuel de Cali Juga. Cette législation rigoureuse avait été imitée par la loi des XII Tables, qui interdisait le mariage entre les patriciens et les plébéiens. Les Romains avaient sans doute, comme le fait observer Benjamin Constant, puisé cette disposition dans les lois des Étrusques, soumis à un gouvernement théocratique. Les mœurs des Romains ne s'accommodèrent pas longtemps de cette législation qui fut modifiée : les mariages entre patriciens et plébéiens furent permis. Dans l'Inde, au contraire, la prohibition s'est maintenue et est encore aussi vivace qu'aux premiers âges de la loi.

L'égalité de classe est donc une condition essentielle à la validité du mariage. Il ne faut pas perdre de vue que, par ce mot de classe, les jurisconsultes indous entendent parler des quatre grandes divisions de Brahma, Kchatrya, Vaisya et Sudra, et non de ces divisions infinies de castes, connues sous les noms de : vellaja, cavaré, chetty, pally, camala, etc., etc.

Le consentement des parties contractantes est, comme chez nous, nécessaire à la validité du mariage. Dans la plupart des mariages, ce consentement est présumé : lorsqu'ils sont célébrés en bas âge, comme cela se pratique fréquemment, les ascendants consentent pour leurs enfants, incapables de donner un consentement raisonné.

Le législateur indou s'est aussi occupé des empêchements au mariage, fondés sur la parenté : il ne les a pas classés et définis d'une manière aussi précise qu'ils le sont dans nos lois. Manou indique en ces termes les empêchements naissant de la parenté :

« Celle qui ne descend pas d'un de ses aïeux maternels ou paternels, jusqu'au sixième degré, et qui
n'appartient pas à la famille de son père ou de sa
mere, par une origine commune prouvée par le nom
de famille, convient parfaitement à un homme des
trois premières classes pour le mariage et pour l'union
charnelle.» (Liv. III § 5.)

Quelque précis que soient ces textes, nous n'annulerions toutefois pas tous les mariages qui seraient
contractés au mépris de ces dispositions. Nous pensons qu'il serait bon de restreindre les prohibitions,
fondées sur la parenté, dans les limites des articles
161 et suivants du Code Napoléon : du reste ces
questions se présenteront rarement, car les Indous
prennent les précautions les plus sévères pour exécuter ces prescriptions de leur loi.

Le père de famille est tenu de marier sa fille dans
un âge qui précède la nubilité; s'il néglige de remplir
ce devoir, de choisir un époux convenable pour sa
fille, celle-ci peut se marier sans le consentement de
son père, après l'expiration de trois années.

«88. C'est à un jeune homme distingué, d'un extĕrieur agréable, et de la même classe, qu'un père doit
donner sa fille en mariage, suivant la loi, quoiqu'elle
n'ait pas encore atteint l'âge de huit ans, auquel on
doit la marier.

«90 Qu'une fille, quoique nubile, attende pendant
trois ans; mais, après ce terme, qu'elle se choisisse un
mari du même rang qu'elle-même.

«91. Si une jeune fille, n'étant pas donnée en mariage, prend de son propre mouvement un époux, elle
ne commet aucune faute, non plus que celui qu'elle
va trouver.»

La loi indoue n'ayant pas indiqué d'une manière
précise l'époque de la nubilité, nous pensons que la

fille ne pourrait contracter mariage de son plein gré, avant d'avoir atteint l'âge de quinze ans révolus. En cas de difficulté, et si le père formait opposition au mariage de sa fille, nous croyons que l'opposition devrait être levée ou maintenue par le juge de paix, jugeant en matière de caste C'est un des points de la législation indoue les plus délicats ; il nous semble que l'intervention des tribunaux ordinaires pourrait froisser les usages de la caste : le juge de paix se trouve plus rapproché des familles indoues ; il a des moyens de conciliation que n'ont pas les tribunaux ordinaires. L'appel de ses sentences, en matière de caste, est porté au Conseil du Gouverneur; cette juridiction administrative est préférable, dans l'intérêt de la tranquillité publique, de la paix des familles, à la juridiction ordinaire. Le pouvoir exécutif, surveillant naturel de tout ce qui touche à l'ordre public et à la tranquillité générale, a pu se réserver la connaissance de toutes les questions relatives aux usages et coutumes des castes différentes.

La fille, jusqu'à l'époque de la consommation de son mariage, demeure dans la maison de son père. Le mariage dissout la puissance paternelle et fait passer la femme sous la puissance de son mari.

§ 2. DES DIVERSES ESPÈCES DE MARIAGE ET DES FORMALITÉS REQUISES POUR SON ACCOMPLISSEMENT.

Manou énumère huit espèces de modes de contracter mariage : 1° Brahma, 2° Daiva, 3° Arsha, 4° Pradjapati, 5° Asura, 6° Gandarba, 7° Rachsasa, 8° Paisacha. Les quatre premiers sont particuliers aux Brahmes; les modes de Gandarba et de Rachsasa sont permis aux Kchatryas, et le mode Asura aux classes mercantile et servile. Les modes de Gandarba et de Rachsasa ne sont autre chose qu'un concubinage légal ou l'autorisation de commettre un viol. Le premier consiste dans des relations charnelles libres; le second, dans la jouissance d'une femme prise à la guerre ou enlevée par violence de la maison paternelle. Le mode Asura, qui est le plus généralement suivi, consiste dans le payement purement symbolique d'une somme de monnaie, par le futur, aux parents de la fille; c'est, en définitive, le mariage des Romains *per æs et libram*. Les diverses cérémonies qui accompagnent ce mariage sont des offrandes au feu, des oblations de riz aux dieux, des dons d'habillements faits par l'époux, etc., etc.; l'essence du contrat est dans le consentement donné au mariage, comme nous l'avons déjà dit :

« 227. Les prières nuptiales sont la sanction nécessaire du mariage, et les hommes instruits doivent savoir que le pacte consacré par ces prières est complet et irrévocable au septième pas fait par la mariée, lorsqu'elle marche donnant la main à son mari. » (Manou, livre VIII).

A ces formalités générales tirées du droit indou, il faut ajouter celles qui sont prescrites par la législation locale. Les dispositions que nous allons indiquer ne forment pas des conditions essentielles à la validité du mariage ; elles complètent la législation indoue, la consacrent en assurant son exécution.

Le législateur s'était souvent préoccupé de l'incertitude qui règne sur l'état-civil des Indiens, et des moyens d'établir des registres publics comme dans les municipalités en France. On avait craint, en obligeant les Indiens à se présenter devant un officier de l'état-civil, pour y déclarer les naissances, mariages et décès, de blesser leurs préjugés, de porter une atteinte à leurs usages. C'est sous l'empire de ces préoccupations que fut rédigé l'arrêté du 23 juin 1842, qui laissait aux Indiens la faculté de faire à l'officier de l'état-civil les déclarations de naissances, mariages et décès. Cet arrêté, qui n'avait pas de sanction, resta sans exécution; les incertitudes qui existent sur l'état-civil des Indiens ne furent pas levées. Enfin le Gouvernement entra dans une voie plus large : les arrêtés des 10 juin et 18 novembre 1854, rendirent obligatoires pour les Indiens, les déclarations de naissances, mariages et décès. Ces divers arrêtés n'ont rencontré aucune résistance de la part de la population, qui paraît en avoir reconnu toute l'importance et l'utilité.

L'arrêté du 10 juin dispose ce qui suit à l'égard des mariages :

« Art. 8. La déclaration du mariage sera faite dans le mois par les chefs des deux familles, assistés de deux témoins, parents ou non parents. »

Comme on le voit, l'officier de l'état-civil ne célèbre pas le mariage : il reçoit la déclaration qu'un mariage a été célébré entre un tel et une telle. C'est là une conciliation heureuse entre les exigences du droit indou, et la nécessité de donner une date certaine et authentique aux mariages. Nous pensons que l'arrêté aurait pu aller beaucoup plus loin, sans blesser les préjugés des Indiens ; qu'il aurait pu exiger la déclaration du contractant, s'il n'est pas déjà marié, permettre à la première femme de former opposition au mariage de son mari, afin qu'elle n'eût pas à l'attaquer plus tard de nullité; réglementer une publicité compatible avec les usages locaux, etc., etc. Il faut laisser à l'expérience et aux lumières de l'autorité supérieure, le soin de modifier cet arrêté, dont le principe est bon, et attendre que la pratique en signale les lacunes.

Cet arrêté contient, en outre, quelques dispositions pénales, et attribue au juge de paix la connaissance des demandes en rectification des actes de l'état-civil. Cette dernière innovation est dangereuse, si l'on a

entendu lui conférer le pouvoir de juger des demandes
en rectification pouvant modifier l'état des personnes.
Nous pensons que telle n'a pas été l'intention du législateur et qu'il n'a voulu parler que des rectifications d'erreurs matérielles, ou des autorisations d'inscrire sur les registres des déclarations faites en dehors
des délais légaux.

§ 3. DU MARIAGE DES CHRÉTIENS.

Les Indiens catholiques sont soumis pour leurs
mariages aux lois canoniques. Le curé de la paroisse
est à la fois le ministre du sacrement et l'officier de
l'état-civil. L'âge fixé pour contracter mariage est
douze ans révolus pour les femmes et quatorze ans
pour les hommes. Tout ce qui concerne les oppositions, les empêchements dirimants ou prohibitifs,
est réglé par les décrets des Conciles, sous la réserve,
cependant, que ces empêchements ne peuvent être
étendus au delà de ceux qui sont prévus par nos
Codes. Le divorce est interdit.

Il arrive quelquefois que des gentils mariés se
convertissent à la religion catholique, leurs femmes
continuant à suivre les rites payens. Le mariage
qu'ils ont contracté avant leur conversion peut-il
être résolu? et ont-ils la faculté de se marier de nouveau? La négative n'est pas douteuse dans les principes de la loi civile, et nous n'examinons la question
qu'au point de vue du droit canonique: elle n'est pas
dénuée de tout intérêt, car les tribunaux peuvent
être appelés à la juger.

Voici sur ce sujet la décision donnée par Durand de
Maillane, dans son *Dictionnaire de droit canonique*
(v° Empêchement, t. II p. 497) :

« Il est certain, comme le prouve l'auteur que nous
avons cité, que les anciens canons du concile d'Elvire,
du concile de Rome sous Zacharie, du second concile

d'Orléans, et du premier concile d'Arles, de Chal-cédoine, même des canons du décret (*cons.* 28 § 9) tirés de Saint-Ambroise, en défendant expressément les mariages des chrétiens avec les infidèles, ne les déclaraient cependant pas nuls et non valables, puisqu'ils n'ordonnent pas même la séparation des mariés. Il n'y avait anciennement que les lois civiles des empereurs Valentinien et Valens, rapportées dans le Code Théodosien (lib. III tit. 14, *de nuptiis genti-lium*), qui déclarassent ces mariages non valablement contractés. Saint Augustin, même (dans le livre *de fide et operibus*, c. 19), dit que, de son temps, ces mariages étaient permis, ou que du moins il y avait lieu de douter s'ils étaient défendus. L'histoire nous en fournit plusieurs exemples, ne fût-ce que ceux de Clovis, et du père de Saint Augustin. L'auteur des *Conférences d'Angers* fixe l'époque de la nullité de ces mariages au xiie siecle, sur l'autorité de la lettre 122 d'Yves de Chartres à Valgrain, archidiacre de Paris, et de ces paroles du Maître des sentences, qui supposent l'empêchement de la diversité de religion déjà établie : *de dispari cultu, videndum est, hæc est enim una de causis quibus personæ illegitimæ fiunt ad contrahendum matrimonium;* ce qui a été suivi par tous les théologiens. Mais, quoique l'Église ne veuille pas permettre aujourd'hui que les chrétiens contractent mariage avec les infidèles déjà mariés, si l'un se convertit à la foi, leur mariage n'est pas, pour cela, dissous ; non plus lorsque, de deux chrétiens mariés, l'un vient à apostasier. Le concile de Trente a fait ce canon sur cette matière : *Si quis dixerit prop-ter hæresim.... dissolvi posse matrimonii vinculum, anathema sit* (Sen . 24 c. 5). »

Les missionnaires tiennent, pour les chrétiens, des registres de l'état-civil, auxquels les tribunaux peu-vent recourir en cas de besoin.

§ 4. DES NULLITÉS, DES CAUSES DE DISSOLUTION DU MARIAGE, ET DES SECONDS MARIAGES.

Le mariage légalement contracté est indissoluble, en ce sens que le second mariage contracté par l'Indien, dans les cas prévus, n'a pas pour effet de dissoudre le premier, qui continue à produire certains effets. Il suffira pour apprécier l'incertitude qui règne dans la législation indoue sur les causes de nullité de mariage, de reproduire le texte suivant de Manou, livre IX :

« 73. Si un homme donne en mariage une fille ayant quelque défaut, sans en prévenir, l'époux peut annuler l'acte du méchant qui lui a donné cette jeune fille. »

Il est évident que si ce texte était suivi à la lettre, la validité ou la nullité du mariage seraient entièrement livrées au caprice de l'époux : il est impossible que quelque défaut caché n'apparaisse après la célébration du mariage, dans la femme. Le droit indou ne peut donc nous servir de règle dans une matière aussi grave ; il faut une législation moins vague pour assurer le repos des familles. Le mariage ne doit pas être livré au caprice de l'un des époux : nous n'admettrions de demandes en nullité de mariage qu'autant qu'elles seraient fondées sur l'erreur, sur la personne ou sur la violence. D'ailleurs ces questions se présenteront rarement, et sont pour ainsi dire oiseuses, car l'Indien ayant le droit de contracter un second mariage avec le consentement de sa première femme, il sera rare qu'il n'emploie pas ce moyen pour se soustraire à un joug qui lui pèse.

Les seconds mariages ne sont autorisés que dans certains cas exceptionnels, fondés pour la plupart sur l'impossibilité d'avoir des enfants mâles de la première femme. Il ne faut, dans toute cette matière, jamais perdre de vue le degré d'importance qu'attachent les Indiens à la naissance d'un fils.

Les divers cas dans lesquels un second mariage est permis, sont : 1" la stérilité de la première femme pendant dix ans; 2° lorsqu'elle est atteinte de la lèpre; 3° que le *fluxus menstrualis* est arrêté ; 4° que, pendant douze ans, elle n'a donné naissance qu'à des filles ; 5° qu'après quinze ans de mariage, tous les enfants qu'elle a mis au jour sont morts ; 6° si elle s'adonne à des boissons enivrantes, ou dilapide sa fortune (Manou, d. II p. 62 ; Devala, d. II p. 414 ; Baudhayana, d. II p. 66, et Yajnyavalcya, d. II p. 68). Ces jurisconsultes indiquent encore d'autres cas tirés, soit de la mauvaise santé de la femme, des imperfections de son caractère, etc., etc. : ces cas sont nombreux et variés. Tous, à l'exception de la stérilité, se rapprochent des cas qui donnent, dans notre droit, ouverture à la séparation de corps, et peuvent être rangés sous la qualification plus générale d'injures. Dans tous les cas que nous venons d'indiquer, le mari peut épouser une autre femme, sans qu'il ait besoin d'obtenir le consentement de sa première femme. Ce consentement ne lui est nécessaire qu'autant qu'il n'a à invoquer aucune de ces circonstances précisées par la loi. Les tribunaux devront-ils reconnaître toutes les causes indiquées par la loi indoue, qui permettent à l'homme déjà marié de contracter un second ou même un troisième mariage ? Nous ne le pensons pas. Quelques-unes de ces causes impliquent la violation des devoirs que le mariage, tel que nous le comprenons, impose aux époux, et détruisent la protection que le mari doit à sa femme. Il nous paraît douteux que le mariage puisse être contracté au mépris d'un premier lien, parce que la femme est lépreuse, atteinte de phtysie ou de toute autre maladie incurable, ou adonnée à l'ivrognerie, ou même lorsqu'elle tient des propos peu convenables. Les tribunaux ne devront s'immiscer dans ces questions qui ont trait au mariage, qu'avec la plus grande circonspection, parce qu'elles touchent aux usages les plus sacrés des Indiens; ils doivent abandonner au tribunal de paix, jugeant en matière de caste, l'examen de ces questions, et ne réserver pour eux que la connaissance des droits pécuniaires qui en naissent.

Nous avons dit que le mari, en dehors de ces cas légaux, pouvait prendre une seconde femme, avec le consentement de la première. Le mariage qu'il contracterait sans avoir obtenu ce consentement ne nous semble pas nul, et la première femme ne pourrait en demander l'invalidité. Son droit se bornerait à obtenir, à titre de dommages-intérêts, un tiers des biens de son mari, qui lui restent propres, et font par conséquent partie de son Stridhana; le mari peut même être condamné à reprendre sa femme et à la garder chez lui, s'il l'a abandonnée: telle est du moins notre opinion. Si le mari est pauvre et que l'action en dommages-intérêts soit inefficace, il doit être condamné à fournir des aliments à sa première femme (Yajnyavalcya, d. t. II p. 420). Le mari ne peut donc, sans s'exposer à une condamnation pécuniaire, abandonner une femme dont la conduite est irréprochable. La question de validité de son second mariage peut être douteuse, et nous n'avons émis notre opinion qu'avec réserve, et en indiquant tous les textes. Nous inclinons pour la validité du second mariage, parce qu'il nous semble que la première femme ne peut cumuler et une action en dommages-intérêts et une action en nullité du mariage, qui prendraient toutes deux leur origine dans la même cause.

Soit que le mari ait eu ou non un motif légitime d'abandonner sa femme, il doit lui fournir des aliments (Vrihaspati D. 2 p. 421, et Yajnyavalcya, p. 425). Il y a toutefois une différence dans l'étendue du droit:

la femme vertueuse, qui a toujours gardé la foi conjugale, doit être traitée avec égard et respect, tandis que la femme vicieuse n'est traitée qu'avec mépris.
Vrihaspati dit :

« Qu'un homme garde dans sa maison une femme
déloyale ; qu'elle ait des habits malpropres, qu'elle
repose sur le plus mauvais lit, et n'ait pour toute
nourriture que du grain. »

L'incontinence est une cause d'indignité, pour les
femmes, de succéder à leur mari, comme nous le
verrons au chapitre des Successions. Lorsqu'un individu a épousé plusieurs femmes, c'est la première
qu'il a épousée, qui a la prééminence sur toutes les
autres. Le législateur considère le premier mariage
comme étant contracté pour accomplir un devoir, et
les autres pour satisfaire une passion et des désirs
charnels (Dachsa, d. II p. 409 ; Yajnyavalcya, d. II
p. 405, et Vishnou, d. II p. 406). Ainsi, c'est la première femme qui héritera des biens de son mari si la
succession s'ouvre au profit de la veuve, à charge
d'entretenir convenablement les autres femmes.

L'intervention de la justice ordinaire est dangereuse dans la plupart des questions que nous venons
de traiter : tout ce qui a trait aux seconds mariages,
aux nullités, aux devoirs respectifs des époux, des
femmes entre elles, tient intimement aux usages civils
et religieux de la population ; l'action administrative
est plus efficace pour maintenir la paix dans les familles et apaiser des contestations naissantes. Lorsque
des intérêts pécuniaires ne seront pas en jeu, qu'il
s'agira de statuer sur une demande directe en nullité de
premier mariage, ou en validité d'un second mariage
ou sur une opposition, les tribunaux civils devront
s'abstenir de statuer, et renvoyer la question devant
le juge de paix, aux termes de l'arrêté de 26 mai 1827.
Cet arrêté dispose ce qui suit :

« Art. 6 Les discussions particulières, autres que celles d'intérêts et contentieuses, qui surviennent dans les familles des Indiens ou dans une même caste au sujet des cérémonies, mariages, enterrements et autres affaires dites de caste, sont portées par-devant le juge de police et renvoyées soit à la chambre de consultation, soit à l'assemblée de la caste ou de la parenté, pour y être examinées et décidées conformément à l'usage, et pour la décision à intervenir être ensuite homologuée par le juge, s'il y a lieu, en tout ou en partie.

« A l'égard des contestations majeures qui peuvent s'élever entre une ou plusieurs castes au sujet de leurs cultes, coutumes ou privilèges, le juge de police ne peut en connaître que sur l'autorisation spéciale de l'Administrateur général, auquel seul il appartient de prononcer. »

Cette disposition est renouvelée de l'article 7 de l'arrêté du Conseil souverain du 30 décembre 1769, ainsi conçu :

«Toutes disputes entre les castes malabars, maures, choulias, persans, et autres naturels du pays, soit pour ce qui a rapport aux coutumes, usages, mœurs, soit pour mariages, enterrements, préséances, privilèges des pagodes, droits des castes de la main droite et de la main gauche, qui naissent ou auront lieu, seront portées par-devant le lieutenant-général de police, pour être décidées ou rapportées à notre dite Cour, s'il y a lieu.»

Quoique ces expressions soient fort laconiques, nous croyons qu'elles attribuent en principe général, compétence pour toutes les questions naissant à l'occasion des mariages, qu'elles aient trait aux cérémonies, aux privilèges des castes, ou aux conditions essentielles à la validité du contrat. Le législateur a pensé qu'il serait peut-être dangereux de laisser aux tribunaux ordinaires, qui n'ont aucun pouvoir de conciliation, le soin de décider des questions qui tiennent aux mœurs et aux coutumes du pays. Ils n'auraient le droit d'en connaître qu'autant qu'elles seraient incidentes à une demande principale, par exemple, une revendication, un partage, etc., etc. Ainsi : deux veuves se prétendent héritières de leur mari, et sont en désaccord sur la priorité du mariage ; les tribunaux civils, seuls compétents pour statuer sur une demande en pétition d'hérédité, connaîtront également de la question incidente sur le mariage. Nous pourrions donner d'autres exemples de la distinction que nous établissons ; mais il suffit d'avoir posé le principe général.

§ 5. DES DEVOIRS RESPECTIFS DES ÉPOUX.

Les législateurs indous ont longuement expliqué les devoirs réciproques du mari et de la femme; ils sont même entrés dans des détails que la pudeur ne permet pas de reproduire. En définitive, les droits et les devoirs des époux sont, dans le droit indou, les mêmes que dans toutes les législations : protection et assistance de la part du mari, chasteté et fidélité conjugale de la part de la femme. L'infraction à la foi conjugale entraine, pour la femme, l'expulsion de la caste et la perte de la qualité d'héritière de son mari.

Il arrivera rarement que les tribunaux auront à contraindre l'un des époux à l'accomplissement de ses devoirs: les divisions qui surviennent entre mari et femme se règlent dans des assemblées de famille. Si des questions de cette nature se présentaient devant les tribunaux civils, nous croyons qu'ils devraient les renvoyer au juge de paix, par application de l'arrêté de 1827.

Toutes les dispositions du Code qui traitent de

l'autorisation maritale, sont applicables aux Indiens; elles forment le complément de la législation indoue sur les droits et les devoirs des époux.

§ 6. DU DROIT QU'ONT LES FEMMES DE POSSÉDER DES BIENS PARTICULIERS, OU DU STRIDHANA.

En règle générale, les femmes, de même que les fils de famille, ne peuvent rien posséder en propre; néanmoins, la loi indoue, comme la loi romaine, a admis, à cette disposition rigoureuse, des exceptions nombreuses que nous aurons à étudier successivement en ce chapitre, et lorsque nous traiterons de la minorité.

Il est constant que les femmes ont le droit de posséder des biens particuliers ou Stridhana, dont elles jouissent avec tous les droits attachés à la pleine propriété. Les auteurs indous reconnaissent environ douze causes d'acquisition, donnant naissance au Stridhana. Sont biens particuliers : 1° ce qui est donné à une femme pendant les cérémonies du mariage; 2° ce qui lui est donné pendant la procession nuptiale, *domui ductio*, c'est-à-dire, lorsqu'elle est conduite dans la maison de son mari; 3° ce qui lui est donné à son arrivée dans la maison de son mari; 4° les dons qui lui sont faits ultérieurement par ses ascendants ou ses frères; 5° les dommages-intérêts ou la récompense qui lui sont donnés par son mari contractant un deuxième mariage; 6° ce qui est donné par le gendre à la belle-mère, lors du mariage; 7° ce qui est donné à la femme par le mari, durant le mariage, comme témoignage de satisfaction pour sa conduite, ou de rémunération pour accomplissement des charges domestiques; 8° les dons spéciaux faits à la femme avant le mariage par ses proches parents; 9° les produits de son industrie, c'est-à-dire, ce qu'elle peut avoir acquis par des travaux manuels, la culture des beaux-arts ; 10° ce qui est donné à une femme, à condition qu'elle déterminera son mari à faire telle ou telle chose, par exemple la sollicitation d'une faveur, d'une grâce; 11° les épargnes faites par la femme sur ses frais d'entretien ; 12° ce qu'elle acquiert par succession, achat, occupation, invention. Tels sont les cas spéciaux dans lesquels la loi indoue reconnaît à la femme un droit de propriété sur les biens qu'elle a acquis. Tous les auteurs ne professent pas là dessus la même doctrine ; quelques-uns attribuent au mari, à l'exclusion de la femme, la propriété des choses qui lui proviennent par l'un des modes indiqués aux numéros 8, 9, 10 et 11. Tous concordent à reconnaître à la femme un droit de propriété exclusive sur les biens qui lui sont donnés au moment ou à l'occasion de son mariage. Ces distinctions disparaîtront dans la pratique : il sera, en effet, fort difficile de reconnaître si les biens trouvés dans la succession d'une femme lui sont propres, en vertu de telle cause ou en vertu de telle autre. Dans quelques circonstances rares, on produira des titres écrits constatant que les biens sont propres à la femme, c'est-à-dire, qu'ils font partie de son Stridhana ; mais ces actes feront rarement mention de la cause de l'acquisition. Il ne suffit pas, en effet, de dire dans un contrat de vente, par exemple, que l'immeuble acheté entrera dans le Stridhana de la femme; il est indispensable d'indiquer l'origine des deniers formant le prix ; autrement il serait facile de déguiser des donations et de constituer à la femme des avantages considérables au détriment des fils d'un autre lit, et même de ses propres fils. Dans notre droit, le mari qui a aliéné un immeuble durant la communauté, doit, en faisant le remploi, indiquer dans l'acte et la provenance du prix, et son intention expresse de faire remploi. Les officiers publics, tabellions et notaires, devraient donc avoir grand soin, lorsqu'une femme achète un immeuble,

de faire porter dans l'acte l'origine de la somme formant le prix, et si la femme est venderesse, la mention
que l'immeuble lui est propre, et en vertu de quelle
cause. Ces énonciations pourraient être contestées par
les tiers ; mais elles seraient toujours d'une grande
utilité pour éclairer le juge et les parties elles-mêmes.

Tout ce que la femme acquerra par un autre moyen
que ceux indiqués, deviendra la propriété exclusive
de son mari.

La femme est propriétaire pleine et entière des
biens composant son Stridhana ; elle peut les aliéner
par vente, donation, constituer des hypothèques sur
ces biens, un usufruit, des servitudes réelles, et faire,
en un mot, tous les actes de disposition autorisés par
la loi. La femme mariée se trouve placée sous la puissance de son mari, et, quelque soit l'étendue et la
plénitude de son droit de propriété, elle ne peut disposer de ses biens qu'après avoir obtenu l'autorisation de son mari ou de justice, conformément aux
articles 217 et 218 du Code Napoléon.

Le mari ne peut disposer du Stridhana de sa femme
que dans les cas de famine, d'une maladie grave, d'un
emprisonnement pour dettes ou pour l'accomplissement de certains devoirs religieux formellement prescrits par la loi. Ce droit est attaché à la personne du
mari ; lui seul peut l'exercer (1166) : ainsi un créancier
ne pourrait saisir les biens particuliers de la femme
pour une dette contractée par le mari dans l'un des
cas précités. Il serait peut-être bon de faire une distinction qu'indique la nature des choses : si le mari
aliène les biens de sa femme pour subvenir aux besoins de la famille, il agit, pour ainsi dire, tant en
son nom qu'en celui de la femme, tenue des mêmes
obligations que son mari de fournir des aliments
aux enfants ; l'aliénation sera valable. Si, au lieu de
suivre cette voie, le mari, trouvant à emprunter à
des conditions avantageuses, hypothèque les biens,

la femme sera-t-elle recevable à demander la nullité
de cette hypothèque? ou bien encore le créancier ne
pourra-t-il prendre une inscription judiciaire sur les
biens particuliers de la femme? Nous pensons que
l'hypothèque conventionnelle ou judiciaire serait valable; que le mari, en contractant, n'a été, en définitive, que le *negotiorum gestor* de sa femme, qui était
tenue de fournir des aliments aux enfants. Mais, en
dehors de ce cas spécial, ou si la femme a profité de
la dette, nous pensons que le créancier n'a pas le
droit de saisir les biens de la femme pour se faire
payer. Le droit de disposer des biens particuliers de
la femme est personnel au mari. L'aliénation que le
mari consentirait, dans d'autres cas, des biens de sa
femme, serait résoluble du chef de celle-ci : il en
serait de même pour les servitudes, hypothèques et
autres droits réels. Celui qui contracte avec un homme
marié, devra s'enquérir d'abord de la consistance des
biens particuliers de la femme, et, dans tous les cas,
il agira prudemment en la faisant intervenir à l'acte;
il évitera ainsi toutes les contestations qui seraient
soulevées du chef de la femme.

Les bijoux à l'usage des femmes nous paraissent
faire partie de leur Stridhana ; le fait seul, qu'ils
sont affectés à leur usage exclusif, nous semble établir une présomption de propriété en leur faveur. Les
créanciers personnels du mari ne pourraient les saisir, à moins qu'ils ne justifiassent que le mari a détourné une partie de son actif pour donner des bijoux
à sa femme, et cela postérieurement à l'acte authentique d'obligation. Ils seraient admis à faire preuve
que le débiteur a agi en fraude de leurs droits. Les
créanciers s'éviteraient bien des embarras, s'ils prenaient la précaution d'exiger que la femme s'obligeât
avec son mari.

La femme a-t-elle pour son Stridhana une hypothèque légale sur les immeubles de son mari ? La

question ne peut se présenter, qu'autant que le mari, dans les cas exceptionnels que nous avons indiqués, aurait disposé des biens particuliers de sa femme, ou qu'autant que celle-ci se serait obligée *principaliter,* ou en qualité de caution, pour une dette personnelle au mari. Il nous semble que, dans l'un et l'autre de ces cas, la femme doit avoir une hypothèque légale pour le recouvrement de son Stridhana ; les mêmes raisons, qui ont fait accorder une hypothèque légale à la femme dans notre droit, militent en faveur de la femme indoue. Ses biens particuliers ont été employés à subvenir aux besoins du mariage, ou à venir en aide au mari : il paraît juste qu'elle puisse exercer une action en répétition des sommes qu'elle a payées, contre les biens actuels de son mari, ou ceux qu'il acquerra par la suite. Nous pensons même qu'à défaut d'acte écrit constatant le quantum du Stridhana, et l'emploi qui en a été fait, la femme pourrait prouver par la commune renommée contre son mari, ou les héritiers de celui-ci, la consistance de ses biens propres. Cette preuve ne serait pas admise contre les créanciers du mari, qui ne sont pas en faute, et qui doivent savoir, d'une manière non équivoque, l'existence de la créance pour laquelle la femme veut exercer une hypothèque à leur préjudice. Les femmes indoues, qui s'obligent pour leur mari, et qui sont contraintes au payement, devraient exiger une quittance authentique, mentionnant la cause de la dette acquittée ; et lorsque le mari emploie le Stridhana, soit pour sortir de prison, soit pour subvenir aux besoins pressants de la famille, les femmes feraient bien d'intervenir aux actes d'obligation ou d'aliénation pour y faire constater l'emploi de leurs biens particuliers : elles auraient ainsi un titre certain à opposer aux créanciers du mari.

Nous émettons cette doctrine avec réserve : nous indiquons cette question non pour la résoudre, mais

pour la soumettre aux méditations des magistrats et
des jurisconsultes laborieux et éclairés. Nous approu-
verions toute doctrine, qui aurait pour résultat de
placer les femmes indoues dans une situation plus
indépendante, et de les soustraire à la tutelle, toujours intéressée des parents de leur mari. Le Mitachsara décide toutefois que le mari n'est pas tenu de
restituer les biens de sa femme lorsqu'il en a disposé
légalement (251). La question subsiste dans toute son
étendue pour le cas d'obligation contractée par la
femme pour son mari.

Le mari peut-il employer les revenus des biens particuliers de sa femme pour l'entretien du ménage ?
On peut assimiler les biens particuliers des femmes
indoues aux biens paraphernaux des femmes mariées
sous le régime dotal : le mari aurait alors la disposition du tiers des revenus (art. 1575). Si le mari a
joui du Stridhana, sans opposition de la femme, il
n'est tenu qu'à la représentation des fruits existants
(art. 1578 et ss.).

§ 8. DU VEUVAGE.

Le veuvage impose à la femme de nouveaux devoirs : elle doit vivre retirée, dans la maison de son
mari, se dépouiller de ses ornements et de tout appa-
reil mondain. Il lui est interdit de se remarier ; les
classes élevées observent rigoureusement ce précepte.
Elle doit vivre dans la continence la plus absolue, à
peine de perdre les honneurs et les droits civils que
la loi lui confère. La femme qui mène une conduite
déréglée n'hérite pas de son mari : si elle a recueilli
les biens, elle est tenue de les restituer à l'ordre
subséquent des héritiers de son mari. Il paraît que
l'incontinence est une cause d'exclusion de la succession, mais non de résolution de la qualité d'héritier à l'égard des tiers, lorsque la veuve a pris

possession de la succession. On peut consulter à ce sujet l'opinion de Colebrooke, dans une note sur Strange (t. 2 p. 344).

Nous ne croyons pas devoir donner des détails sur les *Suttees*; nous laissons à ceux qui écrivent l'histoire des mœurs des Indiens, le soin d'en faire la description et d'en rechercher l'origine (voyez *Hamilton*, *India's Gazette*, v° Bengale; *Univers*, Inde, p. 252).

Cet usage existait encore il y a quelques années dans nos Établissements : on en trouve la preuve dans un arrêté du 22 janvier 1830, qui accorde une pension de 200 francs à une brahmine, qui, cédant à de pressantes sollicitations, ne s'est pas brûlée sur le corps de son mari.

La coutume, qui condamne les femmes à un veuvage perpétuel, a été, de la part des Indiens eux-mêmes, l'objet de vives critiques. En ce moment, une pétition est présentée par les Indiens, au Conseil supérieur de Calcutta, pour demander l'abolition de cet usage. Il est douteux que l'intervention du pouvoir législatif puisse être de quelque efficacité dans cette circonstance : il faut attendre de la propagation des idées chrétiennes, qui tendent à envahir la législation indoue, la réformation d'une pareille coutume. Nous ne pensons pas que les tribunaux européens refuseraient au mariage contracté par une veuve, tous les effets d'un premier mariage : les seconds mariages se pratiquent dans les classes inférieures.

En cas de mort de l'un des époux avant la consommation du mariage, il est d'usage de renvoyer les présents, faits à l'occasion du mariage, aux parents de l'époux survivant. La veuve peut se remarier d'après le texte suivant de Manou, mais seulement avec le frère de son mari décédé :

« 69. Toutefois, lorsque le mari d'une jeune fille vient à mourir après les fiançailles, que le propre frère du mari la prenne pour femme suivant la règle suivante.

« 70. Après avoir épousé, suivant le rite, cette jeune fille, qui doit être vêtue d'une robe blanche, et pure dans ses mœurs, que toujours il s'approche d'elle dans une saison favorable, jusqu'à ce qu'elle ait conçu. »

Il ne serait pas nécessaire que la veuve obtînt du Gouvernement, l'autorisation de contracter mariage avec son beau-frère; c'est une exception à l'article 162 du Code. Les droits de la veuve, lorsque le mariage n'a pas été consommé, sont-ils aussi étendus que ceux de la veuve dont le mari est mort après la consommation du mariage? Il paraît que la veuve n'a droit qu'à des aliments et qu'elle n'hérite pas de son mari : c'est ce qu'ont décidé quelques Pundits, et la Cour suprême de Madras en 1824. Cette opinion nous paraît contestable, et nous suivrions de préférence la doctrine de M. Ellis, qui n'établit aucune distinction quant aux droits entre les veuves dont le mariage n'a pas été consommé et les autres veuves. Il déclare qu'il n'est pas à sa connaissance que cette distinction ait jamais été faite par les prêtres indous. L'opinion d'un jurisconsulte aussi éminent est d'un grand poids dans cette question. Si les tribunaux éprouvaient quelques doutes, ils pourraient consulter le comité de jurisprudence indoue sur l'usage suivi dans le pays.

Le Code Napoléon est appliqué aux habitants européens ou descendants des Européens. Il a été modifié, en ce qui concerne le mariage, par les deux arrêtés des 1er juillet 1833 et 25 mars 1845, qu'il est utile de reproduire :

Arrêté du 1er juillet 1833.

« Art. 1er. Il est dérogé, à l'égard des étrangers établis et domiciliés dans les possessions anglaises ou autres, avoisinant les possessions françaises, dans l'Inde, à l'obligation imposée, pour contracter mariage, de justifier de six mois de résidence continue dans un Établissement français, et de publications préalables à l'étranger.

« Il suffira de produire à l'officier de l'état-civil, un acte de notoriété dans la forme prescrite par l'article 71 du Code civil contenant la déclaration faite par sept témoins de l'un ou de l'autre sexe, parents ou non parents, et de toutes classes, des prénoms, noms, profession et domicile du futur époux et de ceux de ses père et mère, s'ils sont connus, le lieu, et, autant que possible, l'époque de sa naissance, et les causes qui empèchent de rapporter les actes justificatifs de tous ces faits.

« L'acte de notoriété contiendra, de plus, la déclaration positive des témoins, qu'il n'est point à leur connaissance que le futur époux soit engagé par mariage avec une autre personne.

« Art. 2. Les publications voulues par l'article 63 du Code civil seront faites pour les deux parties et en même temps, devant la porte du bureau de l'officier de l'état-civil du lieu où l'une des parties a son domicile dans les Établissements français de l'Inde.

« Art. 3. Il pourra être accordé à l'étranger, pour contracter mariage avec un Français, autant que la loi de son pays ne s'y opposerait point en établissant une incapacité, des dispenses d'âge pour lever la prohibition contenue en l'article 144 du Code civil, dans les termes de l'article 147 du même Code.

« Art. 4. En justifiant, de la part du Français marié à l'étranger, par acte de notoriété, en la forme ci-dessus, qu'il n'aurait pas conservé d'habitation en France ou dans les possessions françaises de l'Inde, il sera passé outre par l'officier de l'état-civil, non-obstant le défaut des publications prescrites par l'article 170 du Code civil, à la transcription sur le registre public de l'acte de célébration du mariage contracté en pays étranger dans les termes de l'article 171 du Code civil, si d'ailleurs le mariage a été fait et célébré selon la loi locale et que l'acte qui le constate soit dûment légalisé. »

Arrêté du 25 mars 1845.

« Art. 1er. Les personnes qui résident dans l'un des Établissements français de l'Inde, dont la famille est domiciliée en France, ou dans les pays situés à l'ouest du cap de Bonne-Espérance, et qui se trouvent dans les cas prévus par les articles 151, 152 et 153 du Code civil, sont dispensées des obligations imposées par lesdits articles.

« Art. 2. L'acte de notoriété à produire dans le cas prévu par l'article 153 du Code civil, pourra être suppléé par la déclaration sous serment des contractants, que le lieu du décès et celui du dernier domicile de leurs ascendants leur sont inconnus.

« Cette déclaration devra être certifiée aussi sous serment par les quatre témoins de l'acte du mariage, lesquels affirmeront que, quoiqu'ils connaissent les futurs époux, ils ignorent le lieu de décès de leurs ascendants et leur dernier domicile. Il sera fait mention par l'officier de l'état-civil, dans l'acte de mariage, desdites déclarations.

« Art. 3. Les publications de mariage seront faites et affichées devant la porte du bureau de l'état-civil, en se conformant aux dispositions des articles 166, 167 et 168 du Code civil, selon que les parties contractantes se trouveront dans les cas prévus par lesdits articles.

« Art. 4. Dans le cas où le dernier domicile de l'une des parties contractantes aurait été en France, ou dans des pays situés à l'ouest du cap de Bonne-Espérance, les publications de mariage, voulues par l'article 167 du Code civil, se feront au chef-lieu de l'Établissement français dans l'Inde, dans le ressort duquel les parties contractantes auront leur résidence actuelle, et seront notifiées au ministère public.

« Mais, dans ce même cas, lesdites publications ne pourront avoir lieu que sur un acte de notoriété dressé devant notaire, contenant la déclaration de sept témoins de l'un ou de l'autre sexe, parents ou non parents, constatant l'indentité du futur époux, sa profession, son domicile, et, en outre, l'affirmation positive desdits témoins, qu'il n'est pas à leur connaissance qu'il soit engagé dans les liens du mariage.

« Si d'ailleurs, l'une des parties contractantes ne justifiait pas de son acte de naissance, les dispositions de l'article 71 du Code civil seraient exécutées dans tout leur contenu.

« Art. 5. Il ne pourra y avoir lieu de la part, soit des époux, soit des père et mère, ou ascendants, à l'action en nullité, contre un mariage contracté dans les Établissements français de l'Inde, lorsqu'à l'époque de ce mariage, les parties contractantes ou l'une d'elles se seront trouvées dans les cas d'exception prévus par les articles 1er et 4 ci-dessus, et qu'elles auront d'ailleurs satisfait aux autres formalités et conditions prescrites par les lois et le présent arrêté.

« Art. 6. Les peines portées par les articles 157 et 192 du Code civil cesseront d'être applicables aux officiers de l'état-civil, lorsque les parties contractantes, ou l'une d'elles, se trouveront dans les cas d'exception prévus par les articles 1er et 4 ci-dessus.

« Art. 7. Seront exécutées, relativement aux mariages entre Européens ou descendants d'Européens, toutes dispositions du Code civil autres que celles ci-dessus modifiées.

« Art. 8. Sont abrogés l'arrêté du 7 janvier 1833 et tous actes législatifs contraires au présent arrêté, qui sera exécuté à la diligence du Procureur général du Roi et enregistré partout où besoin sera. »

Le Gouverneur accorde les dispenses d'âge et de parenté.

CHAPITRE II.

De l'Adoption.

L'Adoption est d'un usage fréquent dans l'Inde : la crainte qu'ont les Indiens, en décédant sans postérité mâle, de ne pas acquérir les délices du ciel et de tomber dans l'enfer appelé *Pout*, est le motif qui les pousse à se marier. C'est aussi le motif qui les conduit à adopter un enfant mâle, si leur mariage est demeuré stérile. L'adoption a pour effet de dissoudre la puissance du père de famille naturelle, et de la transporter au père adoptant. Nous verrons cependant une exception à ce principe général, dans un mode d'adoption par lequel l'enfant adopté, sans sortir de sa famille naturelle, acquiert des droits dans la famille du père adoptant, et devient apte à rendre les devoirs religieux funèbres, et à son père naturel, et à son père adoptant.

§ 1er. DE L'ADOPTANT.

L'Indien n'adopte qu'à défaut de toute descendance mâle, soit fils, petit-fils, arrière petit-fils, ou lorsque ses enfants mâles sont incapables de recueillir sa succession, d'être héritiers, soit par suite d'exclusion de la caste, de maladie incurable, de démence, etc. : il peut adopter successivement plusieurs enfants. L'adoption n'a lieu qu'au profit des enfants mâles, qui seuls ont qualité pour acquitter la dette du père de famille envers les mânes des ancêtres.

Ce droit d'adoption peut être exercé par un homme marié capable, par un veuf ou par une veuve. Nous pensons qu'un homme qui ne se serait pas marié n'aurait pas le droit d'adopter un fils, puisque l'adoption n'est qu'un mode subsidiaire d'acquitter sa dette envers les ancêtres. Il faut donc que le moyen le plus naturel et le plus sûr d'acquitter cette dette, qui est le mariage, ait été employé avant de recourir à l'adoption.

Durant le mariage, le droit d'adopter appartient exclusivement au mari, c'est-à-dire, qu'il n'a pas besoin du consentement de sa femme comme dans notre droit. L'enfant adopté par le mari devient également le fils de la femme, et est habile à célébrer les cérémonies funèbres de l'un et de l'autre.

La femme n'a pas le droit d'adopter pendant l'existence du mariage : elle n'a ce droit que lorsqu'elle est veuve, et encore elle ne peut l'exercer qu'au nom de son mari et avec son consentement exprès, ou celui des plus proches parents de son mari. C'est donc un droit qui n'est pas personnel à la veuve ; elle continue, pour ainsi dire, la personne de son mari, accomplit en son nom un devoir que la mort ne lui a pas laissé le temps de remplir. Le consentement est donné expressément, par un écrit ou par paroles ; dans ce dernier cas, si les héritiers du mari élèvent des contestations sur le consentement, la preuve par témoins sera accueillie par les tribunaux pour établir qu'il est intervenu.

La femme adopte, pour son mari, avec le consentement des plus proches parents, de ceux qui sont appelés à sa succession. Il paraît que ce droit n'est pas reconnu à la veuve par tous les jurisconsultes indous ; mais, comme il n'est pas douteux qu'elle l'exerce dans le sud de l'Indoustan, nous n'examinerons pas la question au point de vue de l'existence du droit. Nous verrons que les conséquences de l'adoption faite par la veuve ne sont pas les mêmes, selon qu'elle adopte avec le consentement de son mari, ou avec le consentement des héritiers de celui-ci. La femme ne peut adopter que pour son mari : cependant des auteurs lui ont reconnu le droit d'adopter également au nom de son fils décédé sans postérité mâle. La question est très-controversée, et a été résolue négativement par des jurisconsultes distingués, entre autres par Sutherland, dont on peut voir l'opinion dans l'ouvrage de Strange.

L'adoption produit des effets différents, selon qu'elle est faite par la veuve avec le consentement exprès du mari, ou avec celui des héritiers. Le principal effet de l'adoption est de rendre l'adopté héritier de tous les biens et de tous les droits de l'adoptant. Dans le premier cas, les héritiers légitimes ne seront obligés de restituer à l'adopté que les immeubles, et non les effets mobiliers dont ils auraient disposé, tels que meubles meublants, créances, etc., à moins qu'il ne soit justifié qu'ils ont connu l'intention du défunt. Dans le second cas au contraire, lorsque l'adoption est faite avec le consentement des proches parents du mari, les héritiers consentants sont tenus de restituer au fils toutes les créances et les meubles dont ils ont disposé, et de lui restituer les immeubles existants en nature, ou le prix de ceux qui sont aliénés. Il dépendait d'eux de conserver la succession de leur auteur, de celui à qui ils consentent de donner un fils par adoption ; ils n'ont pas à se plaindre s'ils sont tenus de restituer toute la succession à cet héritier qu'ils créent. En principe, l'enfant adopté est censé prendre la succession de l'adoptant, au moment du décès de celui-ci, et continuer sa personne sans interruption. Nous admettons une exception dans le premier cas que nous avons examiné, par le motif que les héritiers légitimes ont pu être victimes d'une erreur : la veuve, quand ils ont pris possession des biens du défunt, devait leur faire connaître les dernières intentions de son mari. L'adoption produit-elle des effets à l'égard des tiers qui ont contracté avec les héritiers du mari qui étaient en possession de la succession ? la résolution du droit des héritiers a-t-elle effet envers eux ? Nous pensons que cette résolution ne produit aucun effet contre les tiers ; que l'adopté doit prendre les biens dans l'état où ils se trouvent, grevés de servitudes, d'hypothèques au profit des tiers, sauf le droit de demander compte aux héritiers dans les circonstances indiquées plus haut. Nous assimilerions ici les héritiers légitimes, dont l'adoption résout les droits, à des héritiers apparents : il est reconnu en jurisprudence, et de nombreux arrêts ont consacré cette doctrine, que les actes faits par l'héritier apparent sont valables ; nous appliquerions cette doctrine au cas qui nous occupe. On peut consulter, pour plus de détails, arrêts de la Cour de Caen du 21 février 1814 ; Cour de cassation, 17 août 1822 ; Duranton, t. Ier, etc.

L'adoption que la femme a faite sans y être autorisée par son mari, ou les parents de celui-ci, est-elle valable et produit-elle quelques effets ? Dans le droit romain, les femmes n'avaient pas, en règle générale, le pouvoir d'adopter. Les empereurs le leur accordèrent dans certaines circonstances : *Feminæ quoque adoptare non possunt, quia nec naturales liberos in suâ potestate habent.* La règle est la même dans l'Inde ; les femmes ne peuvent adopter en leur propre nom et pour elles ; l'adoption n'aura aucun effet à l'égard des héritiers du mari et pour les biens de celui-ci, si elle est faite par la veuve, sans y être autorisée. Les jurisconsultes ont admis un tempérament à cette prohibition absolue d'adopter ; ils admettent que l'adoption produira quelques effets à l'égard de la femme, et que l'adopté sera habile à recueillir ses biens particuliers. Cette opinion, qui se rapproche du dernier état du droit romain, devrait, selon nous, être suivie dans la pratique ; elle se fonde sur le Mitachsara et le Traité de Strange sur l'adoption.

§ 2. DE L'ADOPTÉ.

L'adopté doit être de la classe de l'adoptant et choisi parmi les parents de ce dernier, et capable d'être héritier.

1º L'adopté doit être de la même classe que l'adoptant ; s'il était d'une classe différente, l'adoption produirait cet effet singulier : l'adopté sortirait de sa famille naturelle, aurait perdu tous ses droits à l'hérédité de ses parents naturels, et n'entrerait pas dans une famille nouvelle ; l'adoptant ne serait tenu que de fournir des aliments à l'adopté. L'égalité de classe est donc une condition essentielle de l'adoption. Nous ferons, à ce sujet, la même remarque que nous avons déjà faite au chapitre du Mariage, que l'on entend par classe les quatre grandes divisions de Manou, et non cette diversité infinie de castes.

2º L'adopté doit être choisi parmi les parents de l'adoptant, et dans le même *gotra* (lignée). L'adoptant ne peut cependant adopter un enfant issu d'une femme avec laquelle il n'aurait pu contracter mariage : en conséquence tous les parents en ligne directe, et les parents en ligne collatérale, au degré de frère, d'oncle, les fils de fille, les fils de sœur, ne peuvent être adoptés. Une exception admise pour les Sudras, à l'égard des fils de fille et des fils de sœur, paraît être devenue commune à toutes les autres classes, tant l'usage dans l'Inde a été puissant pour modifier la loi. Les adoptions du fils de fille, et de fils de sœur, sont fré-

quentes et regardées comme valables dans la pratique par tous ceux qui seraient intéressés à les contester et à les méconnaître ; la pratique a ajouté à la
loi. Ellis, dans une note sur Strange, atteste cette coutume générale, en indiquant toutes les autorités qui
prohibent les adoptions entre parents aussi proches
en degré, dans la ligne par les femmes (voy. Strange,
t. II, passim).

Le parent le plus proche parmi ceux qui peuvent
être adoptés, doit donc être adopté ; c'est ordinairement le neveu par les mâles. Un texte de Manou portant que le fils d'un frère est apte à faire les cérémonies funèbres pour son père et ses oncles paternels,
semble contraire à ce principe : mais les commentateurs indous et autres, l'auteur du Datta-Chandrica,
entendent ce texte comme interdisant l'adoption de
tout autre parent, tant qu'il est possible de la pratiquer
au profit d'un neveu paternel. A défaut de neveu,
l'adoptant doit choisir l'adopté parmi les autres parents de son *gotra*, sans distinction de proximité de
degré et, à défaut de parents, il peut adopter un
étranger. Il faut interpréter ces textes avec cette
restriction que l'adoption qui aurait lieu sans tenir
compte de ces prescriptions, ne serait pas nulle ; c'est
un devoir moral de les observer, plutôt qu'une obligation civile imposée à l'adoption (voy. Strange, 78,
et Ellis, t. II p. 75).

Le fils de famille ne peut être donné en adoption
qu'avec le consentement de son père naturel ; c'est une
des conditions essentielles à la validité de l'adoption,
dans le droit indou comme dans le droit français ;
les deux législations s'expliquent l'une par l'autre.

L'adopté ne doit pas avoir plus de cinq ou de huit
ans pour les brahmes au moment de l'adoption ; cette
disposition est appuyée sur un texte du Calica-Pou-
rana, que l'on peut lire dans Colebrooke (D. t. III
p. 149).

L'adoption qui serait faite dans un âge plus avancé, est considérée comme nulle par Colebrooke dans ses Notes sur Strange (t. II p. 232). Cette condition d'âge, essentielle à la validité de l'adoption, est fondée sur ce que les cérémonies d'initiation, qui se célèbrent dans un âge peu avancé, lient d'une manière irrévocable l'enfant à la famille de son père naturel. La question que l'on aura à examiner au préalable, est celle de savoir si ces cérémonies ont été accomplies ; nous serions porté à considérer l'adoption comme valable, toutes les fois que ces cérémonies n'auraient pas eu lieu, quelque fût d'ailleurs l'âge de l'adopté. Ces cérémonies consistent dans la tonsure, *Chudavarana*, et dans l'investiture du cordon, *Upanayana*. Elles sont célébrées ordinairement, la cérémonie de la tonsure dans la deuxième ou la troisième année de la naissance, et la cérémonie d'initiation dans les huitième, onzième et douzième années, selon les classes. Manou dit :

«35. La cérémonie de la tonsure, pour tous les Dividjas, doit être faite, conformément à la loi, pendant la première ou la troisième année, d'après l'injonction de la Sainte-Écriture.

«36. Que l'on fasse, dans la huitième année à partir de la conception, l'initiation d'un Brahmane ; celle d'un Kchatrya, dans la onzième année ; celle d'un Vaisya dans la douzième.»

Ces cérémonies, qui ne se pratiquent que dans les classes supérieures, sont remplacées pour les Sudras par la cérémonie du mariage. Dès lors on doit conclure de ces observations, que l'adoption d'un adulte ou d'un homme marié est interdite par la loi. Quelques auteurs sont même allés plus loin, en déclarant que l'adoption n'était pas permise aux Sudras, puisqu'ils ne pouvaient pratiquer le *Datta-Homam*,

permis seulement à ceux qui lisent les Védas (1).
Cependant l'usage contraire s'est établi, et est devenu
universel : la notoriété publique, la possession d'état
d'enfant adopté est suffisante, à défaut de cérémonie
spéciale, pour établir la preuve de l'adoption.

La loi indoue, dans le but de faciliter l'adoption,
permet d'annuler les cérémonies d'initiation, déjà célébrées, par un sacrifice au feu. Cette faculté n'est
permise qu'aux trois classes supérieures : le mariage
étant irrévocable, ne peut être résolu pour faciliter
l'adoption d'un Sudra. Il serait utile, lorsque les tribunaux ont à statuer sur des questions de validité
d'adoption, que les comités consultatifs de jurisprudence indienne fussent consultés ; ils sont seuls aptes
à éclairer le juge sur les usages suivis dans le pays,
et l'usage, sur ces questions, doit être pris en sérieuse
considération.

Il n'est pas indispensable à la validité de l'adoption que l'adopté y ait donné son consentement ; ce
consentement est, comme dans le mariage, suppléé
par celui que donne le père naturel.

§ 3. DES FORMES DE L'ADOPTION.

L'adoption peut être constatée à l'aide de la preuve
testimoniale ; un acte écrit, soit authentique ou sous
seing privé. n'est pas exigé par la loi. La loi indoue,
comprenant parfaitemen ttoute l'importance de l'adoption, a entouré son accomplissement de la plus grande
publicité. Lorsque les cérémonies de l'adoption
doivent avoir lieu, tous les parents et amis sont in-
vités à y assister ; le Datta-Homam, ou d'autres
cérémonies analogues, pour les castes à qui le Datta-

---

(1) Le Datta-Homam consiste dans une cérémonie par l'eau et
le feu ; ceux qui seront curieux d'en connaître les détails, peuvent
recourir à la note de Colebrooke dans Strange, t. II p. 152.

Homam est interdit, sont célébrées. Ce qui constitue l'essence de ces cérémonies, est la dation de l'adopté par son père, d'une part, et l'acceptation par l'adoptant, d'autre part.

Afin d'éviter toute contestation ultérieure de la part des héritiers de l'adoptant, il serait bon de dresser un procès-verbal de la cérémonie d'adoption et de le déposer chez le tabellion. Cette précaution couperait court à bien des procès, et assurerait à l'adopté la dévolution, sans conteste, des biens de l'adoptant : ce procès-verbal serait signé par l'adoptant et celui qui donne son fils en adoption, avec la mention expresse de la dation et de l'acceptation.

Il est à regretter que l'arrêté du 10 juin 1854, sur les actes de l'état-civil, n'ait pas exigé l'inscription, sur les registres publics, de l'acte d'adoption. On aurait pu appliquer à ce cas, les règles qui sont établies pour les déclarations de mariage, et exiger que la déclaration d'adoption fût faite par les deux parties ; on assurerait ainsi la tranquillité des familles. L'adoption est un acte très-fréquent chez les Indous, qui doit être entouré de toutes les garanties capables d'en assurer la régularisation. Nous faisons des vœux pour que cette omission soit réparée (1).

____

(1) Nous avions écrit ces lignes lorsqu'a paru l'arrêté du 29 décembre 1855, sur les adoptions. Il ordonne, dans son article 2, que les adoptions, outre les formalités exigées par le droit indou, seront constatées par un acte authentique, homologué par le juge de paix. L'homologation n'a d'autre but que d'attacher le sceau de l'autorité publique aux actes d'adoption ; elle ne peut être refusée, puisque les questions de nullité ou de validité de l'adoption sont formellement réservées aux tribunaux ordinaires. L'article 3 dispose que, dans le cas d'une adoption par la veuve pour son mari défunt, cette adoption ne pourra être faite après l'expiration d'un délai de quatre mois depuis le décès du mari.

§ 4. DES EFFETS DE L'ADOPTION.

L'adoption est une image de la paternité; son effet immédiat est de transporter l'adopté de sa famille naturelle dans celle de l'adoptant. L'adopté devient habile à succéder à tous les biens, meubles et immeubles de l'adoptant; il est tenu d'accomplir les cérémonies funèbres au décès de l'adoptant. L'adoption confère en outre à l'adopté des droits de succession dans la ligne des Sapindas de l'adoptant. Ce droit n'a lieu qu'au profit des adoptés capables de succéder. Si l'adoption avait eu lieu au profit d'un incapable, d'un sourd, d'un aveugle, d'un muet, d'un individu atteint d'une maladie incurable, elle ne conférerait à l'adopté qu'un droit à des aliments.

Quid? Si l'adoptant vient à avoir des enfants naturels, après l'adoption; nous entendons par enfants naturels, *liberi naturales*, ceux qu'il aurait de sa femme légitime : quels seraient les droits de l'adopté? Les jurisconsultes indous varient quant à la fixation de la part que doit avoir l'adopté, venant à la succession, en concurrence avec des enfants légitimes. Les uns lui allouent un tiers, d'autres un quart. La part augmente si l'enfant adopté est vertueux; elle diminue s'il n'est pas doué de bonnes qualités et s'il s'adonne au vice. Parmi les Sudras, l'enfant adopté partage par égale part avec l'enfant naturel. Ce mode de division, qui se rapproche du mode suivi dans notre droit (art. 350), devrait être généralement suivi, de préférence aux autres modes fondés sur des distinctions de qualités bonnes ou mauvaises, vertueuses ou vicieuses, impossibles à déterminer d'une manière précise dans la pratique.

L'enfant adopté passe dans la famille de l'adoptant, et perd ses droits de succession dans sa famille naturelle; il n'y conserve que les relations du sang, que la loi ne peut effacer. Il n'existe qu'un seul cas, où il conserve tous ses droits dans sa famille, c'est lorsqu'il est Dwyamushyayana, c'est-à-dire, fils de deux pères. Il arrive assez souvent, en effet, qu'un père de famille, en donnant son fils en adoption, stipule que, s'il meurt sans laisser d'autres descendants mâles, son fils donné en adoption célébrera ses cérémonies funèbres. Dans ce cas, l'enfant conserve dans sa famille naturelle. ses droits de succession, et acquiert les mêmes droits dans la famille du père adoptant. L'adoption peut être même conditionnelle, à savoir que l'enfant adopté ne restera en la puissance de l'adoptant, qu'autant que celui-ci n'aura pas ultérieurement d'enfants légitimes ; s'il vient à en avoir, l'adoption est résolue, et l'enfant retourne dans sa famille naturelle. Il sera très-difficile, en l'absence d'un acte écrit exprimant l'intention des parties, de déterminer quels sont les effets de l'adoption et son étendue. En l'absence de tout acte écrit, il serait prudent, pour éviter toute discussion, de considérer l'adoption comme faite purement et simplement.

Le fils adopté n'est pas tenu des dettes contractées par son père naturel, et il ne peut être poursuivi en payement, qu'autant qu'il est détenteur des biens ; toute relation avec les parents du sang, en ce qui concerne le droit de succéder, est éteinte par l'adoption. Il est tenu *à contrario* des dettes contractées par son père adoptant. C'est d'après ces principes que les questions sur cette matière doivent être résolues.

Si l'adoptant était incapable, par exemple, estropié, muet, sourd, aveugle, etc., etc., l'adopté n'acquerrait pas un droit de succession sur les biens de son aïeul par adoption ; il n'aurait droit qu'à des aliments.

L'enfant adopté peut-il, en cas de besoin, réclamer des aliments à son père naturel ? Bien que cette demande paraisse, en théorie, contraire aux principes posés, nous croyons néanmoins qu'elle est recevable ;

l'obligation des aliments est avant tout une obligation naturelle et morale : « *Jura sanguinis nullo jure civili dirimi possunt* (Dig., *de Div. Reg. Juris*, liv. VIII).» Le père naturel ne serait tenu de fournir des aliments à son fils, donné en adoption, qu'autant que le père adoptant se trouverait dans l'impossibilité de les fournir lui-même.

CHAPITRE III.

De la Puissance paternelle.

Après avoir traité du Mariage et de l'Adoption, nous sommes conduits, par l'ordre des choses, à expliquer les relations qui existent entre les pères et les enfants. Elles sont d'un ordre naturel et civil, et impliquent des devoirs réciproques, de protection de la part du père, de respect et de soumission de la part du fils. Nous aurons à examiner : 1° les pouvoirs du père sur ses enfants, 2° les devoirs des fils et leur capacité d'acquérir et de posséder des biens particuliers, 3° l'obligation réciproque du père et du fils de se fournir des aliments en cas de besoin.

§ 1er. DES POUVOIRS DU PÈRE SUR SES ENFANTS.

Le père a le droit de correction sur ses enfants : cette correction doit être modérée et faite à propos, comme disent les jurisconsultes indous. Le législateur n'indique aucun des moyens légaux que le père peut employer pour corriger un enfant indocile ; nous pensons que l'on doit recourir au Code Napo-

léon, pour compléter sur ce point le droit indou.
Le père qui aura des sujets graves de mécontentement
contre son enfant pourra le faire détenir aux termes
de l'article 376. Une difficulté peut se présenter : le
père, dans le droit français, peut faire détenir son
enfant, tant qu'il n'a pas atteint sa majorité, c'est-
à-dire, sa vingt-et-unième année. Au delà de cet âge,
la puissance paternelle n'est, pour ainsi dire, que
nominale. Le père indien peut-il faire détenir son
enfant âgé de plus de seize ans révolus, âge fixé pour
la majorité indoue ? Si l'on applique l'esprit de la
législation du Code, on se décidera pour la négative;
le droit qu'a le père de faire détenir son enfant,
s'arrête à la majorité : tel est le principe général. La
loi n'a pas dit que l'enfant restait sous la puissance de
son père jusqu'à sa vingt-et-unième année : elle s'est
servi d'une autre expression, la *majorité* (art. 372).
Or, on doit décider, par analogie, que le droit de
correction du père indou s'arrête également à la
majorité, c'est-à-dire, à seize ans révolus. Nous
inclinons à adopter cette opinion, et nous pensons
que les présidents des tribunaux agiront prudemment, en refusant d'accorder aux pères offensés la
détention d'enfants âgés de plus de seize ans révolus.

Le père avait autrefois le droit de vendre ses
enfants ; mais ce droit, ou, pour mieux dire, cet abus
a cessé. Il paraît néanmoins, si les informations que
nous avons recueillies sont exactes, que certains
parents, pressés par le besoin et la misère, vendent
leurs enfants en bas âge, pour les livrer au service
domestique de ceux qui les achètent. Il est évident
que de semblables contrats ne confèrent aucun droit
à l'acheteur sur la personne de l'enfant ; la liberté est
inaliénable. Un tel trafic, on doit le dire à leur
louange, est réprouvé par les jurisconsultes indous.

Ce droit du père sur ses enfants avait reçu une

sanction légale par les articles 14, 15 et 16 de l'arrêté du 30 décembre 1769.

«Art. 14. Nul ne pourra vendre en ville et dans la banlieue, ses enfants, pour les mettre en esclavage, sans être préalablement muni d'une permission du lieutenant général de police, et il est défendu au tabellion de la chaudrie, sous quelque prétexte que ce puisse être, de passer une olle d'esclavage à la chaudrie sans en avoir obtenu la permission du lieutenant général de police.»

§ 2. DES DEVOIRS DES ENFANTS ET DE LA CAPACITÉ DES FILS POUR ACQUÉRIR ET POSSÉDER DES BIENS PARTICULIERS.

Les enfants doivent respect à leurs parents, et sont obligés de leur fournir des aliments en cas de besoin. S'ils manquent à leurs devoirs, les parents peuvent user contre eux des moyens de correction que la loi leur donne. Les fils, dans le droit indou, sont incapables, en principe, de rien posséder par eux-mêmes : tout ce qu'ils acquièrent, appartient à leur père. Mais les législateurs indous ont admis à ce principe de nombreuses exceptions, qui se trouvent posées dans le texte suivant de Manou :

« Mais la richesse acquise par le savoir, appartient exclusivement à celui qui l'a gagnée; de même qu'une chose donnée par un aîné ou reçue à l'occasion d'un mariage, ou présentée comme offrande hospitalière.»

Dans le droit indou, les pécules ne sont pas d'une origine plus récente que l'interdiction imposée aux fils de famille, d'avoir des biens propres; ils sont admis comme une exception à la règle, par la même loi qui établit l'interdiction d'acquérir. Chez les Romains, l'institution des pécules avait été lente et postérieure de plusieurs siècles à la loi des XII Tables. Ils distinguaient les pécules en *castrense* et *quasi-castrense*, comprenant toutes les acquisitions faites dans l'état militaire ou les professions civiles ; nous avons employé à dessein un terme général , parce que les Constitutions des Empereurs étendirent successivement le droit de pécule à telle ou telle profession civile. Justinien créa une troisième espèce de pécule, qu'on appela pécule *adventif* ; il généralisa une distinction déjà introduite par Constantin, Arcadius et Honorius. D'après ces Constitutions, les biens qui arrivaient aux fils de famille *non ex re patris*, mais de toute autre cause, *ex aliâ causâ*, appartenaient aux fils de famille. Ainsi le fils était propriétaire des biens qu'il avait recueillis dans la succession de sa mère, ou qui lui étaient laissés par un ascendant maternel, par son épouse ou même sa fiancée. Le droit du père ne reste intact et absolu que sur les choses que le fils acquiert *ex re patris* ; il a, toutefois, un droit d'usufruit sur les biens acquis *ex aliâ causâ*, en sorte qu'à sa mort ils ne sont pas compris dans la masse héréditaire, commune et partageable entre tous les enfants. Ils restent propres au fils de famille qui les a acquis.

Le père de famille n'était pas privé de toute espèce de droit sur le pécule castrans des enfants soumis à sa puissance. Le droit d'en disposer appartenait sans doute à ces derniers, et même exclusivement ; mais, tant qu'ils restaient fils de famille, ce droit n'était réellement pour eux qu'une propriété conditionnelle ou plutôt une simple faculté, dont l'exercice pouvait seul paralyser le droit du père. Tout ce dont le fils de famille décédé, n'avait pas disposé, était réputé n'avoir jamais appartenu qu'au père. Ce n'était pas un droit nouveau que ce dernier acquérait, mais un droit ancien dont il reprenait l'exercice *similitudine cujusdam postliminii*. De là résulte, quant

aux biens castrans, une différence importante suivant
que le fils de famille décède testat ou intestat. On peut
recourir pour des renseignements plus étendus, à
l'excellent commentaire des *Institutes de Justinien*
par M. Ducaurroy, d'où nous avons extrait ces observations.

Dans le droit indou, les fils peuvent acquérir également des biens particuliers, soit par l'exercice d'une
profession militaire et civile, soit *ex aliâ causâ* ;
ils sont, à l'égard de ces biens, considérés comme de
véritables pères de famille. Les acquisitions, pour
rester particulières au fils, doivent être faites sans le
concours du père et sans l'emploi de ses biens. Dans
l'un ou l'autre de ces cas, le droit du fils n'est pas
étendu ; il n'a pas la propriété exclusive de ce qui a
été acquis. L'acquisition est commune au père et au
fils, et le partage s'opère entre eux par égale part. Le
principe est donc à peu près le même que dans le
droit romain antérieur à Justinien sur les pécules
castrans et quasi-castrans, et que dans le droit nouveau, qu'il établit sur les pécules adventifs ; toute
acquisition faite *ex re patris* appartient au père et au
fils, et non exclusivement au père, comme dans la
Constitution de Justinien.

Les biens que les fils de famille recueillent dans les
successions auxquelles ils sont appelés, par exemple
celle de leur mère, leur sont-ils propres, ou appar-
tiennent-ils à leur père ? Il ne faut pas perdre de vue
que les pécules proviennent d'une industrie, d'un
travail quelconque de la part du fils, ou d'une gratification qui lui est faite ; que, dans le droit romain,
avant les Constitutions dont nous avons parlé, les
biens recueillis dans les successions appartenaient au
père de famille. Le droit indou contient à peu près
les mêmes règles que le droit romain. Les objets qui
composent le pécule, ont été acquis par le commerce,
les beaux-arts, la guerre, l'exercice d'une profession

libérale, causes qui indiquent un travail et des efforts de la part de celui qui acquiert. Il semblerait donc, en s'appuyant sur ces données, que les biens recueillis dans les successions, par le fils de famille, doivent appartenir au père. Le contraire a été jugé, avec raison selon nous, par des motifs tirés principalement de la législation romaine, le meilleur guide en cette matière pour éclairer le droit indou. Nous croyons donc que les pécules comprennent non-seulement les biens acquis par le travail ou l'industrie du fils, mais encore ceux qui ont été reçus par lui en donation, ou recueillis dans les successions auxquelles il est appelé. Nous expliquerions le droit indou sur cette matière par les *Constitutions de Justinien* et de ses prédécesseurs.

Le fils devient, par sa naissance, co-propriétaire avec son père des biens qui viennent des ancêtres. Le père ne peut aliéner ces biens, à l'exception des meubles, sans le consentement de ses fils majeurs. Si ses fils sont mineurs à l'époque de l'aliénation, ou s'il est nécessaire d'accomplir certains actes religieux, telles que cérémonies funèbres, initiations, mariages, ou de pourvoir à des besoins urgents de la famille, le père peut aliéner de sa propre autorité. Dans ces divers cas, le consentement des fils est présumé. Ces règles ne s'appliquent qu'aux immeubles; les meubles, même les bijoux précieux, appartiennent au père de famille, qui en a la libre disposition; les jurisconsultes indous lui imposent l'obligation morale de ne disposer des meubles, qu'en cas de nécessité absolue : nous verrons ultérieurement, en traitant des Partages et des Donations, se reproduire les conséquences légales de ce principe.

Le créancier qui contracte avec un chef de famille agira avec prudence, en s'informant quels sont les biens qui lui proviennent de ses ancêtres, et quels sont ceux qui lui sont particuliers : pour éviter des chicanes, il devrait même ne prendre d'inscription hypothécaire que sur les biens particuliers. Les aliénations que le père de famille aurait faites en dehors des cas prévus, sont nulles à l'égard des enfants, et tous les droits d'hypothèque consentis par les tiers acquéreurs eux-mêmes sont résolubles. Les biens des ancêtres ne peuvent être hypothéqués pour des dettes particulières du père. Nous ne prononcerions la nullité de ces aliénations ou des hypothèques consenties par le père, qu'autant qu'il paraîtrait évident qu'il a agi pour spolier les enfants d'un lit au profit des enfants d'un autre lit, circonstance qui se présente assez souvent dans l'Inde. Si on prononçait la nullité d'une manière absolue et sans aucune restriction, il en résulterait une grande incertitude dans les transactions et des perturbations dans les affaires. Nous avons dit que le père a le droit d'aliéner les biens patrimoniaux, lorsque ses fils sont mineurs; il serait bon qu'il prît l'avis des parents les plus proches, réunis en conseil de famille. L'aliénation à titre onéreux qu'il ferait seul n'en serait pas moins valable; il a l'administration des biens, et, en cas de minorité, ses droits peuvent être assimilés à ceux du père administrateur des biens particuliers de ses enfants (art. 389). La loi a pensé qu'il y avait une garantie suffisante dans l'affection que le père est censé porter à ses enfants. En convoquant un conseil de famille, dans lequel les motifs de l'aliénation seraient exposés et discutés, il mettrait sa responsabilité à l'abri de toute attaque ultérieure.

Ce droit, que nous reconnaissons au fils, d'attaquer les aliénations des biens des ancêtres faites par le père, est formellement consacré par la loi indoue. Nous trouvons dans le Mitachsara, page 84, le passage suivant :

« De même aussi le petit-fils a le droit de former opposition, si son père, non séparé de biens, veut faire une donation ou une vente de biens recueillis dans la succession du grand-père ; mais il n'a pas le droit d'intervenir, si les biens sont des acquisitions faites par le père ; au contraire, il doit acquiescer, car il est dépendant. »

Nous verrons, ultérieurement, si l'on ne doit pas établir, quant à la disposition des acquêts, une distinction entre les dispositions à titre onéreux, et celles à titre gratuit.

Les parents ont-ils l'usufruit légal des biens qui appartiennent à leurs enfants ? Le droit indou est muet sur cette question ; nous avons vu que le père, dans le droit romain, avait l'usufruit des biens composant le pécule adventif de son fils : les dispositions du Code Napoléon à ce sujet sont bien connues. Nous pensons que la législation indoue doit être entendue conformément aux législations romaine et française, et que le père a l'usufruit des biens personnels de ses fils. Nous appliquerions, en un mot, toutes les dispositions des articles 384, 385 et 386, avec l'exception admise dans l'article 387.

§ 3. DE L'OBLIGATION RÉCIPROQUE DU PÈRE ET DES ENFANTS DE SE FOURNIR DES ALIMENTS.

La législation indoue est plus libérale que la nôtre sur la prestation alimentaire ; elle ne la restreint pas aux parents ou alliés en ligne directe ; elle l'étend à toutes les personnes composant la même famille et vivant en communauté. C'est une obligation imposée à la communauté, comme nous le verrons, et non purement personnelle à chacun de ses membres. Hors le cas de communauté, l'obligation de fournir des aliments doit être renfermée dans les limites posées par le Code Napoléon ; il serait impossible, si on ne consultait que le droit indou, de lui assigner des bornes certaines.

La nature et la loi concourent pour prescrire au père et aux enfants de se fournir des aliments en cas de besoin. Il n'y a aucun doute possible en ce qui regarde les enfants légitimes mâles ou femmes ; les filles sorties par leur mariage de leur famille naturelle doivent à leurs père et mère des aliments, qui seront pris sur leur Stridhana. La difficulté naît, lorsqu'il s'agit des enfants naturels. Dans le droit français, les enfants naturels reconnus sont héritiers pour une certaine portion, et les enfants adultérins et incestueux n'ont droit qu'à des aliments ; durant la vie de leurs père et mère, ils doivent être nourris et entretenus par eux. Le droit indou ne leur confère pas des droits aussi étendus ; ils ne sont jamais héritiers et n'ont droit qu'à des aliments sur la succession de leur père ; leur mère a des droits semblables. Dans la pratique, il sera toujours fort difficile d'établir la filiation d'un enfant naturel ; les Indiens n'ont pas l'habitude de reconnaître leurs enfants naturels par-devant les notaires ou les officiers de l'état-civil. L'institution des registres de l'état-civil est trop récente pour qu'elle soit parfaitement connue de la population. Les tribunaux pourraient-ils admettre des reconnaissances sous signature privée comme valables, ou accorder à l'enfant naturel le droit de rechercher son père ? Nous pensons que les reconnaissances sous seing privé, seraient une preuve suffisante pour motiver une condamnation à une prestation alimentaire, au profit des enfants naturels. Dans la seconde hypothèse, nous croyons que, dans l'intérêt des familles, les tribunaux devraient se montrer très-rigides sur l'admission de la preuve testimoniale, pour rechercher la paternité. Cette recherche, interdite dans notre droit, paraît l'être également dans le droit indou, ainsi qu'on peut l'induire des textes suivants de Manou, au livre IX :

« Ceux qui ne possèdent point de champs, mais qui

ont des semences et vont les répandre dans la terre d'autrui, ne retirent aucun profit du grain qui vient à pousser. »

« Ainsi ceux qui n'ayant pas de champs, jettent leur semence dans le champ d'autrui, travaillent pour le propriétaire; l'ensemenceur, dans ce cas, ne retire aucun profit de sa semence. »

Les Indiens n'ont pas l'habitude, avons-nous dit, de faire des reconnaissances, et nous n'interdirions pas, à cause de ce motif, la recherche de la paternité d'une manière absolue. Les tribunaux pourraient l'admettre, lorsqu'elle serait appuyée sur des faits incontestables de possession d'état d'enfant naturel et sur un commencement de preuve par écrit. Telle est la modification que nous proposerions d'apporter dans la pratique à la législation sur cette question délicate.

CHAPITRE IV.

De la Minorité et de la Tutelle.

Les Indiens sont majeurs à l'âge de seize ans révolus; c'est l'opinion généralement admise voyez Colebrooke sur Strange, t. II p. 206). Jusqu'à cet âge ils sont incapables de faire par eux-mêmes aucun des actes de la vie civile, de contracter, de s'obliger. Pendant leur minorité, ils sont soumis à la tutelle de leurs parents les plus rapprochés.

Les fils de famille sont soumis à la puissance de leur père; à sa mort la tutelle s'ouvre. La législation indoue n'indique pas, d'une manière aussi complète et aussi précise que la nôtre, le mode de nomination du tuteur, et l'ordre des parents parmi lesquels il doit être choisi. Cette omission doit être réparée par la loi française, et, lorsqu'il s'agira de pourvoir à la nomination d'un tuteur, le conseil de famille sera convoqué et formé de la manière indiquée aux articles 406 et suivants. Les règles du Code sur les incapacités et les excuses de la tutelle, sur les pouvoirs du tuteur, sont applicables aux Indiens ; ces dispositions, qui sauvegardent les intérêts du mineur, qui veillent à la conservation de sa fortune, ne portent aucune atteinte aux usages locaux. Néanmoins la tutelle, chez les Indiens, ne s'ouvre pas, comme chez nous, par la mort du père ou de la mère. Le fils de famille est sous la puissance absolue du père; il ne possède rien en propre ; tout ce qu'il acquiert appartient à son père. Il ne peut y avoir lieu à tutelle, que pour les pères de famille, comme dans le droit romain, qui seuls ont le *caput liberum;* telle est la règle générale, qui, selon nous, ressort des textes de Manou. Tant que le père existe, il n'y a pas nécessité, même après le décès de la mère, de convoquer un conseil de famille et de nommer un subrogé-tuteur. Le décès de la mère ne donne pas, en principe, ouverture à la tutelle ; le fils de famille reste sous la puissance paternelle.

La loi indoue, comme la loi romaine, reconnaît aux fils de famille la capacité de posséder des biens particuliers, des pécules. Ils sont, en ce qui concerne ces biens particuliers, considérés comme des pères de famille, en ayant la disposition libre et entière. Durant le mariage le père a l'administration du pécule de ses enfants (art. 389). Si donc le mariage venait à se dissoudre par le décès de la mère, il y aurait ouverture à la tutelle, pour les enfants qui posséderaient des biens particuliers ; il serait nécessaire de réunir un conseil de famille, de nommer un subrogé-tuteur et de se conformer en tout aux règles du Code sur la tutelle, afin d'éviter que le père ou le mineur puissent disposer de ces biens particuliers. Ces précautions sont d'autant plus nécessaires à prendre, que les fortunes des mineurs deviennent souvent la proie de proches avides et infidèles. En résumé, il n'y a lieu à la tutelle des mineurs qui n'ont pas de biens particuliers du vivant de leur père, et après le décès de la mère ; la tutelle ne s'ouvre que par la mort du père, et par la mort de la mère pour les fils de famille qui ont des pécules. Le fils aîné est tuteur naturel et légal de ses frères mineurs, vivant dans l'indivision, après le décès de l'auteur commun (Manou, liv. IV §§ 105, 106 et 107). Nous croyons que la mère devrait avoir un droit de préférence sur le frère aîné et nous distinguerions, en conséquence, deux espèces de tutelle naturelle et légale: 1° celle de la mère, 2° celle du frère aîné. Les tuteurs, autres que ceux que nous indiquons, devraient être nommés par le conseil de famille.

Pour parer aux inconvénients qui peuvent naître de la tutelle de proches parents, n'ayant ni fortune particulière et ne pouvant offrir de caution solvable, un arrêté de règlement du 22 février 1777, disposait que les biens des mineurs seraient administrés par le Procureur général, sous la surveillance et le contrôle de l'Administration. Cette loi, pleine de sagesse, a été implicitement abrogée, lors de la promulgation du Code Napoléon, en 1819 ; il eût été cependant utile de la maintenir en vigueur, car les abus qu'elle réprimait subsistent de nos jours. Nous croyons qu'il n'est pas sans intérêt de reproduire le texte de cette loi :

« Art. 1er. Seront les biens des mineurs, qui étaient ci-devant dans le cas d'être remis au ministère public, déposés aux greffes avec leurs titres et papiers, et en demeurera le greffier chargé par l'inventaire, qui en sera fait, comme dépositaire de biens de justice.

4

« Art. 2. Lesdits biens continueront néanmoins à être régis et administrés par les ordres de notre Procureur général; et ne pourra le greffier faire aux mineurs, aux créanciers, ni à qui que ce puisse être, aucune délivrance de deniers ou d'autres objets appartenant auxdits mineurs, à moins qu'on ne lui rapporte à cet effet des mandats de notre Procureur général, à peine contre le greffier de répondre en son propre nom des deniers et effets qu'il pourrait avoir délivrés, et pour raison desquels il ne justifierait point desdits mandats. »

L'article 3 dispose que l'emploi des fonds sera fait d'après une délibération des sept plus proches parents, sur les conclusions du Procureur général, et par décision du Conseil supérieur.

§ DE LA TUTELLE DES FEMMES.

Les femmes, dans le droit indou, sont soumises à une tutelle perpétuelle. Cet état d'incapacité les rend inhabiles à faire tous les actes de la vie civile, sans l'assistance des personnes sous l'autorité desquelles elles sont placées. C'est plutôt une curatelle qu'une tutelle véritable; le texte de Manou est précis :

« Jour et nuit les femmes doivent être tenues dans un état de dépendance par leurs protecteurs, et même lorsqu'elles ont trop de penchant pour les plaisirs innocents et légitimes, elles doivent être soumises, par ceux dont elles dépendent, à leur autorité.

« Une femme est sous la garde de son père pendant son enfance, sous la garde de son mari pendant sa jeunesse, sous la garde de ses enfants dans sa vieillesse ; elle ne doit jamais se conduire à sa fantaisie. » (liv. IX §§ 2 et 3.)

Les femmes, comme nous l'avons vu, peuvent être propriétaires; lorsqu'elles auront des actions judi-

ciaires à intenter, des aliénations à faire, des obligations à contracter, elles devront être assistées, pour
la validité de tous ces actes, de la personne sous
l'autorité de laquelle elles se trouvent. Il leur sera
quelquefois difficile, dans l'état de veuvage, de connaître quel est le plus proche parent de leur mari ;
dans l'incertitude, elles obtiendront l'autorisation
de la justice. Cet état d'infériorité des femmes n'est
pas particulier au droit indou. Chez les Romains,
les femmes étaient toujours en tutelle : nous trouvons
des traces nombreuses de cette institution dans les
écrits de leurs historiens et de leurs jurisconsultes.
Il nous suffira de citer le texte suivant d'Ulpien, liv.
II, Regularum, *de Tutelis* : « *Tutores constituuntur
tam masculis quam feminis; sed masculis quidem
impuberibus duntaxat, propter ætatis infirmitatem ;
feminis autem tam impuberibus, quam puberibus,
et propter sexùs infirmitatem et propter forensium
rerum ignorantiam.*» Cette tutelle des femmes est un
point très-obscur dans le droit romain. On lui connaît cependant un but certain lorsqu'elle était déférée
à des tuteurs légitimes; la femme même pubère ne
pouvait aliéner ses biens les plus précieux, ni contracter aucune obligation, ni tester sans l'autorisation
du tuteur qui était héritier présomptif comme parent
le plus proche. La tutelle des femmes fut abolie par
la loi Claudia (voy. *Gaius Inst.*, lib. I §§ 190 et 191).

Le Code Napoléon a-t-il modifié, étendu la capacité
des femmes indoues? Nous ne le pensons pas. La
tutelle des femmes est une des lois civiles les plus
chères aux Indous et doit être maintenue dans toute
sa rigueur. C'est aux tiers qui contractent avec elles à
prendre leurs mesures, et à s'assurer qu'elles ont
l'autorisation de leur tuteur ou curateur.

La femme peut-elle être tutrice de ses enfants
mineurs ? Elle est elle-même placée sous la tutelle des
proches parents de son mari, et il semblerait qu'elle

ne peut être tutrice. Cependant nous lui reconnaîtrions cette qualité. Son incapacité ne serait pas un obstacle absolu à ce qu'elle eût la tutelle ; elle est comme mère intéressée à la conservation des biens de ses enfants, à la direction de leur éducation. Nous invoquerions, à l'appui de cette opinion, ce que dit Montesquieu dans son *L'esprit des lois*, liv. XIX ch. 24 :

«Les lois, dit-il, qui donnent la tutelle à la mère, ont plus d'attention à la conservation de la personne du pupille ; celles qui la donnent au plus proche héritier, ont plus d'attention à la conservation des biens. Chez les peuples dont les mœurs sont corrompues, il vaut mieux donner la tutelle à la mère. Chez ceux où les lois doivent avoir de la confiance dans les mœurs des citoyens, on donne la tutelle à l'héritier des biens, ou à la mère, et quelquefois à tous les deux. »

Il se livre ensuite à l'examen de la législation romaine. Il est évident que les tribunaux ne doivent pas avoir une confiance bien grande dans les proches parents du mineur ; l'expérience a démontré que souvent ils abusaient de leur autorité pour dépouiller le mineur dont ils avaient la tutelle.

Les mineurs indiens peuvent être émancipés par le père ou la mère, à l'âge de quinze ans révolus, et ils devront être pourvus d'un curateur. La capacité du mineur émancipé est réglée par les articles 481 et suivants du Code. Il est inutile d'observer que le mariage, chez les Indiens, ne produit pas l'émancipation ; il est célébré ordinairement dans un âge tellement rapproché de l'enfance, qu'il y aurait un danger trop grand à reconnaître au mineur marié, une capacité civile même limitée.

Le titre du Code qui traite de l'interdiction, est applicable aux Indiens dans toutes ses dispositions.

On peut se demander si, en matière pénale, la majorité indoue doit être prise en considération, ou si l'on doit appliquer les dispositions du droit français. Ainsi, en cas d'enlèvement de mineurs, s'attachera-t-on, pour diriger les poursuites, à la loi indoue sur la minorité, ou à la loi française ? Nous pensons qu'en principe tout ce qui a trait au droit pénal est régi par la loi française. Le droit de créer, de modifier, d'abroger des pénalités, est un droit de la souveraineté, que le pouvoir dirigeant ne peut s'interdire. Or, lors de la promulgation de nos Codes, le législateur ne s'est engagé qu'à respecter les coutumes, les usages et les lois civiles des Indiens. Si l'on conservait quelques doutes à ce sujet, ils seraient levés par l'article suivant de l'arrêté de règlement du 27 janvier 1778 :

« Art. 5 du titre III. Toutes les affaires criminelles dont la connaissance appartiendra au lieutenant civil, se traiteront suivant les lois du royaume de France, et non suivant celles des Malabars, qui, à cet égard, ont toujours été rejetées. »

Il est impossible d'être plus explicite et plus clair sur la question qui nous occupe.

CHAPITRE V.

De la Propriété.

L'organisation de la propriété territoriale, dans l'Inde, a été l'objet de nombreuses et de savantes recherches historiques. Il n'entre pas dans le plan de cet ouvrage d'étudier la constitution de la propriété, dans les premiers âges de la société indoue. Nous devons nous borner à examiner de quelle manière la propriété immobilière est réglée dans nos Établissements.

Le Gouvernement français avait adopté, pour point de départ, le principe établi par les législateurs indous, que l'État est propriétaire du sol. En partant de ce principe, toutes les concessions qui étaient faites pouvaient être rescindées dans certains cas ; le propriétaire n'était qu'un emphytéote, ayant le domaine utile, et tenu de certaines obligations ; l'inexécution de ces obligations entraînait la résolution de son droit.

Tels sont, en résumé, les principes qu'avait adoptés le législateur, dans l'arrêté du 7 juin 1828, qui organise la propriété, et la perception des impôts dans les Établissements français. Cet arrêté, sagement conçu, divise les terres en plusieurs catégories :

1º Celles dont le Domaine a aliéné la propriété ;

2º Celles dont il a aliéné à perpétuité la jouissance;

3º Celles dont il a conservé la jouissance et la propriété ;

4º Celles qui, n'étant pas susceptibles d'une propriété privée, sont concédées comme des dépendances du domaine public.

Les terres de la première catégorie sont elles-mêmes divisées en terres concédées sans redevance et terres concédées à rente foncière.

Les terres concédées sans redevance sont désignées et classées sous les indications suivantes :

1º Les terrains et emplacements de la ville de Pondichéry ;

2º Les manés et manémapous ou terrains d'habitation situés dans les aldées avec ou sans cours et jardins; -

3º Les sanadamanioms, ou terres concédées par les princes indiens ou le Gouvernement français, en récompense de services, ou à titre de munificence;

4º Les devastanoms, ou dotations des pagodes,

chaudries et autres établissements pieux et de charité;

5° Les tarpadymanioms, ou terrains attribués aux serviteurs des aldées, non rétribués par le Gouvernement, pour leur tenir lieu de solde.

Les manés ne sont susceptibles d'aucun changement de destination. Les devastanoms ne peuvent être vendus, échangés ou hypothéqués ou donnés à long bail, qu'avec le consentement du Gouverneur en conseil.

Les terres peuvent être concédées en toute propriété, à la charge du payement d'une rente fixe à l'État. Les concessionnaires sont propriétaires incommutables, et disposent des terres concédées, comme de choses à eux appartenant ; à défaut de payement de la rente aux époques fixées, il est procédé à l'expropriation de leur concession, et les aliénations qu'ils auraient faites sont résolues (art. 2125). Si la concession est onéreuse pour le concessionnaire, il peut en faire l'abandon intégral, qui n'est définitif qu'après acceptation du Gouverneur en conseil. Le concessionnaire, pour jouir de cette faculté, doit payer les rentes arriérées et celles de l'année courante, et laisser l'immeuble libre de toutes servitude et hypothèque.

Dans les premières années qui suivirent la promulgation de cet arrêté, des concessions de terrains étendus et fertiles furent faites à des Européens pour y établir diverses cultures. Soit inexpérience, soit incurie de la part des concessionnaires, les essais d'agriculture, qui furent tentés, demeurèrent infructueux, et les concessionnaires furent réduits à faire abandon à l'État.

La seconde catégorie comprend les terres dont le Domaine a aliéné la jouissance à perpétuité, en se réservant la propriété du fonds ; ces terres sont dites adamanons. Elles forment la majeure partie des terres de notre territoire.

L'adamanaire est tenu de payer à l'État une redevance annuelle, qui varie de 32 à 48 p. 0/0 de la valeur des récoltes ; il ne peut morceler son terrain, sans autorisation du Domaine, ni enlever les récoltes avant d'en avoir obtenu l'autorisation. Faute par lui de payer la redevance à l'un des termes fixés ou de mettre sa terre en valeur, il est évincé sans avoir droit à aucune indemnité, et les terres rentrent purement et simplement au Domaine. Sous ces restrictions, il est considéré comme un véritable propriétaire, pouvant aliéner et hypothéquer son adamanom.

Cette constitution de la propriété, dont il est facile de reconnaître les vices, avait provoqué des réclamations de la part des habitants et des personnes éclairées de la colonie, et attiré la sollicitude du Gouvernement. Il était réservé à M. le contre-amiral Verninac, de changer tout le système de l'arrêté de 1828. Dès les premiers jours de son arrivée dans la colonie, il s'occupa activement de cette réforme, à laquelle il préluda par un abaissement considérable de l'impôt foncier. L'arrêté du 19 février 1853, réduisit la redevance des terres à concession de 23 p. 0/0 de la rente actuelle, et celle des terres à adamanom de 33 p. 0/0, et enfin celle des terres incultes de 50 p. 0/0. C'était déjà un bienfait immense pour les cultivateurs.

Le décret impérial du 16 janvier 1854 organisa, d'une manière définitive et sur des bases nouvelles, la propriété foncière. L'article 1er dispose que tous les détenteurs actuels du sol, à quelque titre que ce soit, qui acquitteront l'impôt réglementaire, sont déclarés propriétaires incommutables des terres qu'ils cultivent. A partir de la promulgation de ce décret, toute distinction entre les divers titres de possession du sol a cessé : les Indiens sont devenus propriétaires, avec la même étendue de droits, que les propriétaires du sol en France et dans nos autres colonies. La conséquence immédiate de ce décret a été une augmentation considérable dans la valeur des terres. Les propriétés rurales, qui avoisinent la ville de Pondichéry ont doublé de valeur; des terres jusqu'alors incultes, ont été mises en culture. Les encouragements accordés à l'agriculture, ont stimulé le travail et excité l'ardeur des cultivateurs ; les productions agricoles ont augmenté, et le Gouvernement, après avoir accompli une révolution économique, aussi importante pour le pays, n'a éprouvé aucun déficit dans ses revenus. C'est là un résultat admirable : quelque soit le peu d'étendue de nos possessions, quelque restreint que soit le théâtre sur lequel s'exerce l'action administrative, le bienfait n'en est ni moins réel, ni moins solide ; il ne se mesure pas à l'étendue du territoire. L'homme de bien, l'administrateur éclairé ne s'inquiète pas du nombre de ses administrés, mais seulement du bonheur qu'il est en son pouvoir de leur faire obtenir.

Décret.

« Art. 1er. A Pondichéry et dans les districts qui en dépendent, les détenteurs actuels du sol à quelque titre que ce soit, qui acquitteront l'impôt réglementaire, sont déclarés propriétaires incommutables des terres qu'ils cultivent.

« Art. 2. Il est réservé à l'administration coloniale, sur les récoltes, et au besoin sur le sol, pour le recouvrement de l'impôt courant, ou arriéré, un privilége qui s'exerce avant tous autres, et qui suit l'immeuble entre les mains de tous acquéreurs ou détenteurs.

« Art. 3. Le mode d'expropriation, pour cause d'arriérés, actuellement suivi à l'égard des terres dites à concessions, d'après la législation domaniale en vigueur, sera appliqué à toute terre soumise à l'impôt foncier.

« Art. 4. Le Gouvernement continuera à faire, aux

frais de la caisse coloniale, tous les travaux d'irrigation, soit neufs, soit d'entretien ou de réparation, qui
auront un caractère d'utilité générale.

« Art. 5. Les canaux d'irrigation nécessaires pour
conduire à un point quelconque les eaux d'une rivière
ou d'un étang, ne donneront droit, pour leur établissement et leur entretien, à aucune indemnité en
faveur des propriétaires des terrains traversés.

« Art. 6. Les dispositions du présent décret sont
applicables aux aldées de concession, ainsi qu'à celles
possédées à titre de fermes perpétuelles. »

Ce décret a assuré la stabilité des fortunes et mis
un terme à des spoliations nombreuses qui s'opéraient
par l'intermédiaire du Domaine, et à son insu. Les
détenteurs, par indivis, de terres à adamanom, les
débiteurs de mauvaise foi qui voulaient s'affranchir
d'une hypothèque judiciaire ou conventionnelle, né-
gligeaient de payer la redevance au Domaine, et lais-
saient vendre la terre qu'ils rachetaient sous le nom et
par l'entremise d'un tiers. Le créancier, le co-propriétaire, l'absent étaient spoliés sans aucun recours
possible ; ils n'avaient qu'une action personnelle
contre le possesseur qui s'était laissé évincer, action
en dommages-intérêts, fondée sur la fraude commise à
leur préjudice. Il était souvent très-difficile de prouver cette fraude, tant les Indiens sont habiles à our-
dir leurs trames, et à couvrir des apparences de la
légalité les actes de spoliation les plus odieux. Tous
les intéressés pouvaient, il est vrai, acquitter la redevance, et le Domaine s'efforçait de les avertir ; mais
ils pouvaient être absents, empêchés de paraître, ou
même inconnus, et leurs droits étaient sacrifiés. Le
décret du 16 janvier a fait cesser cet état de choses;
en consolidant la propriété, il a affermi toutes les
hypothèques, et donné aux nouveaux propriétaires
un crédit dont ils n'avaient pas joui jusqu'alors. Il

n'y avait, en effet, avant ce décret, aucune sécurité dans les placements hypothécaires.

La propriété est mobilière ou immobilière. Tout ce qui est relatif à la distinction des biens, aux modes d'acquérir la propriété par l'invention, l'occupation, l'accession, aux charges de la propriété, servitudes réelles et personnelles, est réglé exclusivement par le Code Napoléon. Le droit indou n'offre, sur ces divers points, aucune disposition spéciale, qui n'existe dans nos lois ou qu'il soit utile et important de conserver.

La propriété se divise, chez les Indous, en propriété venant des ancêtres, et en propriété acquise. Cette division est reproduite à chaque instant dans leur législation, et nous aurons fréquemment occasion d'en parler.

En règle générale, les pères de famille seuls peuvent être propriétaires de biens meubles ou immeubles. Les fils de famille et les femmes sont incapables, en principe, de rien acquérir ou posséder en propre. Nous avons vu que la loi indoue avait admis des exceptions par l'institution des Stridhanas et des pécules.

La propriété s'acquiert et se transmet, comme dans notre droit, par succession, donation, testament, et par l'effet des obligations. Le mode de transmission de la propriété par vente, a été soumis à une formalité qui n'existe pas dans le Code. Le principe, en matière de vente, est que le consentement suffit pour transférer la propriété. Ce consentement, dans nos Établissements, doit être manifesté par écrit et dans un acte authentique, aux termes de l'arrêté du 11 décembre 1841, ainsi conçu :

« Art. 4. Tous actes de vente d'immeubles entre Indiens ou entre Européens et Indiens, ne seront valables qu'autant qu'ils seront passés par actes publics. »

Ainsi, sur le territoire français, les ventes ne sont valables qu'autant qu'elles sont constatées par un acte authentique; l'acte de vente sous signature privée est radicalement nul. Les tribunaux ne pourraient même ordonner que le jugement tiendrait lieu d'acte de vente, si le vendeur, assigné par l'acheteur, reconnaissait que la vente a eu lieu par convention verbale. L'acte de vente est, dans le droit de l'Inde française, devenu un acte solennel, qui ne peut être remplacé par aucun acte équivalent, qui doit être notarié, et que l'on peut, sous le rapport de la forme, comparer aux actes de donation et de contrat de mariage dans notre droit.

Cet arrêté ne créait pas une disposition nouvelle; il remettait en vigueur, en l'étendant, l'article 4 du règlement du 18 novembre 1769, rappelé par l'arrêté local du 6 décembre 1838, portant ce qui suit :

« Tous actes sous seing privé pour vente et achat de maisons, jardins et autres immeubles, ne pourront être passés entre parties que sous la condition et promesse expresse dans lesdits actes, d'en passer contrat dans l'espace d'un mois par-devant le notaire public ou le tabellion de la chaudrie, suivant l'ordre des parties, laquelle acquérante décidera de l'un ou de l'autre de ces notaires; faute de quoi tout acquéreur ne pourra prétendre jouir des maisons, jardins, terrains ou autres immeubles, dont le billet sous seing privé de vente et d'achat n'aurait pas été ratifié par un contrat par-devant le notaire public ou le tabellion de la chaudrie dans ledit espace d'un mois; la propriété devenant alors dévolue de droit au vendeur, quand bien même il se serait dessaisi desdits immeubles. »

Ce règlement était tombé en désuétude pendant l'occupation anglaise. L'arrêté de 1841 l'étendit, et, afin de ne pas voir annuler des ventes contractées de bonne foi, et en ignorance du règlement, il disposa, dans ses articles 2 et 3, que :

«Art. 2. Tout acte de vente d'immeubles, qui, antérieurement à la promulgation du présent arrêté, aura été fait par écrit sous seing privé, et aura été exécuté de bonne foi par les parties contractantes ou leurs ayants cause, ne pourra, par cela seul qu'il n'aura pas été confirmé par acte public devant le notaire ou le tabellion, suivant la classe des parties, être attaqué de nullité.

«Art. 3. En conséquence, tout acte de vente d'immeuble antérieur à l'époque fixée par le précédent article, qui n'aurait pas été passé devant le notaire ou le tabellion, pourra néanmoins être présenté par toute partie intéressée, tant au bureau des hypothèques qu'à celui du Domaine, pour y être soumis à la transcription, et constater la mutation de propriété au profit de l'acquéreur.»

Cette restriction, apportée par l'arrêté au principe général qu'il établissait, a été funeste au pays; elle ouvrait une voie à la fraude, et un moyen sûr et facile d'éluder les prescriptions de l'article 4. Tous les jours, nous voyons produire en justice des actes de vente sous signature privée, récemment transcrits, et opérant mutation de propriété; ils sont ordinairement produits dans les demandes en distraction sur saisie immobilière. Le demandeur invoque la présomption légale, tirée des articles 2 et 3; le créancier saisissant est obligé de prouver que la vente est frauduleuse, et que l'acte de vente n'a pas été exécuté de bonne foi. Nous croyons qu'il faudrait imposer au demandeur la preuve que la vente a été exécutée de bonne foi, et ne recevoir sa demande qu'autant qu'il aurait fait cette preuve. Il en résultera, dans tous les cas, quelque soit la décision que l'on admette, des lenteurs préjudiciables aux intérêts du créancier. Il eût été facile de prévenir toutes les contestations qui naissent sur l'exécution de cet arrêté, en fixant un délai pendant lequel tous les actes de vente sous seing privé seraient soumis à la transcription en présence de toutes les parties contractantes et des créanciers hypothécaires, et que tous les actes non transcrits dans ce délai ne seraient pas reçus en justice.

L'arrêté du 19 avril 1856 a enfin apporté un remède à la législation vicieuse du 11 décembre 1841 ; il dispose ce qui suit :

Arrêté.

« Art. 1er. § 1er. A dater de la promulgation du présent arrêté, l'authenticité prescrite pour la validité des actes de ventes d'immeubles faites sous seing privé entre Indiens ou entre Européens et Indiens, sera remplacée par un enregistrement sommaire dans les bureaux du Domaine, opéré dans le délai d'un mois fixé par l'article 4 du règlement du 19 novembre 1769.

« § 2. Il sera perçu pour cet enregistrement un droit de 30 centimes.

« § 3. Lorsqu'il s'agira d'un immeuble rural, le plan du terrain vendu pourra être remplacé par un extrait de la matrice générale du rôle présentant les abornements de chaque parcelle.

« Art. 2. Les dispositions qui précèdent s'appliquent à tous les actes translatifs ou déclaratifs de propriété, ainsi qu'à tous ceux qui consacrent un droit d'usufruit, d'usage ou de servitude, sur un bien immobilier.

« Art. 3. La disposition transitoire des articles 2 et 3 de l'arrêté du 11 décembre 1841, cessera d'avoir son effet trois mois après la promulgation du présent arrêté.

« Art. 4. Il est bien entendu que le présent arrêté

ne déroge en rien aux dispositions du Code Napoléon, en ce qui touche les droits des tiers et la purge
des hypothèques.»

Il nous semble utile de rappeler aux Indiens les
principes du Code Napoléon, en ce qui regarde l'effet
des actes translatifs de propriété. La pratique des affaires de ce pays, nous a donné la conviction que
les acheteurs ignorent les précautions qu'ils ont à
prendre pour se prémunir contre l'action des tiers.

L'acheteur doit, en contractant:

1° Se faire représenter par le vendeur un certificat
négatif délivré par le conservateur des hypothèques,
tant au nom du vendeur, que de l'auteur de celui-ci
pendant dix ans.

2° Exiger du vendeur, la déclaration que l'immeuble lui est propre, et n'est pas un bien patrimo-
nial, et la production de l'acte de partage établissant
que l'immeuble est échu à son lot.

3° Exiger la remise des titres de propriété.

4° Faire transcrire l'acte de vente à la conservation
des hypothèques, pour faire courir les délais de l'article 834 du Code de procédure, et ne payer le prix
qu'à l'expiration de ces délais.

5° Si l'immeuble est grevé d'hypothèques légales,
judiciaires ou conventionnelles, remplir les formalités
de la purge.

Le vendeur non payé du prix, doit faire transcrire
l'acte de vente, dans le cas où l'acquéreur ne le ferait pas, pour conserver son privilége (art. 2108).

Les actes translatifs de propriété sont :

1° La vente ,
2° L'échange ,
3° La dation en payement d'un immeuble,
4° Les donations ,
5° Les testaments ,

6° Tous actes, sous quelque dénomination, ayant pour effet de transférer la propriété.

Les actes déclaratifs de propriété sont :

1° Les actes de partage entre héritiers,

2° Les actes de partage entre communs en biens,

3° Ceux opérés par des ascendants.

L'arrêté que nous venons de citer, règle seulement la forme des actes de vente, qui doivent être soumis à l'enregistrement. Cet enregistrement ne produit pas, à l'égard des tiers, l'effet de la transcription.

Les immeubles sis dans l'enceinte de la ville de Pondichéry, doivent être clos, aux termes de l'arrêté du 25 novembre 1826.

Arrêté.

«Art. 1er. Les propriétaires, soit anciens, soit nouveaux de terrains et emplacements situés dans l'enceinte des boulevarts de la ville de Pondichéry, et qui ne sont pas clos, sont tenus de les faire clore de murs, de la manière et dans les délais ci-après.

« Art. 2. Les propriétaires européens ou indiens, présents ou domiciliés dans l'Inde, ou qui y sont dûment représentés par des fondés de pouvoirs, devront clore ou faire clore leurs terrains et emplacements, dans le délai d'un an à dater de la promulgation de la présente ordonnance.

« Ce délai sera double pour les propriétaires absents domiciliés hors du continent de l'Inde, et qui n'y sont pas représentés.

«Art. 3. Les murs d'entourage des terrains situés dans la partie de la ville, dite Ville-Blanche, c'est-à-dire, limitée à l'ouest par le canal et au nord par la rue de Motoucaddé, seront en briques cuites.

« Ceux de la Ville-Noire pourront être en mortier de caliment et couverts d'un chaperon.

« Les uns et les autres auront six pieds de haut au moins.

« 4. Les terrains et emplacements qui, à l'expiration des délais fixés, n'auraient pas été clos conformément à l'article précédent, seront, sur le rapport de l'Ingénieur chargé du service de la grande voirie, approuvé par l'Administrateur général en conseil, vendus en justice, sans frais, au profit des propriétaires et à la charge, par les acquéreurs, de les faire clore dans le délai de quatre mois à compter du jour de l'adjudication.

« Faute par les adjudicataires de remplir ces conditions, la revente aura lieu à leurs frais et à leur folle-enchère.

« 5. Dans le cas où il ne se présenterait point d'acquéreurs, les terrains et emplacements invendus rentreront purement et simplement au Domaine, pour être, soit clos directement par le Gouvernement, soit concédés de nouveau, à la charge par les concessionnaires de les faire clore.

« Les anciens propriétaires ne pourront, dans ce cas, prétendre à aucune indemnité.

« Art. 6. Seront abrogées toutes dispositions contraires à la présente ordonnance, laquelle sera enregistrée à la Cour royale de Pondichéry, affichée et publiée, de trois mois en trois mois, pendant un an à dater du jour de sa promulgation. »

On a élevé la question de savoir si les actes de vente sous seing privé, pouvaient motiver une condamnation à des dommages-intérêts au profit de l'acheteur, lorsque les actes contenaient stipulation d'une clause pénale. Cette question a été résolue négativement par la Cour impériale de Pondichéry, par arrêt rendu après partage. Quelque soit le respect que nous professons pour les décisions des tribunaux supérieurs, nous ne pensons pas que cet arrêt

doive former jurisprudence. L'acheteur peut avoir
un intérêt immense à devenir propriétaire de l'immeuble qu'on offre de lui vendre; il peut avoir fait
des dépenses, acheté des matériaux de construction en
prévision que la vente deviendra parfaite. Le vendeur est-il bien favorable dans ses prétentions? Il
s'est volontairement engagé à passer un acte de vente
dans les formes de la loi; il s'est lié par la stipulation d'une peine : n'y a-t-il pas là une obligation
de faire, donnant ouverture à des dommages-intérêts? Si l'acte, par lequel il s'est engagé était conçu
en ces termes : « *je m'engage à vous payer tant, si,
dans un mois, je ne vous vends pas tel immeuble,* »
l'obligation serait-elle nulle pour défaut de cause?
Dans l'ancien droit, la vente, pour être parfaite, devait être suivie de la tradition ; la propriété n'était
transférée qu'après qu'elle avait eu lieu. Si le vendeur
se refusait à livrer la chose vendue, l'acheteur avait
le droit, par l'action *ex empto*, de se faire mettre en
possession de cette chose, ou d'obtenir des dommages-intérêts. Il nous semble que la Cour est allée
trop loin en refusant de reconnaître à ces conventions la force obligatoire en ce qui concerne la clause
pénale.

Les questions que nous venons d'examiner auraient mieux trouvé leur place sous le titre de la
Vente. Nous les avons traitées ici, parce qu'il nous a
semblé inutile de consacrer un chapitre à la vente,
contrat sur lequel le droit indou ne contient aucune
règle qui ne se trouve dans toutes les législations.

Les Indiens peuvent-ils affecter des immeubles à
des établissements religieux ou de charité, au détriment de leurs créanciers? Nous croyons que les immeubles destinés par des particuliers à des œuvres
pies ne sortent pas du commerce, ni du patrimoine
du disposant. S'il en était autrement, il serait facile à
un débiteur de mauvaise foi, de soustraire ses im-

meubles à l'action légitime de ses créanciers. Les établissements de charité ou de piété, reconnus et autorisés par le Gouvernement ou ceux qui ont une date ancienne, sont seuls inaliénables. Le Gouvernement a un droit de haute surveillance sur ces établissements ; il a intérêt à ce que les biens de main-morte soient restreints dans de justes limites. Les Indiens qui auraient l'intention d'élever des chaudries, ou de faire des dotations immobilières aux pagodes, ou autres établissements du culte, devraient au préalable se faire autoriser par l'Administration. Nous n'établirions aucune distinction entre les créanciers antérieurs ou postérieurs à la disposition, lorsque le débiteur aurait affecté ses immeubles à des œuvres pies, sans avoir obtenu l'autorisation du Gouvernement.

L'Administration impose certaines conditions dans l'acte d'autorisation de ces chaudries ou établissements de charité, et règle la manière dont ils seront régis. Il paraît résulter de certains arrêtés d'autorisation que le Gouvernement ne considère pas les chaudries comme inaliénables ; la destination seule ne peut en être changée. L'arrêté du 21 octobre 1846, qui concède un terrain à Diaguemodéliar pour y établir une chaudrie, dispose : « que la concession est faite à la charge d'entretenir le Bangalow en bon état ; que les conditions et charges sont obligatoires pour les héritiers et les acheteurs, en cas d'aliénation. »

Cet arrêté indique clairement l'opinion du législateur local, sur la question qui nous occupe.

CHAPITRE VI.

De la Communauté.

La Communauté est une espèce de société légale entre proches parents, vivant sous l'administration du plus âgé, ou de celui qu'ils ont librement choisi. C'est l'état normal des familles indoues; la communauté commence ordinairement entre les frères, à la mort du père commun, c'est-à-dire, que, si un chef de famille, qui n'était pas lui-même en communauté, vient à mourir, ses biens passent à tous ses fils comme s'ils ne formaient qu'une seule tête. Il semble que les biens n'ont pas cessé d'appartenir à la même personne, puisque la division n'en est pas opérée; il n'y a aucune mutation. La durée de la communauté est illimitée; elle continue tant qu'un partage n'est pas intervenu entre tous les communs. Elle peut donc comprendre plusieurs familles, toutes liées entre elles par la parenté agnatique: l'un des communs venant à mourir, sa succession, à moins qu'il n'ait des biens particuliers, ne s'ouvre pas à proprement parler; les droits, qu'il avait dans les biens communs, ne sont pas dévolus à ses héritiers; ses enfants mâles prennent sa place, mais tous les biens restent dans la communauté: *una domus, communia omnia.*

§ 1er. DU CHEF DE LA COMMUNAUTÉ.

La communauté est administrée par le chef, à qui sont confiées la conduite et la gestion de toutes les affaires de la famille. La loi désigne l'aîné pour exercer ce droit; mais les communs en biens ne sont pas absolument et irrévocablement liés par cette pré-

somption légale. Ils peuvent librement choisir, parmi
eux, celui qui, par ses lumières, sa prudence, sa
moralité, leur inspire le plus de confiance, et le placer
à la tête des affaires communes. Ce n'est donc qu'à
défaut de désignation par les communs en biens,. que
la présomption de la loi doit être suivie, et que l'aîné
aura la gestion de la communauté. Les communs
peuvent faire cette désignation expressément , s'ils
choisissent l'un d'eux dans une réunion de famille,
et par un acte écrit sous seing privé ou authentique;
tacitement, s'ils abandonnent , sans. objection , l'administration à l'un deux, et le laissent agir, sans entraves, dans l'intérêt commun. Toutes les fois qu'il y
aura un acte écrit constatant le choix fait par les communs, il n'y aura aucune difficulté pour connaître le
chef de la communauté; mais, lorsque cet acte man-
quera, les tiers pourront être induits en erreur en
contractant avec l'aîné de la famille,. tandis qu'un
autre aurait l'administration de la communauté. Les
circonstances de fait peuvent seules guider le juge
dans ce dernier cas. On consultera la. notoriété publique; et, si un des communs, autre que l'aîné, était
généralement connu pour être le chef de. la communauté,. le créancier serait en faute d'avoir contracté
avec l'aîné. Il n'est pas possible de donner sur cepoint
une règle fixe. et invariable; les faits varient à l'infini,.
et la. question pourra être diversement résolue.

Le chef de la communauté a un pouvoir d'administration générale, que nous pourrions assimiler au
pouvoir du tuteur, ou mieux encore au pouvoir du
mari sur les biens particuliers de sa femme, sous les
divers régimes de la communauté. Il doit, dans les
actes de son administration, être guidé par l'intérêt de
la communauté, agir en vue de cet intérêt et se conduire, en un mot, comme un bon père de famille. Il
n'a que le droit d'administrer et non de disposer, si
ce n'est dans certains cas exceptionnels. Il est obligé

de subvenir, avec les revenus des biens communs, aux besoins de tous ceux qui font partie de la communauté, de leurs femmes ou de leurs veuves; il doit se comporter comme si tous les membres de la famille, à quelque degré de parenté qu'ils soient, étaient ses enfants.

Le pouvoir d'administrer les biens de la communauté ne confère pas au chef le droit d'aliéner les immeubles patrimoniaux ; il ne peut le faire qu'en cas de nécessité absolue , pour accomplir certains devoirs religieux imposés à tous les membres de la communauté , ou pour certains actes de charité. En dehors de ces cas spéciaux, il ne peut faire d'aliénation qu'avec le consentement exprès ou tacite de ses communs en bien. Le consentement exprès résultera, soit d'un acte sous seing privé ou authentique dressé à cet effet, soit du concours des communs à la vente ou à la donation. Le consentement sera présumé, toutes les fois que les communs ayant pu former opposition à l'acte d'aliénation ou exercer l'action en nullité et en rescision qui leur compète, ont négligé de recourir à l'un ou à l'autre de ces moyens d'intervention. Il pourra se présumer lorsqu'il sera établi que les communs avaient abandonné au chef de leur communauté le droit de disposer à son gré des immeubles. Ce droit s'induira des actes d'aliénation antérieurs, ratifiés ou non attaqués par les communs en biens, et des circonstances diverses de la cause. Il est évident que les communs pourraient, par une entente frauduleuse, troubler des acquéreurs légitimes. Celui qui voudra acquérir un immeuble, agira prudemment, en exigeant le concours à l'acte de tous les intéressés ou un consentement spécial de leur part à l'aliénation, ou, enfin, une ratification postérieure; ou bien encore l'acheteur pourrait faire insérer, dans l'acte, que la vente est faite pour subvenir à des besoins pressants de la communauté, tels que réparations urgentes.

œuvres de charité indispensables, achat de vivres, vêtements, etc. Dans ces cas ou d'autres semblables, il ne serait pas obligé de prouver la légitimité de son titre d'acquisition ; il attendrait que les communs en biens prouvassent que la cause de la vente est fausse et simulée.

Dans tous les cas, lorsque la vente, par exemple, serait annulée à l'égard des communs, qui n'y auraient pas donné leur consentement, elle serait valable à l'égard de ceux qui l'auraient consentie et jusqu'à concurrence de leur part et portion. L'acheteur aurait un droit indivis dans l'immeuble, dont il pourrait provoquer la licitation. Celui qui se rendrait acquéreur de l'immeuble, sur la licitation, ne devrait en payer le prix qu'au chef de la communauté, au prorata des parts afférentes aux communs non consentants à la vente, et en présence de ces derniers. Le payement qu'il ferait d'une autre manière ne serait pas valable, puisque le chef de la communauté a seul qualité pour la représenter, et recevoir ce qui lui est dû. Il est clair que la somme ainsi remise dans la communauté, devrait être employée en achat d'immeubles, et que les communs qui ont consenti à la vente, n'auraient aucun droit dans ces acquêts, qui resteraient propres aux autres communs. Ce serait là, en un mot, un partage partiel de la communauté, à l'égard de quelques-uns de ses membres. Si l'aliénation était avantageuse à la communauté, et que des communs y refusassent leur consentement, le chef pourrait les assigner devant le tribunal en chambre du conseil, pour voir déduire les causes de leur refus, ou provoquer le partage de la communauté.

Lorsqu'il y aura des mineurs dans la communauté, le chef ne pourra, même dans les cas où il en a le droit, aliéner un immeuble dépendant de la communauté, sans avoir obtenu l'autorisation du conseil de famille, et après homologation par le tribunal. Le tuteur ou le subrogé tuteur devront veiller à l'emploi du prix. Il en sera de même, lorsqu'il y aura, dans la communauté, un interdit par suite de démence ou de condamnation à des peines afflictives et infamantes.

Il est encore un cas dans lequel l'aliénation, quoique faite sans le consentement des communs, serait valable; c'est lorsqu'elle serait faite pour acquitter des dettes de l'auteur commun, du père ou de l'aïeul paternel. Le chef de la communauté a agi en bon père de famille en vendant des immeubles pour libérer la communauté : s'il ne l'eût pas fait, le créancier aurait pu le poursuivre en justice, occasionner des frais, et arriver, en définitive, à l'expropriation forcée de ces mêmes immeubles.

Le chef de la communauté peut donner à bail ou à ferme les immeubles de la communauté. Les baux qu'il consentirait ne seraient opposables aux autres communs, par application de l'article 1429 du Code Napoléon, que pour un délai de neuf ans. S'ils étaient consentis pour un délai plus long et que la communauté vînt à être dissoute pendant la durée du bail, les communs en biens ne seraient tenus d'exécuter ce bail, que pour le temps qui resterait à courir, soit de la première, soit de la seconde période de neuf ans.

Peut-il hypothéquer les immeubles de la communauté? La solution de cette question dépend du pouvoir qu'il a d'obliger la communauté. Ce pouvoir n'est pas absolu et illimité : la limite est dans l'intérêt qu'a la communauté à l'obligation. Elle ne sera tenue des dettes contractées par le chef, qu'autant que ces dettes ont pour cause des aliments à fournir aux communs, des œuvres de piété, des réparations urgentes à faire, ou tous actes ou faits qui l'intéressent. En dehors de ces limites, le chef n'oblige pas la communauté; la dette qu'il contracte lui est personnelle et n'est recouvrable que contre lui. Si l'acte d'obligation ne spécifie pas la cause de la dette, il y aura présomption qu'elle a été contractée dans l'intérêt général de la communauté, sauf aux autres communs à prouver le contraire. Cette preuve leur sera souvent difficile à fournir ; et, dans l'incertitude, les tribunaux devront s'attacher à la présomption de droit que la dette a été contractée dans l'intérêt de la communauté. Autrement, la situation du créancier deviendrait périlleuse ; le crédit recevrait une atteinte considérable par suite des entraves qui seraient apportées au recouvrement des créances. En partant de ces données, on doit reconnaître que le chef a le pouvoir d'hypothéquer les immeubles de la communauté. On peut, il est vrai, objecter que l'hypothèque conduit à l'aliénation et que le chef ne peut aliéner sans le consentement exprès ou tacite de ses communs en biens. Mais cette objection n'est pas sérieuse : le chef de la communauté a le pouvoir incontestable de l'obliger dans certains cas; il peut être poursuivi en justice pour le payement de la dette, et condamné. Le créancier aura la faculté de prendre une hypothèque judiciaire, en vertu du jugement qu'il aura obtenu, hypothèque qui grèvera tous les immeubles de la communauté. Pourquoi interdire alors au chef de la communauté le droit de faire directement un acte auquel il pourra être contraint avec plus de frais ? Nous déciderions également qu'il peut donner en antichrèse des immeubles de la communauté.

Quid? des donations : l'article 1422 interdit au mari, administrateur de la communauté, le pouvoir de faire des donations entre vifs, d'immeubles de la communauté. Cet article peut servir de règle dans le droit indou, en ce qui concerne la prohibition de donner. Le chef de la communauté aura le droit de faire des donations de bijoux, d'habillements, etc., aux filles des communs, à l'époque de leur mariage : il acquittera ainsi une des dettes les plus importantes de la communauté.

Comme conséquence de son pouvoir d'administration, le chef de la communauté exercera, soit en demandant, soit en défendant, toutes les actions mobilières ou immobilières, au nom de la communauté. S'il avait intenté, par exemple, une demande en revendication ou qu'il eût été assigné, et qu'il vînt à succomber dans l'instance, il devrait, avant d'acquiescer au jugement ou de transiger, se munir de l'autorisation écrite de ses communs en biens ; la prudence lui conseille de suivre cette voie. Il pourrait même être responsable des condamnations par défaut prononcées contre lui, en sa qualité de chef de la communauté et devenues définitives, si les autres communs prouvaient qu'il y avait des moyens péremptoires de contester la demande (argument de l'art. 1640).

Le chef de la communauté est-il comptable de ses actes ? Évidemment. Les communs en biens peuvent, au moment du partage, demander au chef de la communauté, encore existant, compte de sa gestion. Doit-on comprendre dans les comptes qui devront être rendus lors du partage, ceux qu'auraient dû rendre les chefs précédents ? Nous ne le pensons pas : les descendants de ces chefs décédés ne seraient pas responsables des actes de l'administration de leurs auteurs. L'obligation de rendre compte prend fin à la mort du chef, et n'incombe à ses héritiers qu'autant que le partage est demandé immédiatement par les autres communs. Il dépendait, en effet, des communs mécontents de la gestion de leur chef, de provoquer le partage ou de se réunir et de pourvoir au remplacement de l'administrateur négligent ou infidèle.

Afin d'éviter toute contestation au moment du partage, et d'accélérer la liquidation de la communauté, le chef ferait bien de dresser des inventaires annuels de situation, de tous les biens dé la communauté, de désigner quels sont les immeubles et les meubles propres à chacun des communs, de faire signer cet inventaire par tous les intéressés, et de le déposer en l'étude du tabellion, pour lui donner date certaine à l'égard des tiers. Il y aurait sécurité pour tous : le créancier, au moment du contrat, se ferait représenter cet inventaire, et traiterait avec sûreté. Par ce moyen, de nombreux procès toujours ruineux pour les familles, seraient évités, et la liquidation des communautés deviendrait plus simple et plus facile. Les Indiens sont si imprévoyants sur leurs intérêts à venir, que nous doutons qu'ils suivent jamais ce conseil.

Nous reconnaîtrions au chef de la communauté le droit de disposer, à titre onéreux, et à titre gratuit au profit des filles ou des femmes des communs, des meubles de la communauté. Il est impossible que la loi ait voulu exiger le consentement de tous les communs, lorsqu'il s'agira d'aliéner des meubles d'un usage quotidien. Lorsqu'il voudra aliéner des universalités de meubles, ou des meubles de grande valeur, tels que bijoux, il devra, pour mettre sa responsabilité à couvert, consulter ses communs. Il a la disposition absolue et sans contrôle des revenus de la communauté, qu'ils soient fruits naturels ou civils.

Il peut arriver que des communs, autres que le chef, obligent la communauté par leurs actes. Ainsi, par exemple, des communs en biens sont éloignés du siége de la communauté, ou bien encore, le chef de la communauté est absent, malade, ou autrement empêché, et il devient nécessaire de subvenir à des besoins urgents de quelques-uns des membres de la communauté. Dans ces cas et d'autres analogues, l'un des communs emprunte de l'argent pour subvenir à ces cas pressants : le commun, qui a contracté, a fait ce que le chef aurait fait lui-même; il a agi comme *negotiorum gestor*, dans un intérèt général, et il oblige la communauté.

Il est superflu d'observer que la communauté n'est jamais tenue des obligations résultant des délits ou quasi-délits, commis par le chef ou l'un de ses membres. Nous verrons le parti que devrait prendre le créancier dans ce cas, lorsque nous traiterons du payement des dettes de la communauté et de l'action des créanciers.

La Cour impériale de Pondichéry a jugé que le chef de la communauté est seul tenu de prêter le serment décisoire qui est déféré aux communs (arrêt du 25 avril 1853).

Tous les biens d'une communauté indoue répondent des dettes contractées par le chef; ils ne peuvent être légalement partagés, qu'après que les créanciers ont été désintéressés, à moins que ceux-ci ne donnent leur consentement formel au partage.

Le partage d'une communauté étant, en général, un acte sans publicité, ne peut affecter les intérêts de ceux qui n'y ont pas été appelés (arrêt du 25 juillet 1843).

Le créancier de la communauté a le droit de poursuivre et de saisir comme son gage les biens communs entre les mains d'un membre de la communauté quel qu'il soit (arrêt du 26 septembre 1843).

§ 2. DES BIENS PARTICULIERS DES COMMUNS.

Les personnes vivant en communauté peuvent acquérir et posséder des biens particuliers, qui leur restent propres, dont ils ont la libre disposition, et qui n'entreront pas dans la masse commune au moment du partage. En principe, pour que ces biens aient le caractère de propres, il faut qu'ils aient été acquis sans l'emploi du fonds commun; qu'ils soient un produit du talent et de l'industrie particulière de celui qui fait l'acquisition. C'est au juge à examiner, en cas de contestation, soit de la part des communs, soit de la part des tiers, si la communauté a contribué à l'acquisition d'une manière prochaine ou éloignée ; c'est un point abandonné à son appréciation, et qui sera résolu selon les circonstances de la cause. Les causes qui produisent des propres sont : le commerce, l'exercice d'une industrie, d'un art, d'une profession militaire ou civile, etc. On peut recourir à ce que nous avons déjà dit, en traitant du Stridhana des femmes et des pécules ; ce sont les mêmes principes et les mêmes résultats. La donation pure et simple est aussi une cause, qui engendre un propre ; la donation réciproque n'aurait pas cet effet. Ainsi, le chef de la communauté reçoit en donation tel immeuble , à charge de donner un autre immeuble dépendant de la communauté : l'immeuble donné appartiendra à la communauté comme remploi de celui que le chef a lui-même donné.

L'un des communs peut acquérir un immeuble qui a appartenu autrefois à la communauté ; cet immeuble recouvré reste-t-il propre à celui qui l'a acquis ou rentre-t-il dans la communauté ? Les deux opinions sont professées dans le droit indou : les uns déclarent que l'immeuble appartient en toute propriété à celui qui l'a recouvré (Colebrooke , Dig., page 401) ; d'autres, au contraire, professent que l'immeuble rentre dans la communauté avec récompense d'un quart de sa valeur pour l'acquéreur (voy., à l'appui de cette dernière opinion, le Mitachsara et Sancha, Dig III page 365). Quelque soit, du reste, l'opinion que l'on adopte, il est indispensable, pour que l'immeuble soit propre à celui qui l'a acquis, que les deniers de la communauté n'aient pas été employés directement ou indirectement à l'acquisition. Si l'on suivait la doctrine du Mitachsara, la communauté, nous le pensons, devrait rembourser à l'acquéreur, lors du partage, ce qu'il a dépensé, sauf ensuite à lui donner un quart à titre de récompense.

La communauté a peut-être fait des dépenses pour apprendre un métier ou une profession libérale à l'un des communs. Les profits que ce commun ferait par la suite, en exerçant sa profession, appartiendraient-ils à la communauté, ou constitueraient-ils un propre? Nous croyons que les gains, les profits que le commun tirerait du métier ou de la profession qu'il a appris aux dépens de la communauté, lui resteraient propres, sauf le rapport qu'il pourrait être tenu de faire, lors du partage, des sommes qui ont été employées à son éducation ou à son apprentissage (Nareda).

Il existe encore, sur ce sujet, une autre opinion, également fondée sur des textes indous (Vasistha, Dig., III p. 356): c'est que les biens acquis par l'un des communs, à l'aide de son industrie et de son travail séparés, sont des propres de la communauté et partageables entre tous. Le partage ne se fait pas également: une part double est attribuée dans ses biens à l'acquéreur. Conformément à cette doctrine, deux règles fixes ont été établies: 1° que toute propriété patrimoniale ou acquise est partageable entre tous; 2° que l'acquéreur a droit à une part plus forte que ses communs sur les biens qu'il a acquis. Cette dernière opinion présente des difficultés dans la pratique, qui doivent la faire repousser par les tribunaux; elle complique les partages, peut donner naissance à de nombreuses contestations et jeter la désunion dans les familles.

Pour nous résumer sur ce point, nous dirons que toutes les acquisitions faites par l'un des communs, avec l'emploi des deniers de la communauté, font partie de cette communauté, et devront être compris dans la masse à partager. Un tel état de choses peut favoriser l'ignorance ou la paresse, car il sera rare de voir des communs apporter dans les acquisitions qu'ils feront la même somme d'intelligence ou de travail. Il dépendra toujours des communs laborieux et intelligents de le faire cesser, en provoquant le partage. Toutes les fois que le chef de la communauté fait une acquisition, il devra mentionner, dans l'acte, si elle est faite en remploi d'un immeuble de la communauté, où à l'aide de ses deniers particuliers. Quelque soit, du reste, le commun qui acquière, il devrait faire insérer, dans l'acte, que l'acquisition est faite de ses deniers personnels, et sans l'emploi des deniers de la communauté. Il est évident que les communs qui n'auront pas concouru à l'acte, pourront contester la véracité des déclarations qui y sont insérées.

§ 3. DES CHARGES DE LA COMMUNAUTÉ.

Les charges de la communauté sont au nombre de trois : 1º fournir des aliments aux communs, à leurs femmes, à leurs enfants, à leurs veuves ; 2° pourvoir aux dépenses de l'initiation et du mariage ; 3º faire les frais funéraires.

L'obligation de fournir des aliments n'est pas restreinte, comme dans notre droit, aux degrés de parenté les plus rapprochés. Quelque éloignés que soient les communs les uns des autres, sous le rapport de la parenté, ils n'en ont pas moins un droit égal à être nourris et entretenus aux frais de la communauté. Si elle cesse, le droit qu'ont les communs d'obtenir des aliments sur la masse commune, s'évanouit, sauf quelques exceptions : chacun des communs prend sa part dans la communauté, et perd le droit de demander à ses co-partageants des aliments. Ce droit n'est pas fondé sur une obligation personnelle et légale imposée aux communs : la dette d'aliments est une charge de la communauté. Les communs n'ont d'action que contre la communauté, représentée par le chef, et leur droit à des aliments s'éteint dès qu'ils ont reçu leur part dans le patrimoine commun. Nous reconnaîtrions cependant que l'obligation de se fournir des aliments continue à subsister, même après le partage de la communauté, entre parents et alliés en ligne directe, par application des articles 205, 206 et 207. Les aliments doivent, autant que possible, être fournis en nature et au domicile de la communauté; ce n'est que dans des cas rares qu'une pension en argent peut être demandée et obtenue, par exemple, si la mésintelligence se glisse dans la famille et rend impossible la vie commune. Dans ce cas, les personnes qui n'auraient pas le droit de provoquer le partage de la communauté, obtiendront des tribunaux une pension alimentaire en argent.

Les femmes des communs, les veuves, les filles jusqu'à leur mariage, ont droit à des aliments sur le fonds commun. Les filles sortent de leur famille par le mariage, et acquièrent, dans celle de leur mari, un droit semblable à celui qu'elles ont perdu dans leur famille naturelle. Si le mari était dans l'impossibilité de pourvoir à l'entretien de sa femme, elle conserverait contre son père l'action en pension alimentaire qui lui est donnée par les articles 205 et 207. Elle ne pourrait, toutefois, exercer cette action contre son père, qu'autant qu'elle établirait que son mari et la communauté dont il fait partie sont incapables de lui fournir des aliments et de l'entretenir selon son rang.

La communauté est pareillement tenue de faire les dépenses des cérémonies d'initiation, dont nous avons parlé au chapitre de l'adoption ; de pourvoir aux frais du mariage des communs en biens; de fournir aux filles, lors de leur mariage, des bijoux, vêtements, selon les usages de la caste. Elle paye, en outre, les frais funéraires des membres de la communauté, et toutes les dépenses qu'occasionnent les cérémonies religieuses envers les mânes des ancêtres, ou les œuvres de charité qui sont faites, dans certaines circonstances, au nom de toute la famille.

§ 4. DU PARTAGE.

Toutes les personnes qui composent la famille vivant en communauté, n'ont pas le droit de provoquer le partage. Ce droit n'est accordé qu'à ceux qui sont considérés comme héritiers : ainsi ne sont pas compris dans cette classe les filles et les veuves, dont les maris ont laissé des descendants mâles. Elles n'ont droit qu'à des aliments ; mais, si la loi leur refuse le droit de provoquer le partage, elles ont celui d'y intervenir, afin de sauvegarder leurs intérêts. Le droit d'être héritier est corrélatif au devoir d'offrir aux mânes du décédé, le gâteau funèbre : c'est la base de la législation indoue sur la vocation à l'hérédité, et nous aurons occasion d'y revenir, en traitant des successions.

Le partage ne s'opère pas toujours après le décès du chef de la famille. Les descendants mâles, communs entre eux, ont le droit de le provoquer, même du vivant de leur mère. Cette doctrine est généralement reçue dans l'Inde, excepté au Bengale, où le partage ne peut être demandé qu'après le décès du père et de la mère. Il est admis, dans cette province, que le partage opéré durant la vie de la mère n'est pas nul ; la loi n'attache à cette prohibition qu'une sanction morale, et ne l'a imposée que comme un devoir de piété filiale. Lorsque le père et la mère sont morts, les fils peuvent ou procéder au partage des biens ou vivre en communauté.

La communauté n'a pas de durée limitée. Tous les communs ont un droit égal à en demander la dissolution et à réclamer leur part des biens communs. Ceux qui veulent rester en communauté peuvent donner à celui qui provoque le partage, la part qui lui revient et le désintéresser ; la communauté continuera à subsister entre eux, ou plutôt une communauté nouvelle prendra naissance. Ce partage partiel formera une preuve de la dissolution de la communauté originaire, si les communs, qui veulent rester dans l'indivision, n'ont pas la précaution d'indiquer qu'il n'est intervenu que pour donner à l'un d'eux sa part héréditaire.

La loi indoue n'a donc pas fixé l'époque du partage, la durée de l'état d'indivision ; elle s'en est rapportée à la discrétion des individus vivant en communauté. C'est donc à eux qu'il appartient de choisir le moment opportun pour le partage ; ils ont la faculté de vivre en communauté aussi longtemps qu'ils le jugent convenable, et des générations peuvent même se succéder l'une à l'autre, avant qu'un partage intervienne. Il arrivera même, comme nous le verrons plus bas, que plusieurs communautés particulières seront formées dans la communauté primitive : la liquidation générale sera longue et difficile. Une législation pareille n'offre aux tiers ni avantage, ni sécurité : s'ils prennent une hypothèque, s'ils font un achat d'immeuble sans avoir obtenu le consentement de tous les communs, ou si leur créance n'a pas pour cause un de ces faits exceptionnels que nous avons énumérés, leurs droits périclitent et peuvent même s'évanouir.

Cette incertitude jetée dans le crédit foncier, ces inconvénients résultant de la législation indoue sur les communautés, frappèrent l'attention du Gouvernement local. En 1838, il apporta une modification importante au droit indou en cette matière, ou plutôt il introduisit une innovation heureuse, qui, si elle eût été suivie dans la pratique, eût prévenu bien des procès. Nous ignorons pour quels motifs cet arrêté n'a pas été suivi par les Indiens, et appliqué par les tribunaux ; si, dès sa promulgation, les tribunaux en eussent admis le principe, les Indiens s'y seraient conformés, et ne seraient plus exposés à tomber dans les piéges d'une législation, dont tout le monde s'accorde à reconnaître et les vices et l'insuffisance. Cet arrêté existe et n'a été ni rapporté, ni abrogé, et les tribunaux peuvent encore l'appliquer. Cependant, si on l'appliquait à des communautés dissoutes depuis sa promulgation, il en résulterait certainement une grande perturbation dans les fortunes, et des procès nombreux surgiraient aussitôt. En effet, combien de personnes ont continué à vivre dans l'indivision, en état de communauté, et dont la communauté a été dissoute par l'effet de la loi ? Il deviendrait presque impossible d'opérer la liquidation des communautés dont la dissolution remonte à dix ou douze ans. En l'état actuel des choses, cet arrêté, utile dans le principe, est devenu un danger pour les Indiens, par sa non application.

A qui doit-on imputer une pareille situation ? à ceux qui, en 1838, chargés d'appliquer la loi, ont négligé de le faire ; à ceux qui, chargés de veiller à l'exécution des lois, ont permis à la jurisprudence de remplacer, et même d'abroger la loi. Le Gouvernement d'alors avait établi une loi utile et sage, mais il a manqué d'énergie pour la faire exécuter. Afin qu'il n'y ait aucune surprise, que les fortunes particulières ne soient pas troublées, le Gouvernement pourrait ou reviser cet arrêté, ou le promulguer à nouveau. Il dispose ce qui suit :

« Art. 1er. La communauté de biens existant entre parents se dissout par la mort naturelle ou civile de l'un des communs en biens.

« Elle ne pourra être rétablie que par un acte spé-

cial, passé par le tabellion ou déposé chez lui; dans
ce dernier cas, l'acte n'aura d'effet que du jour où
il aura acquis date certaine par ce dépôt.

« Il en sera de même de toutes personnes voulant
se constituer en état de communauté. »

Ainsi, toute incertitude cessait sur l'époque de la
dissolution de la communauté : elle avait lieu par le
décès d'un des communs en biens, et le partage devait alors s'opérer. Nous aurions préféré que la loi
fixât l'époque de cette dissolution à la mort du chef
de la communauté ; c'est à ce moment que tous les
communs auront à se consulter pour décider s'ils con-
fieront l'administration de la communauté à un autre
qu'au plus âgé : leur attention est éveillée par un
évènement qui les intéresse tous au même degré.
L'arrêté aurait pu exiger que les communs en biens,
après le décès de l'un d'eux, procédassent à un inventaire fidèle et exact de tous les biens communs,
indiquant les droits des veuves, et que cet inventaire
eût une date certaine à l'égard des tiers. Ce qu'il est
important de connaître, c'est moins la date de la dissolution de la communauté, que sa composition, que
l'énumération de tous les biens qu'elle possède, le
nom du chef, les noms et domiciles de tous les communs. Tout acte, qui contiendra ces renseignements,
préviendra les difficultés qui naissent de cet état de
communauté, assurera les droits des tiers, en même
temps qu'il régularisera la situation des communs
entre eux. La législation pourrait être revisée, sans
porter atteinte aux usages des Indiens : tout en main-
tenant le principe de la loi de 1838, on exigerait,
pour les communautés existantes, les justifications que
nous avons indiquées.

Le législateur de 1838 n'a pas fait attention à un
évènement qui arrive à la dissolution des communautés dans le droit indou. Une communauté est dis-

soute, d'autres communautés prennent aussitôt naissance par le seul effet de la loi. Expliquons-nous par un exemple : *Primus, Secundus* et *Tertius* sont trois frères vivant en communauté. Ils ont chacun trois enfants mâles. *Primus* vient à mourir : dans le système de l'arrêté de 1838 la communauté d'entre lui et ses deux frères est dissoute, et le partage s'opère entre les frères survivants et ses trois fils, qui prennent la part de leur père par représentation. Il se forme aussitôt une communauté nouvelle entre les trois fils de *Primus*, communauté qui ne sera dissoute qu'à la mort de l'un d'eux. Il eût fallu, pour empêcher ce résultat, dire, dans l'arrêté : que la communauté originaire étant dissoute, le partage aurait lieu, par tête, entre tous les membres d'une même souche. On se retrouve donc en présence de tous les inconvénients que l'arrêté a voulu prévenir. En créant un nouveau mode de dissolution de la communauté, l'arrêté n'a fait qu'ajouter une présomption de séparation, à toutes celles qui sont établies dans le droit indou, et n'a apporté qu'un remède insuffisant aux maux qui naissent de l'état de communauté.

Le mode de procéder au partage varie selon que les communs en biens sont tous majeurs, ou qu'il y a parmi eux des mineurs. S'ils sont tous majeurs, et qu'ils soient d'accord, ils peuvent procéder au partage des biens de la communauté, à l'amiable et par acte sous seing privé. Toutes les règles tracées par le Code Napoléon, sur la vente des meubles, la division des immeubles, le partage en nature ou en moins prenant, leur sont applicables. Tout commun en biens a le droit d'exiger sa part en nature dans les meubles et les immeubles; la vente ne doit en être faite qu'en cas d'impossibilité de partage en nature.

Lorsqu'il y a des mineurs, ou que les communs majeurs ne sont pas d'accord sur le mode de procéder au partage, ou qu'il y a des absents, le partage se fait en justice. On suivra alors les règles qui sont tracées par le Code de procédure et le Code Napoléon, auxquels on peut recourir.

Les dettes sont payées d'abord sur la masse de la communauté : on prélève les sommes présumées nécessaires pour pourvoir au mariage des filles des communs en biens non co-partageants, et qui auraient été mariées aux frais de la communauté. On procède ensuite au partage des biens qui restent après ces prélèvements et le payement des dettes.

Le partage, tant des meubles que des immeubles, s'opère également entre tous les communs en biens. La liquidation de la communauté peut présenter, dans la plupart des cas, des difficultés presque insurmontables. Nous avons fait pressentir que, dans la communauté originaire, remontant à la mort de l'auteur de tous les communs, plusieurs communautés particulières avaient pu se former. Ainsi, par exemple, *Primus* meurt laissant trois fils, *Secundus*, *Tertius* et *Quartus*, qui consentent à vivre en communauté et n'opèrent pas le partage des biens patrimoniaux ; ces biens composent leur communauté. Chacun de ces communs peut, ainsi que nous l'avons vu, acquérir des biens particuliers ; supposons donc que *Secundus* meure laissant deux fils, *Quintus* et *Sextus* ; il a acquis de son vivant des biens par son industrie, ou par des donations qui lui ont été faites. Ces biens n'appartiennent pas à la communauté originaire ou ne lui appartiennent qu'en partie : quelque soit l'opinion que l'on suive à ce sujet, il y aura toujours une portion des biens qui n'entrera pas dans la communauté. Ces biens seront recueillis par les fils de *Secundus* et deviendront pour eux des biens patrimoniaux ; de là une communauté nouvelle entre eux. Cet enchevêtrement de droits jette une grande incertitude dans les transactions, entrave le crédit et paralyse l'action des créanciers ; les communs eux-

mêmes peuvent souffrir de cet état d'indivision indé-
finie. Ainsi il peut se former autant de communautés
différentes dans une même ligne, qu'il y aura de
souches. La communauté primitive, de ligne, étant
dissoute, les autres continuent à subsister, et il sera
nécessaire d'opérer autant de partage qu'il y aura de
souches ayant des biens particuliers à chacune d'elles.
La législation indoue, on le voit, recherche l'origine
des biens pour en régler la dévolution. Nous aurons
à voir une application remarquable de cette règle,
en traitant des successions aux biens particuliers des
femmes. L'étude de l'ancien droit français, sur les
propres et les acquêts, peut répandre de la lumière
sur quelques points de la législation indoue. Il ne
sera pas hors d'à propos et d'utilité de consulter les
traités écrits par les jurisconsultes français sur ces
matières.

Quelques auteurs indous indiquent un mode de
procéder au partage par les femmes. C'est une espèce
de partage par souche, contraire à l'égalité qui doit
régner entre tous les partageants. Un individu meurt
laissant trois veuves : de la première il a un fils , de
la seconde il en a trois , et de la troisième il en a
quatre. Le partage peut s'opérer par les veuves, c'est-
à-dire, que la succession se divisera par tiers, bien
que les femmes ne soient pas héritières. Ce mode de
partage, connu sous le nom de Puttra-Baga, ne paraît
avoir été suivi que dans la classe des Sudras. Nous
n'en parlons que pour mémoire et incidemment : ce
sujet trouverait sa place au titre des Successions. Il
est possible que ce mode de division soit encore en
usage dans certaines castes. Lorsque le juge aura à
statuer sur des procès survenus dans des partages
de ce genre, il devra se décider d'après la coutume;
si elle est douteuse et incertaine, il se rattachera à la
règle générale, qui veut le partage par têtes et par portions égales.

Si la femme de l'un des communs décédés est enceinte au moment du partage, la part afférente à son
mari sera mise en réserve en cas de naissance d'un
fils posthume. Si elle met au monde une fille, la part
réservée sera partagée entre tous les autres communs,
sous déduction des dépenses présumées du mariage
de cette enfant. Les communs en biens pourront
contester la légitimité de l'enfant né trois cents jours
après le décès du mari de sa mère (art. 315). Les fils,
petits-fils d'un commun prédécédé, arrivent par représentation et partagent, par souche, la part dans les
biens communs afférente à leur auteur.

Le partage est fait également : on n'oblige pas le
commun en biens qui aurait une famille nombreuse
à tenir compte, à la masse, de l'excédant de dépenses
que sa famille aurait occasionnées à la communauté.
Il en est de même des dépenses faites pour les cérémonies du mariage ou d'initiation : ce sont des
charges de la masse commune, non imputables sur
la part de l'un des partageants, au profit duquel ces
dépenses ont tourné. Si un des membres de la communauté a employé à son profit une partie de l'actif
commun, l'a dissipé, il devra rapporter à la masse, au
moment du partage, tout ce qu'il aura indûment dépensé; ou les co-partageants pourront retenir, sur sa
part, tout ce qu'il devra à la communauté. Lorsque
les dépenses qu'il aurait faites excéderont sa portion
héréditaire, il devra être contraint au remboursement
sur ses biens particuliers. Dans toutes les circonstances où il sera possible de procéder ainsi, les co-
partageants devront suivre ce mode qui concilie et
leurs droits et les intérêts des tiers. Il est inutile d'annuler les dispositions à titre onéreux ou gratuit que
le commun aurait faites des biens de la communauté,
lorsqu'il est facile de désintéresser tous les communs.
Nous ne serions d'avis de prononcer la nullité, qu'autant qu'il n'y aurait que ce seul moyen de réintégrer

les communs dans les biens patrimoniaux, follement dissipés par l'un d'eux. Cette annulation se fera en commençant par l'aliénation la plus récente, et ainsi de suite, en remontant des dernières aux plus anciennes (argument de l'article 923). On s'arrêtera lorsque la part héréditaire de chacun des communs, eu égard à la valeur totale des biens, sera complétée. Dans bien des circonstances, il sera difficile de savoir quel était l'actif de la communauté au moment des aliénations faites par l'un des communs. Pour se renseigner à ce sujet, on consultera les divers registres terriers, les papiers domestiques, les inventaires qui auraient été faits, et, au besoin, on pourrait recourir à la preuve testimoniale.

Nous avons vu quelles étaient les charges de la communauté pendant sa durée. Plusieurs de ces charges grèvent encore le fonds commun, après la dissolution de la communauté. Les veuves ne perdent pas leurs droits à obtenir des aliments sur la masse par l'effet du partage; les co-partageants doivent pourvoir à leurs aliments, soit par le placement d'un capital suffisant, soit en affectant à cette destination un des immeubles de la communauté. Les veuves n'ont que l'usufruit de ces biens ; c'est là une doctrine établie par la coutume, qui a passé dans les usages et les mœurs, contrairement aux lois anciennes plus libérales envers les veuves. Dans la législation primitive, elles prenaient dans la communauté la place de leur mari décédé et jouissaient des mêmes droits que lui. Le Stridhana de la femme doit-il être compté pour la fixation de sa provision alimentaire? l'affirmative est décidée généralement. Quelques auteurs établissent une distinction entre les biens qui produisent des revenus et ceux qui n'en produisent pas. Les premiers, dans leur opinion, entrent seuls en ligne de compte pour la fixation de la pension. D'autres auteurs, au contraire, professent que tous les biens particuliers de la femme, de quelque nature qu'ils soient, devront être comptés. La doctrine des premiers jurisconsultes nous paraît plus rationnelle, et mieux remplir le vœu de la loi, et nous l'adopterions dans la pratique. Le quantum de cette pension alimentaire est abandonné à la discrétion et à la générosité des co-partageants : la loi en fixe le maximum à une part d'enfant. Cependant, si, dans un partage, une veuve d'un des communs était lésée, elle aurait le droit de se plaindre devant les tribunaux et d'y faire déterminer, d'une manière plus équitable, le taux de sa pension alimentaire. Elle n'y a droit qu'autant qu'elle vit dans la continence ; si elle se conduit mal, elle perd ses droits en partie, et les intéressés peuvent demander la réduction de la pension primitivement fixée, au chiffre strictement nécessaire pour subvenir aux premiers besoins de la vie. Tels sont, en résumé, les droits des veuves des communs sur les biens de la communauté.

Les ascendantes veuves ont aussi droit à des aliments ; ce droit, tant des veuves des communs que de leurs ascendantes, subsiste quand même elles auraient été prodigues et auraient dissipé le capital fixé pour leur pension alimentaire. Dans ce cas, elles obtiendraient des aliments de leurs descendants, des ascendants de leur mari défunt, et, à leur défaut, de leurs propres ascendants : nous appliquerions les dispositions du Code Napoléon sur la dette alimentaire (art. 205, 206 et 207). La décision serait la même si le capital fixé pour la pension alimentaire avait été absorbé par une faillite, ou si les immeubles affectés à cette pension avaient été dégradés ou avaient péri par suite d'un cas fortuit (argument de l'art. 2131). Il est essentiel de ne pas perdre de vue ce point important, que les veuves n'ont droit à des aliments que dans le domicile des proches parents de leur mari, chargés de surveiller leur conduite et de contrôler leurs actions. Les aliments sont dûs en nature; les veuves ne peuvent réclamer une pension en argent que dans des cas rares, par exemple, si elles sont maltraitées par les parents de leur mari et si la vie en commun est devenue insupportable. Les tribunaux seront appréciateurs souverains de ces faits.

Ont-elles le droit d'obtenir des aliments de leurs parents collatéraux, tels que frères, neveux, cousins, vivant en communauté, lorsque les parents de leur mari sont dans l'impossibilité de les fournir? Il nous semble que la communauté à la charge de laquelle elles étaient avant leur mariage, n'en est tenue que d'une manière subsidiaire. Si cette communauté a été dissoute depuis leur mariage, les ex-communs ne doivent des aliments qu'autant qu'ils sont parents de la veuve dans les degrés indiqués aux articles 205 et suivants du Code. Tant que cette communauté subsiste, la veuve peut être repoussée par une fin de non recevoir, si elle ne prouve pas, au préalable, que la communauté dont son mari était membre est dans l'impossibilité de lui fournir des aliments.

Les filles non mariées, avons-nous dit, ont droit à des aliments jusqu'au moment de leur mariage; elles sont mariées aux frais de la communauté. Leur droit est, au maximum, fixé au quart de la part d'un des co-partageants. Il est bien entendu que les filles d'un des co-partageants ou qui sont dans une souche co-partageante, perdent leur droit à une pension alimentaire sur la masse, lors de la dissolution de la communauté. L'obligation de les nourrir et de parer aux frais de leur établissement par mariage, incombe à leur famille naturelle, après la séparation. Ainsi, *Primus*, *Secundus* et *Tertius* vivent en communauté; leurs filles, durant l'existence de la communauté, sont nourries et mariées aux frais de la masse. Après le partage, leurs pères, séparés de biens, seront tenus de cette obligation, qui était auparavant une charge de leur communauté. Si des communs étaient morts avant le partage, sans postérité mâle , leurs veuves et leurs filles peuvent exiger de la communauté, lors du partage, une provision suffisante pour leurs aliments et les frais de mariage. Pour continuer notre espèce , *Quartus* est décédé durant l'existence de la communauté et a laissé une veuve et deux filles ; les communs survivants ne pouront faire le partage à leur préjudice, et elles ont le droit d'y intervenir.

Ceux qui sont exclus du partage comme incapables d'être héritiers, ont aussi droit à des aliments sur la masse de la communauté dont ils sont membres. Il en est de même de ceux qui sont dégradés ou exclus de la caste ; le droit de ces derniers est moins étendu que celui des incapables, et est borné aux choses strictement nécessaires à l'existence.

Si des communs en biens procédaient au partage au mépris des droits des incapables, des veuves, des filles, le partage pourrait être attaqué de nullité à leur requête, et rescindé. Ils ne sont pas seulement créanciers de la communauté, ou des co-partageants après sa dissolution ; ils ont un droit dans les biens, droit limité, mais frappant toute la masse à partager. Ces personnes pourraient donc, même à l'égard des tiers, faire rentrer dans la masse originaire tous les biens partagés, et provoquer un nouveau partage, dans lequel elles seraient comprises. S'il était possible de satisfaire ces ayants-droit, en chargeant l'un des co-partageants de fournir les provisions alimentaires, nul doute que ce mode ne dût être suivi. Les incapables, les veuves, les filles, auraient le droit d'exiger de lui, ou qu'il fournît caution, ou qu'il consentît une hypothèque sur ses immeubles , pour assurer le payement de leur pension. Le partage ne serait annulé, qu'autant qu'il serait impossible de les satisfaire par un autre moyen.

Les tiers qui auraient acquis des immeubles provenant de la communauté dissoute, pourraient, afin d'éviter la rescision de leur titre, offrir aux veuves ou aux incapables, d'acquitter la pension alimentaire; ils auraient une action récursoire contre tous les co-partageants pour le remboursement des sommes qu'ils auraient payées. Les tiers devraient même suivre cette forme de procéder, toutes les fois que leur auteur serait insolvable. Si, au contraire, les autres co-partageants étaient insolvables, ils devraient laisser prononcer la résolution de leur titre, pour exercer un recours en garantie contre leur auteur solvable.

On a élevé, à l'égard des veuves, la question de savoir si elles sont propriétaires ou seulement usufruitières des immeubles qui leur sont donnés pour leur tenir d'aliment : nous avons vu qu'elles n'ont droit qu'à des aliments, et qu'il est facultatif aux co-partageants de les leur fournir en nature, ou par une attribution de part. Il sera rare que les communs en biens choisissent ce dernier parti : néanmoins, le cas peut se présenter. La question a été diversement résolue par les jurisconsultes indous ; les uns reconnaissent aux veuves un droit de propriété absolu, et d'autres ne lui accordent qu'un usufruit. Cette dernière doctrine est celle du Mitachsara, généralement suivi dans le sud de l'Inde. Le Smriti-Chandrica, aussi en vigueur dans les mêmes contrées, enseigne la doctrine opposée. Dans l'incertitude, nous nous déciderions d'après l'usage suivi dans le pays, et les coutumes des diverses castes. Nous pensons que la doctrine du Smriti-Chandrica doit être suivie de préférence à celle du Mitachsara; elle est plus favorable aux veuves, et facilite davantage la libre circulation des biens et les transactions civiles.

Tous les biens, meubles et immeubles de la communauté sont susceptibles de partage. Certains offices, tels que ceux que remplissent les Brahmes calendriers,

ou ceux qui sont desservants des pagodes ou préposés à la garde des chaudries, sont partageables.
Ces offices sont héréditaires; ils sont, dans le commerce, aliénables comme toutes les choses susceptibles
de produire des revenus. Il serait utile, dans l'intérêt
général, qu'un seul des co-partageants fût chargé de
l'office. Le capital en serait déterminé par le calcul
approximatif des produits, et il serait compris dans
le lot d'un des co-partageants (voy. Colebrooke,
Strange, t. II pp. 302 et 303); si l'office était d'une
valeur supérieure à la part que le commun devrait
avoir, il serait vendu, à moins que le co-partageant,
dans le lot duquel il serait compris, ne consentît
à être chargé d'une soulte.

Les établissements religieux, les fondations pieuses
en immeubles, ne sont pas susceptibles de division;
les communs à qui ils appartiennent, ne peuvent en
changer la destination, ni les morceler : ils restent
indivis et affectés à l'usage auquel ils ont été consacrés par le chef de la famille; les communs, lors du
partage, en règlent l'administration. Nous avons vu
que ces fondations pieuses, non autorisées par le
Gouvernement, ne produisent aucun effet à l'égard
des créanciers de la communauté : ils peuvent faire
vendre ces immeubles pour se faire payer de ce qui
leur est dû.

§ 5. DU PAYEMENT DES DETTES DE LA COMMUNAUTÉ.

Les co-partageants sont tenus des dettes de la communauté légalement contractées par le chef, dans la
limite de ses pouvoirs; ils sont tenus des dettes contractées par un des communs, autre que le chef, dans
certains cas exceptionnels que nous avons indiqués.
Il faut distinguer, sur cette section, la contribution
aux dettes, de la poursuite des créanciers.

Les communs sont obligés au payement des dettes

de la communauté, en proportion de leur part héréditaire, *pro parte hereditariá*. Les dettes se divisent
de plein droit entre tous les communs au moment
de la dissolution de la communauté. Cette règle générale admet des exceptions, aux cas d'une dette garantie par une hypothèque, ou d'une dette indivisible.
Dans le premier cas, le détenteur de l'immeuble hypo-
théqué, peut être assigné, *actione hypothecariá*, en
payement de la totalité de la dette, sauf son recours
contre ses communs. Le créancier a le droit d'exercer
son action personnelle contre chacun des membres
de la communauté, et d'obtenir contre eux une condamnation au prorata de leur part et *pro diviso*. Le
commun poursuivi, *actione hypothecariá*, peut se
décharger du payement de la dette, et éviter des
poursuites, en offrant de délaisser les immeubles
hypothéqués et échus à son lot. En cas d'indivisibilité
de la dette, chacun des communs est obligé au
payement de la totalité, encore que la dette ne fût
pas garantie par une hypothèque. Il en est encore de
même lorsque la dette est d'un corps certain, qui
ne peut être livré en partie, ou qu'un des communs
est seul chargé par le titre de l'obligation du payement
de la dette.

Hors ces cas exceptionnels, les communs ne peuvent être poursuivis en payement que pour leur part
héréditaire dans la dette ; s'ils sont dix, le créancier
sera dans la nécessité de les poursuivre tous les dix
isolément, ou par une seule et même instance, et
l'insolvabilité de l'un ne rejaillira pas sur les autres.
Telle est la règle générale établie dans notre droit et
déjà en vigueur avant le Code Napoléon. Quelques
coutumes, cependant, comme l'atteste Pothier, déclaraient que les héritiers, étaient tenus solidairement
des dettes du défunt ; la Cour de Paris, dans ses observations sur le Code, avait demandé, dans l'intérêt du
commerce et pour faciliter les transactions, que les

héritiers fussent tenus solidairement, sauf leurs recours les uns contre les autres.

Les principes de notre droit sur la divisibilité des dettes sont-ils applicables, dans toute leur étendue, aux communautés indoues ? Il est incontestable que les dettes hypothécaires, indivisibles, d'un corps certain, ou celles que l'un des co-partageants serait chargé de payer, ne sont pas susceptibles de division; la difficulté n'existe que pour les dettes ordinaires. Il ne faut pas oublier que la communauté est tenue seulement des dettes contractées par le chef dans l'intérêt commun et dans les cas que nous avons énumérés : or, ces dettes ont eu pour but l'intérêt général des communs, qui sont censés avoir contracté par l'entremise du chef de leur communauté. S'ils avaient eu tous le pouvoir d'obliger la communauté, qu'ils eussent figuré à l'acte d'obligation, ils ne seraient tenus du payement que *pro diviso*, à moins de stipulation de solidarité. Pourquoi la dissolution de la communauté amènerait-elle une aggravation dans leur situation ? La solidarité ne se présume pas ; et nul texte indou ne l'établit. Dans notre droit, les dettes contractées par le mari, administrateur de la communauté légale, se divisent de plein droit, lors de la dissolution, entre lui et sa femme, sauf le droit de renonciation accordé à celle-ci. La communauté indoue peut, à certains égards, être assimilée à la communauté légale entre époux, et traitée d'après les mêmes règles. Quelque inconvénient qui puisse en résulter pour le créancier, nous croyons qu'il est imprudent de se départir du principe de la divisibilité des dettes. Le créancier a pu éviter ce résultat en contractant avec le chef; il aurait pu exiger le concours de tous les communs et les lier solidairement au payement de la dette. S'il ne l'a pas fait, et qu'il craigne la confusion des biens de la communauté avec les biens des communs en particulier, il li peut demander la séparation des patrimoines, en vertu de l'art. 878, et se faire payer sur les biens de la communauté à l'exclusion des créanciers personnels de chacun des communs. Là est le remède à la fraude, que peuvent commettre les co-partageants, en négligeant d'acquitter au préalable les dettes de la communauté.

Il arrive fréquemment, en effet, que des communs en biens opèrent le partage de la communauté par acte sous seing privé, à l'insu de leurs créanciers, et omettent de comprendre les dettes dans la liquidation. Les créanciers éprouvent alors les plus grands embarras pour se faire payer ; les communs font passer tous les biens sur la tête d'un seul, et les mettent ainsi à l'abri de l'action d'un créancier qui n'a pas d'hypothèque. Cette manœuvre frauduleuse n'échappera pas à l'œil vigilant des magistrats : de semblables partages seront annulables, sur l'action des créanciers, comme faits en fraude de leurs droits, et ils pourront demander la séparation des patrimoines. La fraude est d'autant plus facile, que les créanciers ne sont pas avertis, par un fait extérieur, du partage qui intervient entre les communs. Il serait bon que le législateur imposât aux communs en biens, qui veulent se séparer, l'obligation de rendre publique leur intention, soit par des affiches aux greffes des tribunaux, par des placards apposés dans les diverses cacheries des districts, afin que les créanciers eussent la possibilité d'intervenir au partage.

A défaut de toute disposition législative, les tribunaux feront bien d'accueillir facilement toutes les demandes en nullité de partage, introduites par les créanciers, toutes les fois que les formalités prescrites par la loi n'auront pas été rigoureusement observées, et qu'il leur apparaîtra que le passif n'est pas entré dans la liquidation. Les tribunaux ont jugé, dans des espèces où la fraude était évidente, où

7

quelques-uns des communs en biens étaient domiciliés sur le territoire étranger, et hors de la poursuite des créanciers, que les communs étaient tenus solidairement des dettes contractées par le chef. Nous croyons que cette doctrine est contraire à la loi : on arrivera, d'ailleurs, au même résultat, en annulant l'acte de partage. Les parties, après l'annulation, seront remises au même état qu'elles étaient avant le partage, et les créanciers pourront poursuivre le chef de la communauté et se faire payer sur les biens communs. La doctrine, qui admet la solidarité, aurait de graves inconvénients : il pourrait, en effet, dépendre du chef d'une communauté dissoute, d'obliger les communs en biens séparés de lui, en souscrivant des obligations sous seing privé, dont la date serait reportée à une époque antérieure au partage. L'action en nullité du partage opéré, ou la séparation des patrimoines, sauvegardent les droits des créanciers et assurent le recouvrement de leurs créances.

Les co-partageants sont-ils tenus, sur leurs biens personnels, des dettes de la communauté, en cas d'insuffisance de l'actif commun ? Ils en sont tenus pour leur part héréditaire, de la même manière que l'héritier pur et simple est tenu, dans notre droit, des dettes du défunt ; il y a même, dans le droit indou, un motif plus puissant de décision : c'est que ces dettes ont été contractées dans l'intérêt de tous les communs et qu'ils en ont profité. Nous pensons même que les communs en biens ne pourraient renoncer à la communauté ; car ils sont censés avoir contracté eux-mêmes la dette par l'entremise de leur chef, et ils sont personnellement obligés. Nareda déclare que les communs en biens sont tenus de payer la totalité de la dette, comme des associés dans une société commerciale. La division des dettes s'opère entre les communs ; mais nous pensons que chacun d'eux serait tenu, *ultrà vires*, de sa part dans la dette (Dig., t. I page 28).

La communauté peut-elle être poursuivie pour des dettes résultant des délits ou des quasi-délits du chef, ou de l'un des communs ? Non ; mais les créanciers pour les dommages-intérêts, et l'État pour l'amende, peuvent provoquer le partage des biens de la communauté, et se faire payer sur la part de leur débiteur. Ce droit appartient à tout créancier, en vertu de l'art. 1166 du Code Napoléon.

L'assimilation que nous établissons entre certaines règles de la communauté française avec la communauté indoue, n'est pas applicable aux biens possédés par les femmes. Les biens qu'elles possèdent ont toujours un caractère dotal (arrêt du 9 décembre 1843).

Ces courtes explications suffiront à déterminer le point de contact qui existe entre le droit indou et le droit français. Les règles établies par notre Code sur cette matière sont applicables en entier, sauf quelques modifications que nous avons établies. La communauté est une source de procès nombreux et difficiles à juger ; toute innovation législative, qui tendra à la simplifier, sera utile non seulement aux habitants, mais encore à ceux qui sont chargés d'appliquer les lois.

§ 6. DE LA RESCISION EN MATIÈRE DE PARTAGE.

Outre l'action en nullité qui compète aux veuves, aux filles des communs, aux créanciers, les partages peuvent être attaqués par les co-partageants eux-mêmes. L'action en rescision n'est admise que dans les cas de dol, de violence et de lésion de plus du quart. L'action en rescision pour cause de dol n'est recevable qu'autant que celui qui l'intente a éprouvé une lésion quelconque ; s'il n'en a pas éprouvé, l'action qu'il intente n'a ni intérêt, ni but.

Lorsque l'action en rescision est accueillie, les biens partagés rentrent dans l'indivision ; chacun des co-partageants est tenu de rapporter tous les biens qui étaient entrés dans son lot, et l'on procède à un nouveau partage. L'action en rescision a-t-elle effet à l'égard des tiers, qui auraient acquis des immeubles de l'un des co-partageants, ou qui auraient une hypothèque conventionnelle ou judiciaire sur ces mêmes immeubles ? L'affirmative ne paraît pas douteuse en présence des termes des articles 1183 et 2125 du Code Napoléon (voy., pour plus de détails, sur cette question, le *Traité des Successions* de M. Chabot de l'Allier). Il suffit, au reste, pour terminer ce que nous avons à dire sur ce sujet, d'ajouter que toutes les dispositions des articles 887 et suivants sont applicables aux partages entre Indiens.

Les co-partageants sont garants, les uns envers les autres, des objets compris dans leurs lots et des évictions qu'ils éprouvent; ils conservent même un privilége, en se conformant à l'art. 2109 (voy. les art. 883 à 887).

§ 7. DES PREUVES DU PARTAGE.

La preuve d'un partage résulte, soit d'un acte authentique, soit d'un acte sous seing privé. Les actes authentiques seuls sont opposables aux tiers; les actes sous signature privée ne peuvent leur être opposés, mais ils ont le droit de les invoquer pour établir que toute relation de communauté a cessé entre les parties à l'acte. Les actes de partage sous seing privé sont souvent produits en justice à l'occasion des incidents qui sont soulevés par le saisi, ou des tiers, sur les poursuites de saisie immobilière. Le saisi suscite un tiers qui, par connivence avec lui, demande la distraction des immeubles saisis, parce qu'ils sont échus à son lot d'après partage, et qu'il en est seul propriétaire, ou il demande le sursis à la vente, prétendant que l'immeuble est indivis. Dans le pre--

mier cas, il invoque la dissolution de la communauté, et offre, comme preuve de cette dissolution, un acte de partage, sous seing privé, transcrit à la conservation des hypothèques, antérieurement à la saisie. Ces actes frauduleux sont, d'ordinaire, l'œuvre de procureurs, qui dirigent les plaideurs dans tous ces procès, et auxquels un faux ne coûte rien. Les tribunaux font bonne justice de ces actes faits pour le besoin de la cause; les parties en sont les victimes, car la transcription donne un effet définitif à l'acte. En règle générale, toutes les fois que le titre de créance est antérieur à la transcription, l'acte de partage n'est pas opposable au saisissant.

Dans le second cas, le saisi invoque l'existence de la communauté, pour obtenir un sursis, et le créancier poursuivant doit prouver qu'elle est dissoute. S'il ne fournit pas cette preuve, les tribunaux doivent, conformément à l'article 2205 du Code Napoléon, ordonner le sursis à la vente, jusqu'à ce que le partage des biens indivis ait été opéré. Les tribunaux, cependant, afin d'éviter aux parties les frais d'un partage partiel, pourraient, sans inconvénient, ordonner la continuation des poursuites, si l'immeuble saisi est impartageable en nature, et attribuer le prix, *per capita*, à tous les communs. Le jugement produirait l'effet d'un partage partiel, et éviterait aux plaideurs les lenteurs et les frais d'une demande en partage. L'exiguïté des fortunes immobilières, dans nos possessions, nous semble réclamer ce tempérament à l'art. 2205.

Afin de couper court à toutes ces fraudes et à ces incertitudes, le législateur devrait ordonner que les actes authentiques de partage seront, seuls, admis à faire preuve en justice ; que l'authenticité serait donnée aux actes, ou par l'enregistrement, la transcription au bureau des hypothèques, ou la comparution des parties devant le notaire ; que l'acte n'aurait effet à l'égard des tiers, que du jour où il aurait acquis date certaine.

La législation indoue considère, comme des présomptions d'un partage antérieur, les faits et actes suivants :

1° La séparation d'habitation et de nourriture de la part des communs.

2° L'accomplissement séparé et individuel de cérémonies religieuses, qui doivent être faites par le chef de la famille.

3° Les contrats incompatibles avec l'idée d'une communauté, tels que prêts de consomption intervenus entre les communs en biens, cautionnement, vente, louages, ou tout autre contrat créant, entre les communs, des relations de créancier et de débiteur. Nous en excepterions les causes d'obligation naissant des délits et des quasi-délits.

4° Les dons réciproques.

5° Les acquisitions séparées.

Ces présomptions n'ont pas toutes la même force, pour établir qu'il y a eu dissolution de communauté. Des acquisitions séparées ne prouvent pas toujours cette dissolution : nous avons vu, en effet, que les communs en biens peuvent acquérir, par leur industrie, des biens particuliers, sans, pour cela, sortir de communauté. La présomption la plus puissante est la séparation d'habitation. Lorsque les membres de la famille préparent leurs repas séparément, habitent des maisons distinctes, font des provisions de grains et autres denrées pour eux et leur famille, et non pour d'autres, tous ces faits établissent une forte présomption que la communauté est dissoute. La séparation trentenaire est généralement admise, comme constituant une preuve du partage.

Une autre présomption, également puissante, est celle que nous avons indiquée sous le n° 3 ci-dessus ; les communs en biens ne peuvent devenir débiteurs ou créanciers les uns des autres. Cette doctrine paraît absolue ; elle est, du moins, indiquée par Strange, comme ne comportant aucune exception. Nous ferons remarquer, néanmoins, que les communs en biens ayant la faculté d'acquérir des biens particuliers, peuvent, à l'occasion de ces biens, faire des contrats de vente, d'hypothèque, contracter des dettes, etc. Leur interdira-t-on de devenir créanciers et débiteurs les uns des autres, pour ces biens ? Pourquoi défendre à un commun d'emprunter de son proche parent vivant en communauté avec lui, qui lui fera des conditions moins onéreuses qu'un étranger, et qui possède comme lui des biens particuliers? Il nous semble que, pour ses biens particuliers, il doit être considéré comme un père de famille, et que sa qualité de commun disparaît. La présomption de la loi n'aurait, selon nous, son effet, qu'autant que les communs qui ont contracté n'avaient, ni l'un ni l'autre, des biens particuliers, ou que l'un des contractants seul en possédait. Nous présentons cette opinion avec la plus grande réserve. Du reste, lorsque des contestations s'élèveront au sujet de la preuve des partages, le juge se décidera d'après les circonstances de fait. Il serait bon de restreindre le nombre de ces présomptions légales, et de ne reconnaître qu'aux actes authentiques le pouvoir de faire preuve de la dissolution des communautés.

L'arrêté du 29 novembre 1838 a fixé une époque certaine de dissolution de la communauté. Les tribunaux devraient appliquer, sans restriction, cet arrêté, toutes les fois qu'il est invoqué, et même d'office. Les communs, dont les communautés ont été dissoutes depuis 1838, ont pu hypothéquer, pour leur part, les biens de la communauté après sa dissolution, les aliéner, constituer des servitudes, faire des baux : ces contrats ne sont pas nuls, et le chef de la communauté qui aurait continué de fait, ne peut les arguer de nullité. La communauté a pu continuer de fait, c'est-à-dire, que les communs survivants ont vécu dans l'indivision : cet état d'indivision, qui peut se prolonger aussi longtemps que les parties le veulent, diffère de la communauté.

Chacune des personnes vivant dans l'indivision, peut aliéner et hypothéquer sa part indivise, tandis que, durant la communauté, elle n'aurait pu le faire. Ainsi donc, en reconnaissant la dissolution de la communauté par l'effet de la mort, les tribunaux régleront les droits des parties comme si elles étaient demeurées dans l'indivision (art. 815) : les droits des tiers sont ainsi sauvegardés.

La communauté peut être rétablie après sa dissolution. Ceux qui se réunissent en communauté, doivent dresser un acte de leur réunion, indiquant clairement le quantum et la nature des biens meubles et immeubles qu'ils remettent en communauté. Nous repousserions la preuve testimoniale pour établir le fait de réunion : les parties ont pu se procurer une preuve par écrit, et elles sont en faute de ne l'avoir pas exigée. L'acte sous signature privée ne serait pas opposable aux tiers, tant qu'il n'aurait pas acquis date certaine, et ne serait valable entre les contractants qu'autant qu'il aurait été fait en autant d'originaux qu'il y a de parties ayant un intérêt distinct (art. 1325).

Bien des difficultés, qui naissent à l'occasion des partages, peuvent être prévenues par l'expérience et l'intelligence des tabellions. Ils doivent éclairer les co-partageants sur leurs droits respectifs, s'attacher à ce qu'il ne se glisse aucune omission dans l'actif et le passif, exiger que toutes les parties soient présentes, définir nettement les droits de chacun. La plupart des actes de partage, qui ont passé sous nos yeux, sont incomplets, irréguliers et obscurs. Les tabellions doivent redoubler de vigilance pour donner à leurs actes de la clarté et de la précision; ils préviendront ainsi de nombreuses contestations, et, si elles viennent à naître, le juge n'aura pas, du moins, à deviner des énigmes.

Arrêté du 29 novembre 1838.

« Art. 1er. La communauté de biens existant entre parents, se dissout par la mort naturelle ou civile de l'un des communs en biens.

« Elle ne pourra être rétablie que par un acte spécial, passé par le tabellion, ou déposé chez lui ; dans ce dernier cas, l'acte n'aura d'effet que du jour où il aura acquis date certaine par ce dépôt.

« Il en sera de même de toutes personnes voulant se constituer en état de communauté.

« Art. 2. L'acte de communauté devra, à peine de nullité, contenir inventaire exact et détaillé des sommes et valeurs mises en communauté.

« Art. 3. Aucune preuve, de quelque nature qu'elle soit, ne pourra suppléer à cet acte pour prouver l'existence de la communauté ; l'acte seul fera foi en justice.

« Art. 4. A la mort d'un Indien, ses héritiers auront un délai de deux mois pour faire inventaire et délibérer ; à l'expiration de ce terme, ils auront encore la faculté de faire l'acte de communauté ; seulement alors, les créanciers pourront exercer leurs droits contre la succession, et forcer les héritiers à prendre qualité.

« Art. 5. A défaut de stipulation contraire, les acquêts particuliers n'entreront point en communauté.

« Art. 6. Tout co-héritier, qui, sans avoir été déclaré commun en biens par un acte, se sera, néanmoins, immiscé dans les biens de la succession, pourra être poursuivi comme détenteur, et forcé de restituer jusque sur ses biens personnels, sans que jamais ce fait puisse le constituer en état de communauté.

« La preuve des valeurs soustraites pourra être faite sur inventaire, par commune renommée.

« Art. 7. Tout payement, toute remise de fonds, faits à un individu, ne justifiant pas de sa position de commun en biens, comme il est dit aux articles 1, 2 et 3, seront considérés comme nuls, à moins qu'ils ne puissent être imputés à la personne qui a reçu, sur ses droits, comme co-héritier pur et simple.»

CHAPITRE VII.

Des Successions.

Il n'y a, dans le droit indou, ouverture à une succession, qu'autant que la personne décédée n'était pas en communauté. Si elle était en communauté, à l'époque de son décès, la part qu'elle avait dans les biens reste dans la communauté, et passe à ceux qui seraient appelés à sa succession, en ligne directe, par droit de survivance, si l'on peut employer cette expression, plutôt que par droit d'hérédité. Le partage seul attribue aux communs en biens la propriété des biens patrimoniaux ; la mort de l'un d'eux ne change pas la situation des autres. Si celui qui meurt laisse des fils, ils viennent prendre la place de leur père, jouissent des mêmes droits indivis et sont soumis aux mêmes charges. Ainsi, on ne succède pas à un commun en biens, à moins qu'il n'ait acquis des biens par son industrie ou son travail, et qui lui sont demeurés propres ; on ne succède qu'à une personne qui était séparée de biens.

Nous examinerons sous ce chapitre : 1° de l'ouverture des successions ; 2° des qualités requises pour succéder, et de l'indignité; 3° des divers ordres d'héritiers ; 4° des héritiers aux biens particuliers des femmes ; 5° des partages faits par les ascendants pendant leur vie ; 6° de la quotité disponible et des réserves ; 7° du payement des dettes de la succession.

§ 1er. DE L'OUVERTURE DES SUCCESSIONS.

La succession s'ouvre :
1° Par la mort naturelle ,
2° Par la dégradation et l'expulsion de la caste,
3° Par une absence prolongée,
4° Par l'entrée dans la vie ascétique.

Dans l'une ou l'autre de ces circonstances , les héritiers sont appelés à la succession et peuvent procéder au partage des biens. Tous ces cas, qui donnent ouverture à une succession, ne sont pas également faciles à préciser : la mort naturelle présente seule un caractère de certitude. Quant à la dégradation et à l'exclusion de la caste, à l'entrée dans la vie ascétique, il sera toujours difficile de connaître le moment précis qui donne ouverture à la succession. Il faudra consulter les chefs et parents de la caste qui auront prononcé la dégradation ; rechercher si la personne dont on prétend que la succession s'est ouverte, a renoncé aux intérêts de ce monde, a abandonné l'administration de tous ses biens, pour ne s'occuper que de pratiques religieuses. Dans notre ancien droit, la personne qui embrassait la profession religieuse était réputée morte civilement : sa succession était ouverte au profit de ses héritiers ; il y avait un point de départ certain pour l'ouverture de la succession, le moment de la prononciation des vœux solennels. C'est un rapprochement assez curieux entre notre ancien droit et le droit indou. Le religieux était réputé mourir au monde; sa succession s'ouvrait; tous les biens qu'il acquérait, par la suite, appartenaient à son monastère et n'étaient pas transmis, à sa mort, à ses héritiers; il était également incapable de recueillir des successions. Lorsqu'il rentrait dans la vie civile, par suite de dispense, ou de son élévation à l'épiscopat, il reprenait la jouissance de tous ses droits et pouvait transmettre les biens qu'il acquérait, par la suite, à ses héritiers, et recueillir lui-même des successions. L'Indien, qui embrasse une vie ascétique et contemplative, est réputé mort, et tout ce qu'il possède passe à ses héritiers par droit de succession; les biens qu'il acquiert ensuite, et qu'il laisse à son décès, appartiennent à son compagnon dans la vie ascétique et non à ses parents.

La législation indoue n'a pas réglé, d'une manière précise, la durée que doit avoir l'absence pour donner ouverture à une succession : elle déclare qu'elle doit être prolongée. Quelques auteurs plus précis indiquent douze ans et d'autres vingt ans, après l'expiration desquels la succession est ouverte; mais, pour éviter les incertitudes que fait naître la législation indoue, il serait utile de s'en rapporter, sur cette matière, au Code Napoléon, qui a minutieusement réglé, dans l'intérêt de l'absent et de ses héritiers, les droits auxquels l'absence donne ouverture. Le droit indou nous offre une exception remarquable aux principes de notre droit en matière d'absence. Chez nous, une succession qui vient à s'ouvrir n'est pas dévolue à l'absent dont on ignore l'existence. A son retour, ou lorsqu'on aura reçu de ses nouvelles, la succession devra lui être restituée, si elle a été recueillie par des héritiers d'un degré plus éloigné que le sien, ou sa part lui sera comptée si elle a été recueillie par des héritiers du même degré; mais l'absence n'étend pas la vocation à l'hérédité. Il en est autrement dans le droit indou : ainsi, un individu meurt, laissant quatre fils, dont l'un est absent ; sa succession se divise entre les trois enfants qui sont présents ; s'il n'ont pas la précaution de réserver la part de l'absent, ils seront tenus de la restituer, non seulement à ses fils, petits-fils ou arrière-petits-fils, mais encore à ses descendants jusqu'au septième degré, tandis que, dans les cas ordinaires, les descendants au quatrième degré n'héritent plus (Strange, p. 116). Il devient nécessaire, dans la liquidation d'une succession, d'apporter la plus grande attention aux intérêts des présumés absents, puisque l'absence a pour effet d'étendre les degrés de successibilité. Tout ce qui a trait à l'absence, doit être réglé et constaté avec soin d'après les principes de notre Code. Si, parmi les héritiers à une succession ouverte sur notre territoire, se trouvent des non français, absents ou présumés absents, et qu'il soit nécessaire de recourir au droit indou pour la fixation de la durée de l'absence, nous engagerions les héritiers français à exiger des héritiers présents, domiciliés sur le territoire étranger, une caution en cas de recours de la part des absents ou de leurs descendants. Le magistrat veillera à ce que quelques héritiers n'usent pas de ce moyen, pour entraver ou retarder la liquidation d'une succession. Le curateur aux biens vacants devra intervenir dans l'intérêt de l'absent et prendre telles mesures conservatoires qu'il jugera utiles, demander qu'il soit sursis au partage jusqu'à ce qu'il ait eu le temps de s'enquérir du domicile actuel de l'absent, etc., etc.

Il est encore un autre point, non moins digne d'attention, sur lequel la législation indoue diffère de la législation française. Celle-ci ne s'attache pas à la nature et à l'origine des biens pour en régler la dévolution. La législation indoue, au contraire, recherche l'origine des biens: nous verrons dans les successions en ligne directe, une manière différente de partage, selon que les biens sont des propres ou des acquêts; nous verrons également un ordre spécial d'héritiers aux biens particuliers des femmes.

Nous avons eu déjà occasion de dire que les fils sont co-propriétaires avec leur père des biens provenant des ancêtres. Le père ne peut disposer arbitrairement de ces biens à titre onéreux; il ne peut les aliéner sans le consentement de ses fils majeurs, si ce n'est dans des cas exceptionnels, ni les hypothéquer ou les donner en antichrèse. Les aliénations qu'il ferait, ou les hypothèques qu'il aurait consenties, pourraient être annulées à l'égard des fils, s'il apparaissait que le père a agi dans l'intention de frauder les droits de ses enfants. Le droit des fils n'est pas aussi étendu que celui des communs en biens; en cas de communauté, le chef ne peut aliéner, à titre onéreux ou gratuit, qu'avec le consentement exprès ou tacite de ses communs en biens. Le défaut de consentement de leur part, rend l'aliénation nulle, à l'égard de ceux qui n'ont pas consenti, tandis que l'aliénation faite par le père, sans l'autorisation et le consentement de ses fils majeurs, n'est pas nulle de plein droit. Les fils ont le droit d'en demander la nullité; mais ils devront, selon nous, prouver que leur père a eu l'intention de les frustrer, et qu'il a agi *quasi non sanœ mentis fuerit*, pour nous servir d'une expression romaine, ou qu'ils ont éprouvé un préjudice réel par suite de l'aliénation. La doctrine du Mitachsara est cependant plus explicite; elle déclare non valables les dispositions faites par le père sans le consentement de ses fils; il serait peut-être utile, dans l'intérêt de la sécurité des transactions, de n'appliquer cette doctrine qu'aux aliénations faites à titre gratuit, soit envers des étrangers ou d'autres enfants.

Le père est obligé d'opérer, entre tous ses fils, un

partage égal des biens provenant des ancêtres. Il a, comme nous l'avons vu, la disposition libre et entière des meubles, même des bijoux précieux, et les tiers ne peuvent être recherchés pour les acquisitions qu'ils en ont faites. Afin d'éviter toute collusion avec des tiers, on devrait restreindre le droit de disposition absolue de la part du père, aux meubles qui auraient été inventoriés au décès du chef de la famille. S'il n'y a pas eu d'inventaire, l'action des fils serait recevable pour établir la collusion, et la vente ne serait annulée, qu'autant qu'il serait établi que les tiers ont été de connivence avec le père pour dépouiller les fils. Dans tous les cas, les fils devraient prouver, en outre, que les meubles non inventoriés et aliénés proviennent de l'emploi du prix des immeubles patrimoniaux.

Le père a la libre disposition de ses biens particuliers : nous aurons à examiner s'il peut disposer de la totalité de ces biens à titre gratuit, au préjudice de ses enfants, et s'il n'est pas tenu de leur en laisser une portion.

Tout le système des successions, dans le droit indou, repose sur l'accomplissement, par l'héritier, de certains devoirs envers les mânes du défunt et des ancêtres, et sur sa capacité de faire les cérémonies funèbres. Ces cérémonies consistent dans l'oblation d'un gâteau funèbre pour les parents les plus rapprochés, et dans des libations d'eau pour les parents d'un degré plus éloigné : de là la grande distinction établie par Manou entre les parents :

« 186. Des libations d'eau doivent être faites pour trois ancêtres, savoir : le père, le grand-père paternel et le bisaïeul ; un gâteau doit leur être offert à tous trois. La quatrième personne, dans la descendance, est celle qui leur offre ces oblations et qui hérite de leur bien au défaut d'héritier plus proche. La cinquième personne ne participe pas à l'oblation.

« 187. Au plus proche parent (Sapinda) mâle ou fe-
melle, appartient l'héritage de la personne décédée.
Au défaut des sapindas et de leur lignée, le Samona-
daca ou parent éloigné sera l'héritier, ou bien le précepteur spirituel, ou l'élève du défunt. »

Les Sapindas sont les parents mâles par les mâles
jusqu'au quatrième degré exclusivement en ligne
directe descendante, et jusqu'au quatrième degré exclusivement en ligne directe ascendante.

Les Sapindas sont : le fils, petit-fils, arrière-petit-
fils, le père, grand-père, arrière-grand-père et les
frères germains.

Les Samonadacas sont les parents mâles par les
mâles après les Sapindas et les Saculyas, c'est-à-dire,
depuis le septième jusqu'au quatorzième degré.

On distingue trois classes d'héritiers :

1° Les héritiers Sapindas et les Saculyas,

2° Les héritiers Samonadacas,

3° Les héritiers Bandhu ou cognats.

La législation indoue se rapproche de la législation
romaine : les héritiers appelés à la succession sont
les agnats les plus proches en degré, et les cognats ne
sont appelés qu'après eux et à leur défaut.

Cinq règles peuvent être établies pour servir de
guide dans la confusion que présente la législation
indoue sur les successions :

1° Les héritiers les plus proches en degré, dans
chacune des divisions précédentes, recueillent la
succession.

2° Les héritiers au même degré, qui ont le privilége du double lien, c'est-à-dire, qui sont germains
avec le défunt, priment les parents consanguins ou
utérins.

3° Les parents Sapindas au delà du sixième degré et
les parents Samonadacas au delà du quatorzième degré
n'héritent plus. Les cognats n'arrivent à la succession

qu'à défaut de parents Sapindas et Samonadacas, c'est-à-dire, des agnats.

4° La représentation n'a lieu que dans des cas exceptionnels ; elle n'a pas lieu à l'infini en ligne directe descendante, et n'est pas restreinte en ligne collatérale aux descendants de frères et sœurs.

5° En principe, les femmes n'héritent pas : elles ne sont appelées à la succession que dans certains cas.

§ 2. DES QUALITÉS REQUISES POUR SUCCÉDER ET DE L'INDIGNITÉ.

Pour succéder, il faut être né ou conçu au moment de l'ouverture de la succession, et n'avoir aucune des causes d'incapacité que nous allons énumérer.

Les causes d'incapacité de succéder sont nombreuses dans le droit indou : elles sont fondées, soit sur des défauts physiques, soit sur des vices de l'intelligence, qui rendent la personne qui en est atteinte, incapable d'accomplir les devoirs funèbres envers les mânes du défunt et des ancêtres. Dans la croyance des Indous à la transmigration des âmes, toute maladie ou infirmité est l'expiation de péchés ou de crimes commis dans un autre corps. Manou, au livre XI de ses lois, donne de nombreux exemples de ces punitions.

Dans tous ces cas, à l'exception de la dégradation, l'incapacité est purement personnelle ; l'incapable a droit, sur la succession, à des aliments, à un entretien convenable, et à toute l'assistance que nécessite son état de maladie. Sa part, dans la succession, n'est dévolue à ses cohéritiers qu'autant qu'il n'a lui-même ni héritiers au premier ou au deuxième degré, c'est-à-dire, ni descendants mâles, ni femme. Ces personnes, lorsqu'elles ne sont elles-mêmes atteintes d'aucune des incapacités indiquées plus haut, recueillent la part qui devait échoir à leur père ou mari incapable (Yajnyavalcya, Devala, Vishnu, Dig., t. III pp. 305-316 et 322). Il existe à cette règle une exception pour le fils d'un individu dégradé. Le fils, né après la dégradation, ne recueille pas la part qui aurait été dévolue à son père. Celui qui est venu au monde, avant la dégradation, la recueillera seul (voy. Vishnu, Dig., t. III page 316).

Cette législation suscitera bien des difficultés dans la pratique. Nous pensons que, pour la simplifier, il y aurait une distinction à établir entre les causes perpétuelles d'incapacité et celles qui ne sont que temporaires : nous admettrions les premières et nous rejetterions les secondes. Il est facile de constater la surdité, le mutisme, la cécité de naissance, l'idiotisme, la folie, au moment de l'ouverture de la succession ; mais il est presque impossible de savoir si les personnes atteintes de maladies en punition de crimes antérieurs, n'ont pas effacé la tache de ces crimes, par la pénitence.

Parmi les causes d'incapacité, les unes sont perpétuelles, d'autres ne sont que temporaires.

Sont incapables de recueillir des successions :

1° Les eunuques,

2° Les sourds-muets de naissance,

3° Les aveugles-nés,

4° Les fous,

5° Les idiots,

6° Ceux qui sont dégradés ou exclus de leur caste,

7° Les individus atteints de maladies, qui sont l'expiation de crimes commis dans une autre vie. Les auteurs indiquent des cas nombreux de ces maladies ou infirmités, telles que la lèpre, l'éléphantiasis, le marasme, la dyssenterie, diverses maladies incurables : le Digeste de Colebrooke contient une énumération détaillée de toutes ces maladies. Les individus qui en sont atteints, peuvent avoir expié, par la pénitence, les crimes en punition desquels ils ont été affligés de ces maladies ; dès lors cette cause d'incapacité de succéder n'est ni absolue, ni permanente.

Les autres causes d'incapacité sont perpétuelles ; elles sont fondées plutôt sur une impossibilité physique d'accomplir les cérémonies funèbres et d'administrer les biens de la succession, que sur des idées d'expiation. La loi exige que les infirmités de mutisme, surdité, cécité, soient congéniales (Manou et Devala). Si elles survenaient postérieurement à la naissance, elles ne constitueraient plus une cause d'incapacité.

Il suffit que l'idiotisme et la folie existent lors de l'ouverture de la succession.

Les idiots, les fous ne devraient être déclarés incapables, qu'autant que leur interdiction aurait été prononcée par les tribunaux, dans les formes ordinaires. Quant à la dégradation, elle ne peut être prononcée, sur notre territoire, que conformément à l'arrêté du 26 mai 1827 : c'est là une de ces affaires de caste, dont la connaissance est réservée aux juges de paix.

L'inaccomplissement des devoirs envers les ancêtres, l'hypocrisie, sont aussi des causes d'incapacité; nous ne les mentionnons que pour mémoire, car leur appréciation échappera toujours à la justice.

Ceux qui ont embrassé la vie ascétique sont morts civilement et incapables de succéder.

Il nous reste à parler de l'indignité. Les veuves, à défaut de descendants mâles, héritent de leur mari, mort séparé de biens; elles n'ont droit à la succession, qu'autant qu'elles ont été chastes et fidèles à leur mari, durant le mariage. Si elles ont mené une conduite déréglée, elles sont indignes de succéder, et n'ont droit qu'aux aliments strictement nécessaires pour vivre. Lorsque, après la dissolution du mariage, elles vivent dans l'incontinence, elles sont exposées à être dépouillées, pour leur inconduite, de la succession qu'elles avaient d'abord recueillie. Tous les biens, provenant de la succession du mari, sont dé-

volus aux héritiers plus proches en degré, qui, seuls,
ont qualité pour demander la résolution du droit de
la veuve. Il est bien entendu qu'ils prennent ces biens
dans l'état où ils se trouvent, c'est-à-dire, grevés de
tous les droits réels que la veuve aurait consentis.

La question de savoir si la femme mariée ou la
veuve est non chaste, devra être décidée par le tribunal de paix, aux termes de l'arrêté de 1827 ; l'inconduite de la femme est une violation du devoir
conjugal, une atteinte portée au mariage. D'ailleurs,
les tribunaux de paix sont plus rapprochés des parties,
connaissent beaucoup mieux leur vie privée ; ils pourront consulter les parents de la caste, discuter et
apprécier avec exactitude tous les faits, et rechercher
les motifs qui dirigent les héritiers du mari. Les tribunaux ordinaires ne pourront connaître de ces questions qu'autant qu'elles seraient incidentes à une contestation sur des intérêts purement pécuniaires ; il est
inutile de revenir sur ce que nous avons déjà dit au
sujet de cet arrêté. Le mari, seul, a, pendant le mariage,
qualité pour se plaindre de l'inconduite de sa femme ;
s'il ne l'a pas fait, il est censé avoir pardonné, et ses héritiers n'auraient pas le droit d'intenter l'action de son
chef. Si la femme avait été condamnée pour adultère, et
qu'après la condamnation, le mari n'eût pas voulu reprendre sa femme, il suffirait de produire le jugement
de condamnation, pour faire prononcer l'indignité. La
femme aurait alors à établir que son mari, depuis la
condamnation, lui a pardonné et l'a traitée avec tous
les honneurs et les égards dûs à une femme vertueuse.

§ 3. DES DIVERS ORDRES D'HÉRITIERS.

Des Sapindas.

Les premiers Sapindas sont les fils ou les descendants mâles jusqu'au quatrième degré exclusivement,

La législation indoue distingue douze espèces de fils dont l'énumération est donnée par Manou (liv. IX §§ 158 et suivants).

1° Le fils engendré par le mari en légitime mariage.

2° Le fils de la femme suivant le mode indiqué aux §§ 59 et 60.

3° Le fils donné.

4° Le fils adopté.

5° Le fils né clandestinement ou dont le père est inconnu.

6° Le fils rejeté par ses parents naturels.

7° Le fils d'une fille non mariée.

8° Le fils d'une femme enceinte au moment du mariage.

9° Le fils acheté.

10° Le fils d'une femme deux fois mariée.

11° Le fils qui s'est donné lui-même.

12° Le fils né d'une Soudra.

Dans l'âge actuel de Cali-Yuga, les fils légitimes et adoptifs ont, seuls, capacité pour être héritiers.

Premier ordre d'héritiers. — Des fils légitimes et adoptifs.

Les fils héritent, en première ligne, des biens laissés par leur père; ils partagent, entre eux, par égale part. Les petits-fils et autres descendants, jusqu'au quatrième degré, viennent à la succession par représentation. Si tous les fils sont décédés, les autres descendants opèrent d'abord le partage par souche et ensuite par tête entre les souches co-partageantes.

Le fils adoptif, lorsqu'il est seul, hérite de toute la fortune de l'adoptant; mais il peut se trouver en concours avec des fils légitimes de l'adoptant, nés antérieurement ou postérieurement à l'adoption. Des auteurs admettent que, dans le cas où l'adoption a eu lieu avant la naissance du fils légitime, le fils adoptif concourt avec le fils légitime, et que le partage s'opère entre eux par égale part ; si, au contraire, le fils légitime était déjà né au moment de l'adoption, le fils adoptif n'a droit qu'au tiers de la succession (Jaganatha). D'autres auteurs n'accordent, dans ce dernier cas, au fils adoptif, que le quart. Il serait bon, si la question se présentait devant les tribunaux, de consulter les usages locaux, et, en cas de doute, de s'arrêter à l'opinion la plus favorable à l'enfant adoptif.

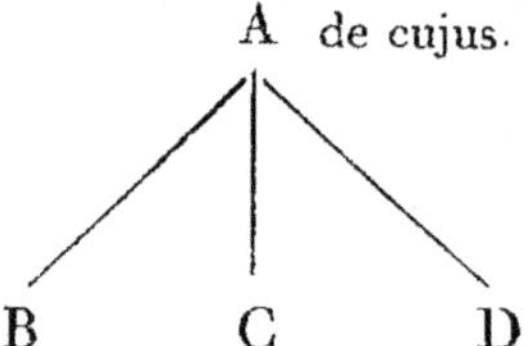

A laisse à son décès trois fils, *B*, *C*, *D*, qui partagent entre eux la succession par portions égales. S'ils vivent en communauté, les biens, provenant de la succession, resteront indivis entre ces trois héritiers.

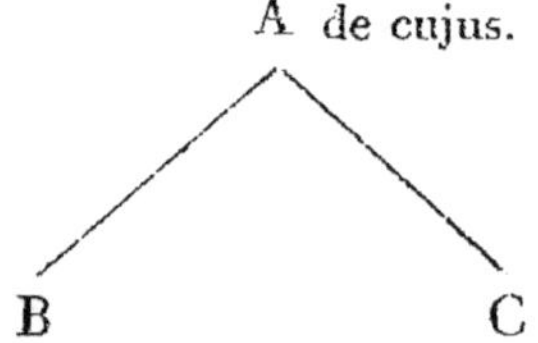

A laisse à son décès deux fils, *B* et *D*. Le premier est un enfant légitime né avant l'adoption de *D*. La valeur des biens à partager est de 30,000 francs : A prendra 20,000 francs, et *D* n'aura que le tiers ou 10,000 francs, si l'on opère le partage conformément à la première opinion émise plus haut. Retenant le même exemple, *D* a été adopté avant la naissance de *B* : le partage s'opère également entre eux, et ils auront chacun 15,000 francs.

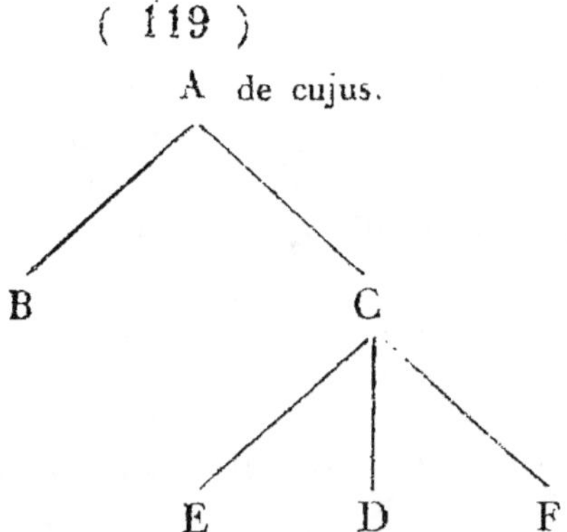

A meurt, laissant un fils, *B*, et un petit-fils, *D ;* le petit-fils viendra prendre la place de son père, *C*, et partagera concurremment avec son oncle. S'il y a trois petits-fils, ils arriveront par représentation de leur père, et la succession sera d'abord divisée en deux parts égales ; puis la part de *C* sera partagée entre ses trois enfants.

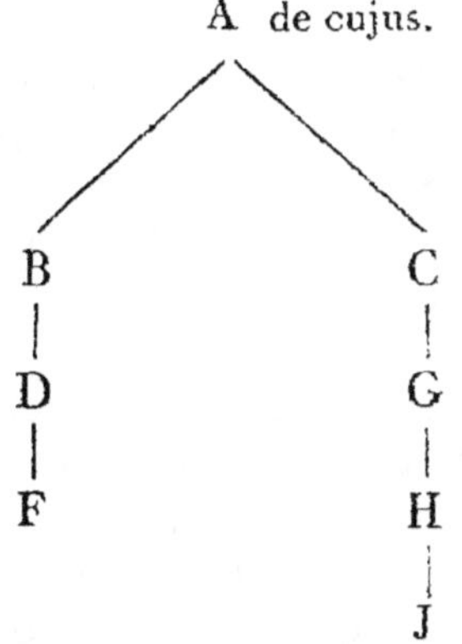

La succession de *A* est ouverte, et, parmi ses descendants, *F* et *J* sont seuls vivants. Ce dernier est exclu comme étant au quatrième degré, et toute la succession est dévolue à *F*. Dans le droit français ces deux descendants partageraient la succession par portions égales.

Retenant le même exemple, si *H*, par exemple, est absent, et qu'on ignore s'il existe, le droit de *J* à la succession n'est pas douteux, comme nous l'avons vu. C'est à *F* à établir que *H* est mort avant l'ouverture de la succession (Strange, p. 116).

Les enfants naturels des personnes des trois premières classes n'héritent pas ; ils n'ont droit qu'à des aliments. Les enfants naturels des Soudras prennent une demi-part lorsqu'ils concourent avec des enfants légitimes; s'il n'y a pas d'enfants légitimes, ils recueillent toute la succession ; s'il y a un fils de fille, le partage s'opère entre eux par égale part (Daya-Baga, Daya-Crama-Sangraha, Mitachsara).

On peut recourir à ce que nous avons dit précédemment pour le mode de constatation de la filiation des enfants naturels.

Deuxième ordre d'héritiers. — De la veuve.

A défaut de fils et de descendants mâles, jusqu'au quatrième degré, et si le *de cujus* n'était pas en communauté, la succession est dévolue à la veuve. Si le défunt avait successivement épousé plusieurs femmes, et que toutes lui eussent survécu, la succession ne se partage pas entre elles par égales parts. L'aînée des femmes, c'est-à-dire, celle qui a été épousée la première, recueille la succession tout entière, à la charge de nourrir les autres veuves. Si la première femme est morte avant son mari, la succession est dévolue à la veuve subséquente, et ainsi de suite en suivant les dates des divers mariages (Colebrooke, Dig., t. III p. 458).

Il existe, toutefois, une autre opinion plus généralement admise, que toutes les veuves héritent par égales parts. La doctrine, qui reconnaît la première femme comme unique héritière, est fondée sur ce principe, que le premier mariage est contracté pour l'ac-

complissement d'un devoir, et les mariages subsé-
quents pour la satisfaction des sens. Strange professe
cette opinion, et nous croyons que c'est la seule
autorité que l'on puisse invoquer. Si les tribunaux
sont indécis, ils peuvent consulter le comité de jurisprudence indienne.

Les auteurs indous ne sont pas d'accord sur
l'étendue du droit qu'a la femme sur les biens qu'elle
a recueillis dans la succession de son mari ; ils sont
divisés en deux opinions bien distinctes. D'après
l'une de ces opinions, suivie dans le Bengale, la femme
n'a qu'un droit d'usufruit sur les immeubles provenant de la succession du mari, et elle ne peut les
aliéner sans le consentement des héritiers les plus
proches en degré de son mari. Ce consentement des
proches parents sera quelquefois difficile à obtenir.

Nous ne pensons pas que les aliénations que la
veuve aurait faites seraient nulles de plein droit ; les
tiers pourraient toujours argumenter de leur bonne
foi, de l'ignorance dans laquelle ils étaient sur le
point de savoir si l'immeuble était un propre de la
femme ou du mari, ou opposer la ratification expresse ou tacite de ces parents héritiers présomptifs.
C'est à eux à surveiller les actes d'administration de la
femme, à exiger, après le décès du mari, qu'il soit
dressé un état de tous les immeubles de la succession.
La femme peut disposer librement de tous les meubles.

La femme peut-elle grever d'hypothèques, les immeubles qui viennent de son mari ? Ces hypothèques seront-elles résolues à la mort de la femme,
comme celles qui auraient été constituées par un
usufruitier ou un grevé de substitution ? La femme a
le pouvoir de s'obliger et de contracter des dettes
pour subvenir à ses besoins ; les hypothèques qu'elle
aurait consenties ou les hypothèques judiciaires qui
auraient été prises, par ses créanciers, sur les immeubles de son mari, ne sont pas résolubles dans tous

les cas. Elles seront valables, toutes les fois que la dette, pour sûreté de laquelle elles ont été prises, a été contractée par la femme, ou pour ses aliments, ou pour accomplir des actes de charité ou des cérémonies religieuses envers les mânes de son mari. Dans tous ces cas, elle a le pouvoir d'aliéner les immeubles de son mari et, *à fortiori*, celui de les hypothéquer. La question ne peut donc s'agiter qu'à l'égard des créanciers, qui ne se trouveraient pas dans l'une de ces circonstances exceptionnelles. Les hypothèques qu'ils auraient prises subsisteraient, selon nous, si la femme ne les avait pas avertis en contractant, ou si les héritiers du mari lui avaient laissé ignorer leurs droits éventuels. La législation française exige que les substitutions soient transcrites au bureau des hypothèques (art 1069-1070), et le défaut de transcription peut être opposé, par les créanciers du grevé, aux substitués, même mineurs ou interdits. La femme est, dans le cas qui nous occupe, grevée d'une substitution envers les héritiers de son mari ; elle doit conserver et rendre les biens qu'elle a recueillis. Les héritiers du mari devraient donc faire transcrire, au bureau des hypothèques, l'état des immeubles. Lorsqu'ils auront opéré cette transcription, ils seront en droit de demander l'annulation des aliénations et des hypothèques consenties par la veuve. Nous restreindrions, à ce seul cas, l'application du principe du droit indou sur cette matière.

Le Mitachsara, suivi sur la côte de Coromandel, enseigne une doctrine opposée ; il reconnaît aux veuves un droit de propriété pleine et entière sur les immeubles qui proviennent de la succession du mari. Dès lors, les questions que nous venons d'agiter, ne peuvent se présenter dans les pays qui suivent cette doctrine.

Troisième ordre d'héritiers. — Des filles et des fils de filles.

A défaut de fils, de descendants mâles et de veuve, les filles héritent. Toutes les filles n'ont pas un droit égal à la succession : il faut distinguer entre les filles non mariées, les filles mariées et les filles veuves. Les premières recueillent la succession à l'exclusion des autres. Ainsi, *A* meurt, laissant seulement trois filles, *B*, *C*, *D* ; les deux dernières sont mariées et la première est célibataire. Celle-ci héritera seule des biens de son père. Les filles veuves ou mariées sont sorties de leur famille : elles n'ont droit à la succession de leur père, qu'autant qu'elles ont des fils ou qu'elles sont encore susceptibles d'en avoir. C'est un droit qui n'est pas inhérent à leur personne, à leur qualité de fille ; il est subordonné à la naissance éventuelle ou à l'existence actuelle d'un fils : c'est donc de leur fils qu'elles tirent leur droit. Ainsi les veuves qui n'ont pas de fils n'ont aucun droit à la succession : les filles mariées, qui n'ont pas d'enfant, mais qui n'ont pas encore passé l'âge pour en avoir, viennent à la succession de leur père.

Le Mitachsara part d'un autre principe sur la vocation des filles mariées ou veuves à la succession de leur père : il leur reconnaît un droit égal, si elles ne sont pas pourvues et opulentes. La fille pauvre hérite avant celle qui est pourvue et opulente. Ce dernier terme s'applique-t-il et aux filles qui ont été dotées par leur père, et à celles qui tirent leur richesse d'une autre source ? Une fille mariée peut avoir hérité de son mari et acquis des biens particuliers. Son père venant à mourir, viendra-t-elle à sa succession en concurrence avec ses autres sœurs mariées, qui n'ont pas la même fortune qu'elle ? Si l'on suit à la lettre la doctrine du Mitachsara, on devra décider que les filles qui ont de la fortune, seront primées par celles qui n'en ont pas. Ce mode de distribution deviendra, dans la pratique, d'une application à peu près impossible. Il sera nécessaire de rechercher quelle est la quotité des biens de la fille qui doit venir à la succession avant sa sœur ; si les immeubles qu'elle possède ne sont pas grevés d'hypothèques; si son passif ne balance pas son actif, etc. Toutes ces questions ouvriront, aux parties, l'arène des procès. Nous restreindrions l'application de ce principe du Mitachsara , au seul cas où l'une des filles aurait des biens particuliers qui lui auraient été donnés en dot par son père : la question serait alors réduite à un rapport en nature ou en moins prenant, que la fille dotée serait tenue de faire à la succession de son père.

Quelques exemples éclairciront ce que nous venons de dire :

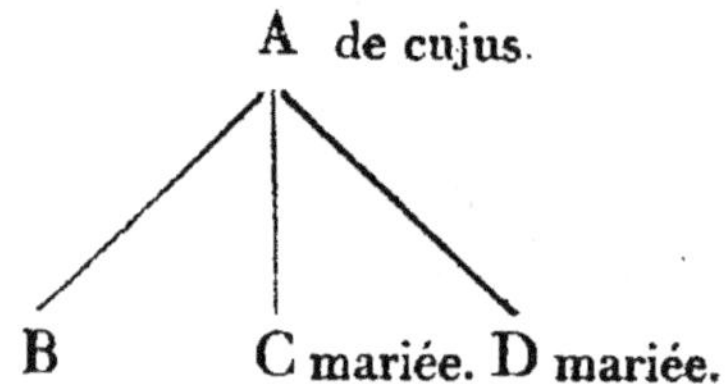

A meurt, laissant trois filles *B*, *C*, *D*. Les deux dernières sont mariés ; *B* héritera seule et à leur exclusion des biens laissés par son père. Si l'une des filles mariées était veuve, et qu'elle ne pût avoir, dans la famille, ou sur la succession de son mari, des moyens suffisants pour subvenir à ses aliments, nous pensons que sa sœur, *B*, serait obligée de les lui fournir.

Lors du décès de *A*, ses trois filles, *B*, *C*, *D*, étaient mariées. Les deux premières ont reçu, au moment de leur mariage, une somme de 15,000 francs de leur père, ou elles possèdent, au moment de son décès, une pareille somme , qui leur provient d'une autre source ; le père laisse à son décès une fortune estimée à 30,000 francs. *D* n'a rien reçu en dot et ne possède aucun bien particulier. D'après la doctrine pure du Mitachsara, *D* héritera de son père à l'exclusion de ses autres sœurs. On voit, par ce seul exposé, que, dans la plupart des circonstances, cette doctrine conduira à des résultats iniques. Si on n'adopte pas l'opinion que nous avons émise et que l'on se rattache simplement aux termes du Mitachsara, nous croyons qu'il serait bon de prendre encore un terme moyen : il ne faudrait accorder de primauté à la fille pauvre, sur ses sœurs riches, que jusqu'à concurrence de la fortune de ces dernières; le surplus de la succession se partagerait entre toutes. Si la succession du père est d'une valeur inférieure à la fortune des filles, la fille pauvre la recueillera en entier et à l'exclusion de ses sœurs.

On peut objecter peut-être, à l'appui de la doctrine du Mitachsara, que le père de famille n'est tenu de partager également que les biens patrimoniaux; qu'il n'y a pas de biens de cette nature pour les filles; qu'elles n'ont pas un droit de co-propriété avec leur père, droit sur lequel est fondée l'égalité des partages : mais la loi française doit ici venir en aide aux filles qui seraient exclues, afin de contraindre les filles, dotées par le père, au rapport. D'ailleurs, il nous semble qu'en rétablissant, par ce moyen, l'égalité dans le partage, on rentre dans l'esprit du Mitachsara, qui n'a établi une préférence en faveur des filles pauvres, sur leurs sœurs riches, qu'en vue de cette égalité.

A défaut des filles, les fils de filles héritent de leur grand-père maternel. Ils viennent par représentation de leur mère. On a agité la question de savoir si les filles de filles héritaient de leur grand-père maternel; la plupart des jurisconsultes indous leur dénient ce droit de succession. Balambatha, un des commentateurs du Mitachsara, soutient qu'elles ont droit d'hériter de leur grand-père; mais son opinion n'est pas suivie.

La succession en ligne descendante, par les filles, s'arrête au fils : les arrière-petits-fils, par les filles, n'ont plus qualité pour offrir le gâteau funèbre à leur bisaïeul maternel, et ils sont exclus de sa succession. Le droit de représentation, qui s'étend, dans la descendance par les mâles, jusqu'au quatrième degré exclusivement, s'arrête au troisième degré dans la descendance par les filles.

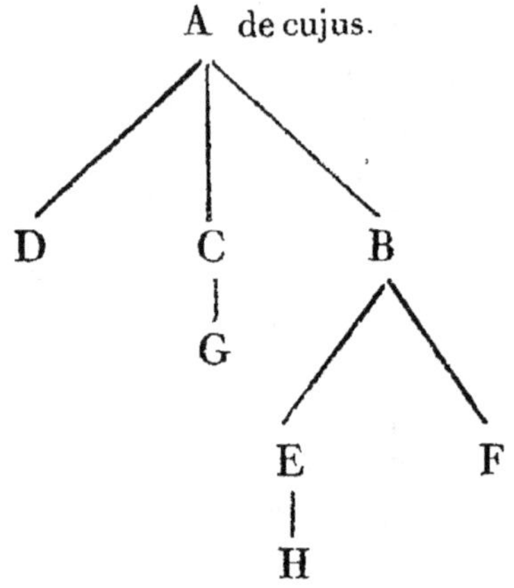

A meurt, laissant sa fille, *D*, et trois petits-fils par les filles, *B* et *C*. La fille, *D*, hérite seule de toute la succession de son père et exclut les petits-fils; elle est dans un degré plus rapproché et prime ses neveux. Si les trois sœurs, *B*, *C*, *D*, sont décédées, les petits-fils, *E*, *F*, *G*, partagent la succession par représentation de leur mère. Si ces petits-fils étaient décédés, la succession n'irait pas à *H*, arrière-petit-fils, mais à l'ordre subséquent d'héritiers.

Quatrième ordre d'héritiers. — Du père et de la mère.

Lorsque les précédents ordres d'héritiers sont épuisés , la succession va au père et à la mère du défunt; les aïeux ou aïeules ne viennent qu'après les parents collatéraux. Le droit indou, à la différence du droit français, n'appelle pas les frères à la succession, concurremment avec le père et la mère ; ces derniers priment les frères.

Le père et la mère recueillent-ils, par portions égales, la succession de leur fils décédé? La plus grande divergence dans les opinions se manifeste sur ce point dans le droit indou. La plupart des jurisconsultes accordent au père le droit de préférence sur la mère. Le Mitachsara, au contraire, accorde à la mère le droit de préférence, par la raison, plus subtile que vraie, que : « le père peut être parent commun d'enfants issus d'autres femmes, que la mère ne le peut pas, et qu'elle est d'une parenté plus intime. » Les deux opinions que nous venons d'indiquer peuvent être suivies dans la pratique ; mais il serait convenable que la jurisprudence s'arrêtât à l'une d'elles.

Une autre opinion, plus conforme à notre droit, l'égalité entre le père et la mère, est enseignée par un auteur. Il serait à désirer que la Cour et les tribunaux se rattachassent à cette opinion, qui, bien qu'isolée, concilie les droits de la nature avec les dispositions de la loi, et a le mérite d'être conforme au Code Napoléon (voy. Mitachsara, p. 203).

La mère a, sur les biens qu'elle a recueillis dans la succession de son fils, les mêmes droits que la veuve. On peut se reporter à ce que nous avons dit précédemment.

Cinquième ordre d'héritiers. — Des frères.

Nous passons au premier ordre des héritiers en ligne collatérale.

A défaut du père et de la mère, la succession est dévolue aux frères. Les frères germains excluent les frères consanguins ou utérins, et ceux-ci, à leur tour, excluent les fils des frères germains. Les frères partagent la succession par égale part, et sont tenus de donner à leurs sœurs, non mariées, une somme suffisante, sur les biens de la succession, pour pourvoir aux frais de leur mariage. Les sœurs n'héritent donc pas de leur frère; elles n'ont qu'un droit de créance sur la succession. Lors du partage, en cas de communauté, elles interviendront pour la fixation de la somme qui est nécessaire pour la célébration de leur mariage. Lorsqu'elles sont mariées, elles n'ont aucun droit sur la succession. Cette doctrine, résultant de divers textes indous, est enseignée au Digeste de Colebrooke (t. III p. 517). Quelques difficultés pouvant se présenter sur le mode de régler la succession des frères, nous croyons devoir rendre sensible, par des tableaux, le rang des divers héritiers.

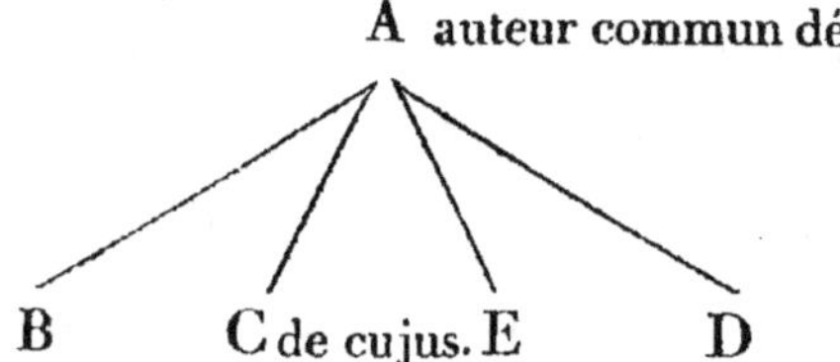

C meurt, laissant pour héritiers ses frères germains, *B* et *D* ; la succession est divisée entre eux par moitié. Retenant le même exemple, *B* et *C* sont frères germains et *D* est frère consanguin. La succession tout entière de *C* est dévolue à *B*, à l'exclusion de *D*. Les frères ont une sœur non mariée, *E* ; ils seront tenus de lui donner, sur la succession, une somme suffisante pour subvenir à ses frais de mariage, s'il vivent en communauté. S'ils sont séparés de biens, la somme a dû être fournie à la sœur par la succession du père ou de l'auteur commun.

Les frères excluent les neveux ; ceux-ci ne peuvent, par représentation, venir prendre la place de leur père, eût-il même, de son vivant, primé ses autres frères.

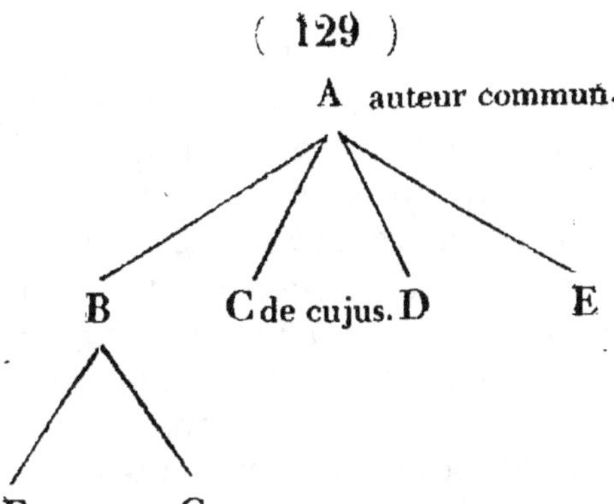

C meurt, laissant deux frères utérins, *D* et *E*, et deux neveux, *F* et *G*, par son frère germain *B*; si *B* eût vécu lors du décès de *C*, il eût exclu *D* et *E*; ses fils, *F* et *G*, ne viendront pas, par représentation, occuper sa place; ils sont exclus de la succession de leur oncle par leurs deux oncles survivants.

A défaut de frères germains, utérins ou consanguins, les neveux héritent de leurs oncles. Les neveux par les frères germains excluent les neveux par les frères utérins et consanguins. Ils ne succèdent par représentation qu'autant que les frères étaient communs en biens avant l'ouverture de la succession; s'ils étaient séparés, les neveux héritent par tête et non par souche.

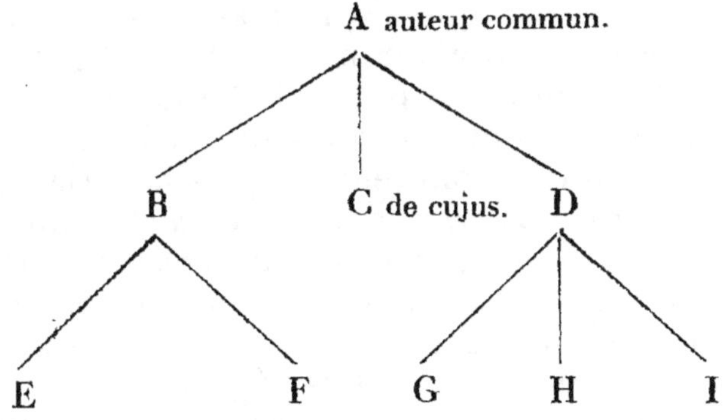

C meurt, ne laissant pour héritiers que ses neveux, *E* et *F*, par son frère *B*, et *G*, *H*, *I*, par son frère *D*.

La succession, au lieu de se diviser en deux portions égales, se partagera entre les cinq cousins, de sorte que la ligne de *D* aura un cinquième de plus que la ligne de *B*. Si les frères *B*, *C*, *D*, étaient en communauté de leur vivant, la représentation a lieu et le partage s'opère *per stirpes* et non *per capita*.

Quelques auteurs admettent également les nièces par les frères ; mais nous pensons que leurs droits ne sont pas plus étendus que ceux des sœurs.

A défaut de neveux, la succession est dévolue aux petits-neveux : l'ordre d'héritiers par les frères s'arrête à eux.

Quid ? Les neveux ou nièces par les sœurs viennent-ils à la succession de leur oncle ? Retenant l'exemple ci-dessus, *C* laisse deux neveux par son frère *B*, et trois neveux ou nièces par sa sœur *D*. La succession se divisera-t-elle entre tous ces neveux ou nièces. Au Bengale, les neveux ou nièces par les sœurs héritent de leur oncle; il n'en est pas ainsi dans les pays qui suivent la doctrine du Mitachsara. En général, les femmes ne succèdent que dans quelques cas spécifiés, et lorsqu'elles sont formellement appelées à la succession. D'après le Mitachsara, la succession en ligne collatérale est dévolue à la ligne agnatique, de mâle en mâle : nous avons déjà vu que les sœurs agnates du défunt, ne sont que créancières de sa succession et non héritières (voy. Strange, t. Ier p. 168, et l'opinion de Sutherland, t. II pp. 253 et 255).

Les frères ont pu dissoudre leur communauté; quelques-uns se sont réunis, après le partage, par un acte séparé. Dans ce cas, la loi règle différemment l'ordre d'hérédité, et tous les frères survivants ne sont pas appelés à la succession du défunt. Les frères réunis héritent de leur commun à l'exclusion de ceux qui sont restés en état de séparation de biens. Le frère germain du défunt réuni, quoique lui-même séparé de biens, concourt avec ses autres frères consanguins, communs en biens avec le *de cujus*.

Les frères séparés n'arrivent à la succession qu'après les frères réunis.

Si la succession est dévolue aux neveux, on suit les règles que nous venons d'établir, pour déterminer leur vocation à l'hérédité.

Il suffira, pour connaître la dévolution de la succession aux autres parents ascendants ou collatéraux, de consulter les tableaux ci-après. Si la succession est déférée aux héritiers cognats, à défaut de parents Sapindas ou Samonadacas, on observera la règle suivante : que les cognats paternels priment toujours à degrés égaux les cognats maternels (voy. le Mitachsara).

Dans le Bengale, les agnates concourent avec les agnats, tandis que, dans les pays qui suivent la doctrine du Mitachsara, la succession est dévolue aux mâles dans la ligne agnatique.

On observera toujours, lorsque la succession est dévolue aux oncles, grands-oncles, le privilége du double lien.

Les cognats.

1. Le fils de la tante paternelle.
2. Le fils de la tante maternelle.
3. Le fils de l'oncle maternel.
4. Le fils de la tante paternelle du père.
5. Le fils de la tante maternelle du père.
6. Le fils de l'oncle maternel du père.
7. Le fils de la tante paternelle de la mère.
8. Le fils de la tante maternelle de la mère.
9. Le fils de l'oncle maternel de la mère.

Ordre des héritiers, d'après le Mitachsara, ou l'école de Bénarès, suivi sur la côte de Coromandel.

1. Le fils.
2. Le petit-fils.
3. L'arrière-petit-fils.

4. La veuve.
5. Les filles.
6. Les fils de fille.
7. La mère.
8. Le père.
9. Les frères.
10. Les fils de frères.
11. La grand' mère paternelle.
12. Le grand-père paternel.
13. Les oncles paternels.
14. Les fils des oncles.
15. La bisaïeule paternelle.
16. Le bisaïeul paternel.
17. Le fils, petit-fils et arrière-petit-fils de celui-ci.

A défaut de ces héritiers, les Samonadacas ou parents jusqu'au quatorzième degré exclusivement.

A défaut de Samonadacas, les Bandhus précités.

A défaut de ceux-ci :

1. Le précepteur spirituel.
2. Le pupille.
3. Le compagnon d'études des Védas.
4. Les Brahmes éclairés.
5. L'État.

Ordre de succession d'après l'école du Bengale.

1. Les fils.
2. Les petits-fils.
3. Les arrière-petit-fils (les descendants au quatrième degré sont rejetés parmi les parents éloignés, et ne sont pas compris dans les Sapindas).
4. La veuve (que son mari soit en communauté ou non).
5. Les filles (les filles stériles, les veuves n'ayant pas d'enfants, et celles qui n'ont que des filles, n'héritent pas).
6. Les fils de fille.

7. Le père.
8. La mère.
9. Le frère.
10. Le fils de frère.
11. Les petits-fils de frère.
12. Les fils de fille de père.
13. Les fils de fille de frère.
14. L'aïeul paternel.
15. L'aïeul maternel.
16. L'oncle paternel.
17. Le fils de l'oncle paternel.
18. Le petit-fils de l'oncle paternel.
19. Le fils de la fille de l'aïeul.
20. Le fils de la fille de l'oncle paternel.
21. Le bisaïeul paternel.
22. La bisaïeule.
23. Le frère de l'aïeul paternel.
24. Le fils de celui-ci.
25. Le petit-fils.
26. Le fils de la fille du bisaïeul paternel.
27. Le fils de la fille de son père.
Vient ensuite la ligne maternelle :
28. L'aïeul maternel.
29. L'oncle maternel.
30. Le fils de l'oncle.
31. Le petit-fils.
32. Le fils de la fille.
33. Le bisaïeul maternel.
34. Son fils.
35. Son petit-fils.
36. Son arrière-petit-fils.
37. Le fils de sa fille.
38. Le trisaïeul maternel.
39. Son fils.
40. Son petit-fils.
41. Son arrière-petit-fils.
42. Le fils de sa fille.

Viennent ensuite les parents éloignés jusqu'au quatorzième degré et, en première ligne, le descendant au quatrième degré.

A défaut de ces héritiers éloignés, la succession est dévolue :

1. Au précepteur spirituel.
2. Au pupille.
3. Au compagnon d'étude des Védas.
4. Aux personnes portant le même nom de famille.
5. Aux Brahmes éclairés.
6. A l'État.

§ 4. DES HÉRITIERS AUX BIENS PARTICULIERS DES FEMMES.

La loi indoue recherche, avons-nous dit, l'origine des biens pour en régler la dévolution. Nous avons un exemple frappant de ce principe, dans l'ordre d'héritiers appelés au Stridhana des femmes. Nous ne reviendrons pas sur ce que nous avons dit au sujet de la capacité des femmes, pour acquérir et posséder des biens particuliers. Nous n'appellerons l'attention que sur la divergence qui existe, entre le Mitachsara et d'autres traités de législation, sur l'étendue du droit des femmes héritières de leur mari ; nous avons précédemment exposé les variations de la législation sur ce point. Quelque soit l'opinion que l'on choisisse, l'ordre de la succession au Stridhana est réglé de la manière suivante d'après le Mitachsara :

1. Les filles.
2. Les petites-filles.
3. Les petits-fils par les filles.
4. Les fils.
5. Les petits-fils.
6. Le mari.
7. Les parents du mari.
8. Les plus proches parents Sapindas du mari.
9. Les parents de la femme, c'est-à-dire, les père et mère.

Tout ce que nous avons dit sur le droit de préférence des filles non pourvues et pauvres, sur les filles pourvues et opulentes, reçoit ici son application. Les petites-filles ne viennent à la succession qu'à défaut des filles, et succèdent par représentation. Au Bengale les petites-filles n'héritent pas : elles recevront quelque chose sur la succession, en signe d'affection.

« 193. Et même, si elles ont des filles, il est à propos de leur donner quelque chose de la fortune de leur grand'mère maternelle, par motif d'affection (Manou, liv. IX). »

Le législateur a omis de dire quelle sera la valeur de ce don, et en quoi il doit consister. Les petites-filles ont-elles un droit, en qualité d'héritières sur la succession de leur aïeul ? Cette prescription de la loi n'a-t-elle que la sanction morale d'un devoir, ou bien les petites-filles pourraient-elles réclamer, en cas d'inobservation de cette règle ? Nous croyons que les petites-filles n'ont le droit de se plaindre qu'autant qu'elles n'ont rien reçu ou que ce qu'elles ont reçu est d'une valeur infime, comparativement à l'importance de la succession. Les tribunaux apprécieront, en ne perdant pas de vue que le droit des petites-filles est limité par ces mots : « motif d'affection. » Lorsque les petites-filles sont appelées à la succession, elles en opèrent le partage par souches.

L'ordre des héritiers, que nous avons énumérés dans les numéros 6, 7 et 8, n'est pas absolu. Le mari n'est appelé dans cet ordre, que quand son mariage a été célébré suivant l'un des quatre modes de Brahma, Daïva, Arsha et Prajapatya. Si le mariage a été célébré d'après les formes de Gandarba, Asura, Rachsasa et Paisacha, les père et mère de la femme succèdent avant le mari.

Les auteurs indous ont établi d'autres distinctions.

fondées sur les causes diverses d'acquisition des biens particuliers : ainsi, pour n'en citer qu'un exemple, les biens acquis par la femme par son travail personnel, qui composent son casuel, appartiennent aux frères germains.

Ces distinctions seront difficiles à établir dans la pratique, et les tribunaux, pour éviter toute incertitude, devront se rattacher à l'ordre général des héritiers, établi par la loi.

Le présent nuptial, fait par l'époux, est renvoyé aux parents de celui-ci, si le mariage n'a pas lieu.

Les biens particuliers des femmes non mariées vont aux frères germains, puis à la mère, et ensuite au père (Baudhayana, Dig. III p. 612).

Ordre général des héritiers aux biens particuliers des femmes, soit au Bengale, soit sur la côte de Coromandel.

1º Si la *de cujus* n'était pas mariée, ses héritiers sont :

1. Le frère.
2. La mère.
3. Le père.

A leur défaut, le parent le plus rapproché.

2º Si la *de cujus* était mariée, et que les biens, composant sa succession, lui eussent été donnés au moment du mariage, les héritiers sont :

1. Les filles non mariées.
2. Celles qui sont fiancées.
3. Celles qui sont mariées.
4. Le fils.
5. Le fils de la fille.
6. Le fils du fils.
7. Le petit-fils du fils.
8. Le fils d'une autre femme.
9. Le fils de celui-ci.
10. Le petit-fils.

D'après le Mitachsara, suivi sur la côte de Coromandel, l'ordre pour les filles est ainsi déterminé :

1. Les filles non mariées avant les filles mariées, et les filles pauvres avant les riches.

2. Les petites-filles par représentation.

Au Bengale, les petites-filles n'héritent pas : on leur donne quelque chose, conformément au texte de Manou que nous avons cité.

A défaut de ces héritiers, si le mariage est célébré par l'un des modes de Brahma, Daïva, Arsha, ou Pradjapatya, la succession est dévolue :

1. Au mari.

2. Au frère.

3. A la mère.

4. Au père.

Si le mariage est célébré par l'un des modes de Paisacha, Asura, ou Rachsasa, la succession est dévolue :

1. A la mère.

2. Au père.

3. Au frère.

4. Au mari.

A défaut de tous ces héritiers, et sans qu'il y ait à distinguer entre les modes de mariage, la succession est dévolue :

1. Au plus jeune frère du mari.

2. Au fils de ce frère.

3. Au fils de la sœur.

4. Au fils de la sœur du mari.

5. Au fils du frère.

6. Au gendre.

7. Au beau-père.

8. Au frère aîné du mari.

3° Si les biens particuliers ne proviennent pas des dons faits par le père, ou au moment du mariage, l'ordre de succession est ainsi établi :

1. Les fils et les filles non mariées, concurremment

2. Les filles mariées, selon les distinctions établies précédemment.

3. Le fils du fils.

4. Le fils de la fille.

5. Le petit-fils du fils, etc.

Ces distinctions, sur l'origine des biens, n'existent qu'au Bengale. D'après le Mitachsara, la succession est dévolue d'abord aux filles, conformément à l'ordre indiqué sous les alinéas précédents.

Droits des femmes et des veuves, soit au Bengale, soit sur la côte de Coromandel.

Nous croyons qu'il est utile de résumer, en quelques mots, la doctrine des jurisconsultes indous sur les droits des veuves et des femmes.

Au Bengale.

1° Les veuves héritent de leurs maris, communs ou séparés de biens. Elles doivent conserver les biens, dont elles n'ont que l'usufruit et l'administration, et les restituer aux héritiers les plus proches de leurs maris : elles sont, en un mot, grevées de substitution. Elles ne peuvent, en conséquence, aliéner, hypothéquer, que dans des cas d'absolue nécessité, pour célébrer des cérémonies religieuses, marier les filles, payer les dettes du mari, etc. Il en est de même pour les filles et femmes qui héritent.

2° Elles conservent les biens tant qu'elles sont chastes, et qu'elles ne dilapident pas ces mêmes biens.

3° Les biens qu'une femme recueille dans la succession de sa mère ne font pas partie de son Stridhana, et passent aux fils, de préférence aux filles.

Dans la pratique, les héritiers présomptifs devraient exiger que la veuve héritière dressât un état de s tous les immeubles. En cas d'aliénation, la femme agira prudemment en faisant insérer dans l'acte la cause de l'aliénation : les acquéreurs ou les créanciers devraient exiger la mention de la cause. Dans ce cas, ils ne seront pas obligés de prouver la sincérité des énonciations de l'acte; la preuve incombera aux héritiers du mari.

Sur la côte de Coromandel.

1° La veuve n'hérite de son mari, qu'autant qu'il meurt séparé de biens. S'il meurt en état de communauté, elle n'a droit qu'à des aliments.

2° Les femmes qui recueillent une succession, sont propriétaires pleines et entières des biens qui leur sont dévolus : ces biens font partie de leur Stridhana.

Dispositions communes au Bengale et sur la côte de Coromandel.

1₀ Dans le cas de concours entre plusieurs veuves sur la succession du mari, on peut adopter l'une ou l'autre des opinions suivantes : 1° toutes les veuves ont un droit égal, et la succession se partage entre elles par égales parts ; 2° la veuve, dont le mariage a été célébré le premier, est seule héritière, et les autres n'ont droit qu'à des aliments. La première opinion paraît être la plus généralement admise : nous avons admis la seconde sur l'autorité de Strange.

2° En cas de partage des acquêts du vivant du père, ses femmes qui n'ont pas d'enfants mâles ont droit à une part de fils : si les fils ont des parts inégales, on prendra la moyenne. Si le père se réserve pour lui la plus forte part, il doit entretenir ses femmes, qui, dans ce cas, n'ont pas droit à une part. Le juge appréciera.

3° La même règle s'applique, en cas de partage

des biens des ancêtres, pour les aïeules paternelles.

4° Elles imputent ce qu'elles ont reçu de leur mari ou de leur beau-père.

5° Les femmes sont en tutelle perpétuelle.

6° La veuve doit demeurer dans la famille de son mari.

7° Les veuves des communs en biens ont droit à des aliments sur les biens de la communauté.

8° Ces aliments doivent leur être fournis en nature. Elles ne peuvent prétendre à une pension alimentaire en argent, qu'autant qu'elles ne seraient pas traitées avec les égards qui leur sont dûs, et selon leur rang.

9° Les femmes peuvent disposer, à titre gratuit et onéreux, de leur Stridhana. La loi indoue leur permet de disposer, sans autorisation, des biens mobiliers en général, et des immeubles qui ne proviennent pas du mari. Il faudrait, toutefois, appliquer, à tous les cas, les articles 217 et 218 du Code Napoléon.

10° Du droit de disposer à titre gratuit dérive le droit de tester. La femme indoue a donc le droit de disposer, par testament, de ses biens particuliers, meubles ou immeubles.

§ 5. DES PARTAGES FAITS PAR LES ASCENDANTS PENDANT LEUR VIE.

Le père peut, de son vivant, opérer le partage de ses biens entre ses enfants. Les règles à observer varient selon que le partage a lieu de biens patrimoniaux, ou de ceux qui ont été acquis par le père. Les biens provenant des ancêtres, doivent être partagés également entre tous les enfants mâles jusqu'au quatrième degré exclusivement : le père n'a pas le pouvoir de disposer arbitrairement des immeubles patrimoniaux, comme nous l'avons déjà dit. Les filsont co-propriétaires, avec le père, de ces immeubles : le père peut disposer librement des meubles.

Les pouvoirs du père, sur les biens qu'il a acquis, sont plus étendus ; il en a la disposition libre et entière ; il peut les aliéner à titre gratuit ou onéreux et les partager d'une manière inégale entre ses fils. Nous aurons à examiner s'il peut exclure tous ou quelques-uns de ses fils, du partage de ces mêmes biens.

La loi règle l'époque du partage : le père ne doit pas l'opérer avant que la femme soit devenue incapable, par l'âge, de lui donner de nouveaux fils. En prévision d'un partage opéré avant cette époque, la loi a fixé les droits des fils nés postérieurement ; elle distingue entre les enfants conçus au moment du partage et ceux qui sont nés à une époque plus reculée. Les premiers sont réputés nés ; leur part est mise en réserve : s'ils ne sont pas compris dans le partage, ils ont un recours contre les co-partageants, par contribution. Les fils qui n'étaient pas conçus au moment du partage, et qui sont nés plus de dix mois après ce partage, n'ont aucun droit sur les biens qui ont été partagés ; ils prennent la totalité des biens que leur père laisse à son décès, que ces biens excèdent ou n'excèdent pas leur part héréditaire. Cette disposition de la loi indoue ne nous paraît pas équitable : elle viole le principe de l'égalité dans les partages et lèsera presque toujours, soit le fils né après le partage, soit ses frères. En effet, si le père ne laisse à son décès que des biens d'une valeur inférieure à une part d'enfant, le fils né après le partage éprouvera une lésion ; si les biens sont, au contraire, d'une valeur supérieure aux biens partagés, les autres fils seront lésés. Il nous semble que, dans un cas pareil, le droit indou pourrait être corrigé par le Code Napoléon ; que le partage opéré du vivant du père devrait être nul pour le tout et recommencé sur de nouvelles bases. Nous appliquerions, en un mot, l'art. 1078 du Code.

Les fils peuvent-ils contraindre leur père à faire le partage des biens des ancêtres ? Cette question a été diversement résolue ; des auteurs leur reconnaissent ce droit d'une manière absolue, et d'autres le limitent aux seuls cas de mort civile du père, survenue par la dégradation ou la profession religieuse. Mais, dans ces derniers cas, c'est la loi qui donne ouverture à la succession et qui permet aux fils de partager entre eux les biens de leur père. L'opinion la plus conforme au respect filial et qui est aussi la plus généralement suivie, est celle qui reconnaît que les fils ne peuvent contraindre leur père à opérer le partage (voyez Strange). Cet auteur ajoute que, dans la présidence de Madras, il est admis que les fils ont le droit d'exiger le partage, lorsque le père et la mère sont avancés en âge et que toutes leurs sœurs sont mariées. Cet usage serait suivi dans les possessions françaises, comprises dans l'étendue de la présidence de Madras ; il serait utile de consulter le comité de jurisprudence indoue sur la coutume locale au sujet de ce droit des fils.

§ 6. DE LA QUOTITÉ DISPONIBLE ET DES RÉSERVES.

Le partage des biens des ancêtres s'opère également entre tous les fils ; le père a droit à une double part, tant pour lui que pour subvenir à l'entretien de sa femme (voy. Colebrooke, Dig., III pp. 27 et 28).

Dans le droit romain, le père de famille pouvait exhéréder ses enfants, par son testament, sans être obligé d'indiquer le motif de cette exhérédation. Les enfants exhérédés pouvaient attaquer le testament par l'action d'inofficiosité : on entendait par acte inofficieux un acte contraire aux devoirs que le sang, l'amitié, la reconnaissance imposent réciproquement à certaines personnes. Cette action ne fut admise que par détour ; on supposa que le père de famille qui exhérédait ses enfants sans motif, n'avait pas l'esprit sain, *hoc colore sanæ mentis non fuerit*, et il fut permis, sous ce prétexte, d'attaquer le testament de nullité. Lorsque le testateur avait laissé au fils exhérédé le quart de ce qu'il aurait eu *ab intestat*, l'action d'inofficiosité n'était pas admise; s'il avait laissé moins que le quart, elle était admise pour la différence; ce quart formait la légitime des enfants.

Justinien apporta à cette législation des modifications très-importantes par ses Novelles 115 et 118. La légitime des enfants fut augmentée et fixée, lorsqu'il y a plus de quatre enfants, à la moitié de la succession, et, au tiers, lorsqu'ils sont au-dessous de ce nombre. Ensuite l'exhérédation ne put avoir lieu que pour cause d'ingratitude : les causes d'ingratitude sont fixées et déterminées à certains cas, dont on peut voir l'énumération au chapitre 3 de la Novelle. Le testament doit contenir le motif de l'exhérédation; et si l'exhérédation a eu lieu sans motif ou pour un autre motif que ceux indiqués par la loi, le testament peut être annulé.

Le droit indou présente, sur ce point, une analogie remarquable avec le droit romain. Le père de famille peut faire, comme il le juge convenable, le partage des biens qu'il a acquis, les distribuer à ses fils vertueux et sages, et exclure du partage ceux qui sont vicieux : la volonté du père forme la règle souveraine. Cependant les jurisconsultes indous admettent que le père ne peut arbitrairement priver ses fils de leur part dans ses biens particuliers; que l'exclusion doit être fondée sur un motif plausible et déterminé; que l'assertion du père ne suffit pas pour établir le motif d'exclusion; que le fils exhérédé ou omis, peut avoir recours au roi (Catyayana, Nareda, Dig., t. II pp. 540, 541). Un texte de Nareda indique, pour admettre l'action des enfants, les mêmes raisons que les Prudents, à Rome, avaient données pour introduire la plainte d'inofficiosité. Il dit qu'un père de famille, dont l'intelligence est troublée par la maladie, dont l'esprit est agité par la colère ou toute autre passion, n'a pas le pouvoir de faire un partage contrairement à la loi.

La législation romaine est, sur ce droit des fils à attaquer le partage inégal des biens particuliers, le meilleur commentaire de la législation indoue. Les tribunaux pourront donc appliquer les dispositions de la Novelle 115 sur les motifs d'exclusion, concurremment avec la disposition du Code sur les réserves. Nous n'avons voulu établir qu'une seule chose : que le père de famille ne peut, sans des motifs graves et justifiés, exclure tous ou quelques-uns de ses fils, du partage de ses biens; que les enfants omis ou exclus, ont le droit de se plaindre et d'attaquer le partage; que la preuve qu'ils ont été légitimement exclus, incombera au père de famille ou aux fils qui ont été compris dans le partage. Nous le répétons, la Novelle 115 sera un guide sûr dans toutes ces questions.

La doctrine du Mitachsara confirme l'opinion que nous émettons. Le père, d'après ce traité de législation, ne peut disposer arbitrairement des immeubles des ancêtres ou de ceux qu'il a acquis; il a la libre disposition des meubles; il a la disposition des immeubles des ancêtres ou de ceux qu'il a acquis dans certains cas déterminés.

§ 7. DU PAYEMENT DES DETTES DE LA SUCCESSION.

Les héritiers ne doivent procéder au partage des biens laissés par le défunt, qu'après avoir acquitté intégralement les dettes qu'il a contractées.

Les héritiers ne sont pas tous tenus, de la même manière, des dettes du défunt : quelques-uns en sont tenus *ultrà vires*, et d'autres n'en sont tenus que comme successeurs aux biens et de la même manière que l'héritier sous bénéfice d'inventaire dans notre droit.

Les héritiers qui sont tenus des dettes de la succession *ultrà vires*, indépendamment des biens qu'ils ont recueillis, sont les fils et petits-fils. Il y a même une différence entre l'obligation du fils et celle du petit-fils : ce dernier n'est tenu que du capital de la dette et non des intérêts. Cette obligation de payer les dettes est imposée en vue de l'accomplissement d'un devoir religieux envers le défunt, qui reste dans un séjour d'horreur, tant que ses dettes n'ont pas été acquittées. William Jones, selon une note insérée au Digeste de Colebrooke, en a conclu que les fils n'étaient pas tenus civilement de payer les dettes de leur père *ultrà vires;* qu'ils n'en étaient tenus que moralement. Cette opinion nous semble douteuse et repoussée par divers textes que l'on peut voir dans Colebrooke (Dig., t. 1er pp. 270 et suivantes). Nous reconnaîtrions donc, en principe, que les fils et les petits-fils, sous la réserve indiquée plus haut, sont tenus *ultrà vires* des dettes de leur père.

Les petits-fils sont-ils tenus de payer les intérêts de la dette, lorsque le père a laissé des biens d'une valeur suffisante pour acquitter toutes les dettes en capital et intérêts? L'affirmative ne nous semble pas douteuse : le petit-fils, dans ce cas, ne doit pas être dans une position plus favorable que les successeurs aux biens, qui sont tenus de payer la dette dans son intégralité, jusqu'à concurrence des forces de la succession. Le privilége des petits-fils est restreint au seul cas où le père n'aurait laissé aucun actif ou n'aurait laissé qu'un actif insuffisant pour payer ses dettes : *favores non ampliandi.*

Les autres héritiers, tels que les arrière-petits-fils, les veuves, les frères, oncles, cousins, etc., ne sont pas tenus des dettes *ultrà vires;* ils n'en sont tenus que sur les biens de la succession et jusqu'à concurrence de l'actif. Ce principe est clairement établi dans tous les textes de droit indou qui traitent de ces questions.

Nous nous bornerons à citer les autorités suivantes :
Vrihaspati, Dig., t. Ier pp. 265, 274 et 275 ; Yajnya-
valaya, Dig., t. Ier pp. 270 et 271.

Les fils ne sont tenus, *ultrà vires*, que pour leur
part héréditaire. Si l'un d'eux consent à acquitter
toutes les dettes, il sera obligé au payement envers
ses co-héritiers, sans préjudice de l'action des créanciers (Nareda, Dig., t. Ier p. 267). Ils ne sont tenus de
payer les dettes qu'autant qu'ils sont héritiers : ainsi,
ceux qui sont incapables d'être héritiers, ne sont pas
obligés de payer les dettes du défunt.

Les fils ne sont pas tenus de payer toutes les dettes
de leur père. La loi établit une exception pour les
dettes qui ont une cause illicite, telles que celles qui
ont été contractées au jeu ou pour l'achat de liqueurs
spiritueuses : les créanciers n'ont pas d'action personnelle contre le fils pour le payement de ces dettes.
Sont également exceptées les dettes contractées par
le défunt pour fait de commerce ou en qualité de
caution. Les commentateurs font remarquer, avec
raison, que, dans ces deux derniers cas, les fils
seraient tenus de payer, et que les textes qui ont
établi l'exception sont tombés en désuétude (Dig.,
t. Ier pp. 305 et 306).

Les fils sont-ils, du vivant de leur père, tenus d'acquitter les dettes qu'il a contractées et peuvent-ils
être poursuivis par les créanciers ? Ils ne sont tenus
des dettes contractées par le père, en règle générale,
qu'après sa mort ou le partage opéré de son vivant ;
ils ne sont obligés qu'après le débiteur principal et
non concurremment avec lui. Dès lors, ils ne peuvent
être poursuivis par les créanciers du père, qu'après
que l'hérédité s'est ouverte ou après le partage ; et,
dans ce dernier cas, pour les dettes qui auraient
acquis date certaine antérieurement au partage. Ils
sont poursuivis, dès lors, non comme héritiers et
obligés personnellement à la dette, mais comme

détenteurs des biens. Tel est, ce nous semble, le principe général.

La loi indoue a admis quelques exceptions fondées sur l'incapacité du débiteur d'administrer ses propres affaires : les fils peuvent être alors contraints au payement des dettes. Ces cas sont indiqués ainsi qu'il suit : 1° l'absence pendant 20 ans, 2° une maladie incurable, 3° la démence, 4° la décrépitude, 5° la surdité et la cécité congéniales. Les fils sont tenus, plutôt comme administrateurs et gérants de la fortune de leur père, que comme obligés personnellement à la dette. Hors de ces cas, le débiteur seul peut être poursuivi par les créanciers (Dig., t 1er pp. 271 et 278). La question que nous examinons est résolue en principe : le fils n'est jamais tenu personnellement de la dette du père, du vivant de celui-ci ; il peut en être tenu accidentellement comme détenteur des biens, après un partage, ou dans les cas exceptionnels que nous avons énumérés.

Le père, à moins de convention contraire, n'est pas, à proprement parler, en communauté avec ses fils. Les fils ont, il est vrai, un droit de co-propriété avec le père sur les biens des ancêtres, mais ce droit est moins étendu que celui des communs. Ainsi le chef de la communauté n'a qu'un droit de simple administration, c'est-à-dire, qu'il ne peut aliéner les meubles ou les immeubles de la communauté qu'avec le consentement exprès ou tacite de ses communs en biens. Le père de famille a, au contraire, le droit de disposer, à titre onéreux ou à titre gratuit, des meubles des ancêtres, sans l'autorisation de ses fils ; son pouvoir n'est limité qu'en ce qui regarde les immeubles. La législation indoue, du reste, est loin d'être précise sur cette importante question du pouvoir du père sur les biens patrimoniaux. Des jurisconsultes accordent au père le droit de disposer des biens des ancêtres et d'autres le lui refusent : parmi ces derniers, les uns attachent, à la prohibition d'aliéner sans le consentement des fils, une sanction civile, c'est-à-dire, la peine de nullité, et d'autres n'y attachent qu'une sanction religieuse. Nous établirions une distinction entre les actes de disposition à titre onéreux et ceux à titre gratuit. Le père pourrait disposer à titre onéreux des biens, sauf l'action *de dolo* de la part de ses fils : il lui serait interdit de disposer, à titre gratuit, si ce n'est pour doter des enfants, célébrer certaines cérémonies religieuses, sans le concours et la participation de ses fils.

Les dettes se divisent de plein droit entre les héritiers en ligne directe descendante, qui ne sont tenus que jusqu'à concurrence de leur part héréditaire. Si la dette était garantie par une hypothèque, solidaire ou d'une chose indivisible, l'un des héritiers pourrait être poursuivi pour le tout, sauf son recours contre les autres co-héritiers. Les règles établies par le Code Napoléon sont applicables en cette matière.

D'après le Mitachsara, les fils sont tenus des dettes contractées par leur mère, lors même qu'ils n'arrivent pas à la succession de son Stridhana et qu'ils sont primés par les filles. Cette règle doit être limitée autant que possible, car il n'est pas équitable que les filles s'enrichissent aux dépens de leurs frères. Il serait peut-être avantageux de n'obliger les fils au payement des dettes de leur mère, qu'autant que ces dettes auraient été contractées dans l'intérêt du mari, avec son assentiment, ou qu'il en aurait profité. Si les dettes avaient été contractées par la femme dans son intérêt exclusif, pour l'administration ou l'amélioration de ses biens particuliers, nous serions d'avis que les filles seules fussent tenues de les payer. En cas de dette hypothécaire, les filles auraient recours contre les fils dans le cas que nous indiquons, si le créancier avait exproprié l'immeuble affecté à sa créance (Mitachsara, p. 64).

Les fils peuvent-ils renoncer à la succession de leur père ? Nous tenons pour l'affirmative, d'après le texte suivant de Manou, liv. IX :

« 207. Si l'un des frères est en état d'amasser de la fortune par sa profession, et n'a pas besoin du bien de son père, il doit renoncer à sa part, après qu'on lui a fait un léger présent, afin que, par la suite, ses enfants ne puissent pas élever de réclamation. »

Ce texte suppose que la succession n'est pas obérée de dettes : néanmoins nous le généraliserions, et nous en ferions l'application dans tous les cas. Les personnes qui pensent que le fils ne peut pas renoncer à la succession de son père, s'appuient sur l'obligation imposée par la loi au fils d'acquitter toutes les dettes de son père, afin de le tirer du séjour d'horreur où il resterait plongé, si ses dettes n'étaient pas payées. Dans cette opinion, les fils sont héritiers *sui et necessarii*. En cas de doute, nous pensons qu'il faut adopter le principe de notre législation, qui admet la renonciation aux successions.

Les héritiers, autres que les fils et petits-fils ne sont pas tenus personnellement des dettes du *de cujus;* ils n'en sont tenus que sur les biens qu'ils ont recueillis, et au prorata de la valeur de ces biens. Ainsi, pour ne citer qu'un exemple, la femme hérite des biens de son mari, décédé sans postérité mâle, et en état de séparation de biens; elle est tenue d'acquitter toutes les dettes qu'il a contractées, en capital et intérêt. Le défunt a laissé 50,000 francs d'actif et 60,000 francs de passif : la veuve héritière ne payera que 50,000 francs, valeur représentative des biens qu'elle a recueillis. Il nous paraît incontestable que l'héritier, pour éviter les embarras d'une liquidation difficile, peut délaisser la succession aux créanciers du défunt. La loi indoue n'indique aucun mode de procéder, dans cette occurrence : nous croyons que

l'héritier doit être assimilé à l'héritier bénéficiaire
dans notre droit, et doit faire sa renonciation au
greffe du tribunal. Il serait bon qu'il ne fît cette
renonciation, qu'après inventaire fidèle et exact de
tout ce qui compose la succession. La peine qu'il
encourrait, pour omission de cette formalité, serait
d'être obligé d'opérer la liquidation et de répondre à
l'action des créanciers, et il pourrait être tenu de
payer toutes les dettes s'il était établi qu'il a détourné
ou laissé détourner une partie des biens. Il n'est pas
possible, d'après les termes si précis du droit indou,
de le déclarer héritier pur et simple. Les héritiers,
autres que le fils et le petit-fils, ne sont, on ne saurait
trop le répéter, que des successeurs aux biens. Le
renonçant aurait à transmettre son acte de renonciation au curateur aux biens vacants, et à le signifier
à l'ordre subséquent des héritiers.

Quid? Le père fait, de son vivant, un partage de
tous ses biens; il contracte de nouvelles dettes et acquiert d'autres biens : les fils et petits-fils qui ont concouru au partage seront-ils tenus de payer ces dettes?
D'après le texte de Vrihaspati indiqué, le fils né après
le partage, hérite, à l'exclusion de ses autres frères,
de tous les biens acquis par le père postérieurement
au partage et est également tenu de toutes les dettes
contractées par lui. Les autres fils ne sont tenus de
ces dettes, qu'autant que leur frère, né après le partage, se trouve dans l'impossibilité de les payer. Le
créancier devra donc poursuivre ce fils, et subsidiairement, et, en cas de non-payement, les autres fils
(Dig., t. Ier pp. 279 et 280).

En traitant du partage, nous avons fait observer que
l'article 1078 du Code Napoléon nous semblait applicable : la question, dès-lors, devient sans intérêt.

Les successions vacantes sont régies par l'arrêté
suivant :

(151)

Arrêté du 29 avril 1844.

« Art. 1er. Est réputée vacante, dans les Établisse-ments français de l'Inde, toute succession ouverte qui n'est réclamée par aucun ayant-droit, présent ou légalement représenté sur les lieux, ou aban-donné, soit par l'absence des héritiers présomptifs, soit par leur renonciation.

« Sont réputés vacants, tous autres biens dont les propriétaires ne sont ni présents, ni représentés dans la colonie.

« Les dispositions ci-dessus ne s'appliquent pas aux successions des fonctionnaires, marins et autres sa-lariés, régies par des lois particulières.

« Art. 2. Le curateur aux biens vacants est chargé de gérer et administrer les successions vacantes et biens d'absents.

« En conséquence, dès qu'il apprendra qu'une suc-cession est ouverte dans l'Établissement de sa rési-dence, et qu'il n'existe personne sur les lieux, pour la recueillir, le curateur provoquera aussitôt l'appo-sition des scellés, si, déjà, ils n'ont été mis. Dans les trois jours qui suivront ladite apposition, il fera les diligences nécessaires pour qu'au jour indiqué par le procureur du roi et en sa présence, ou en présence du magistrat qu'il aura délégué pour le remplacer, il soit procédé à la levée des scellés et à la confection de l'inventaire estimatif des valeurs, meubles et im-meubles, titres, papiers, créances actives et passives dépendantes de ladite succession.

« Il sera procédé à l'estimation des objets par le com-missaire-priseur, ou, à défaut, par tel expert qui sera appelé et qui procédera, après avoir prêté ser-ment, entre les mains du procureur du roi, de bien et fidèlement remplir sa mission.

« Art. 3. Dans le cas où la succession paraîtrait in--

digente ou composée d'un très-petit nombre d'objets
apparents, faciles à reconnaître, suivant l'appréciation
du juge de paix, lesdits effets seront constatés, dé-
crits et estimés dans le procès-verbal dressé par lui
lors de son premier transport, sans qu'il soit nécessaire d'apposer les scellés, ni de faire un inventaire
plus détaillé de ladite succession.

« Art. 4. Au fur et à mesure de la confection de
l'inventaire, ou dans le cas énoncé au précédent article,
sur le procès-verbal qui aura été dressé par le juge
de paix, le curateur sera chargé des biens et effets de
la succession, pour en rendre compte ainsi qu'il sera
dit ci-après :

« Art. 5. Par un avis affiché à la porte du domicile
du défunt, et à la porte principale de la Cour royale
à Pondichéry, et en outre à la porte du Tribunal de
première instance et de la justice de paix, dans tous
les Établissements, les créanciers seront prévenus
que, dans le délai de trois mois, ils ont à produire
leurs titres ou réclamations, soit au curateur, soit au
notaire ou tabellion chargé de la confection de l'inventaire, pour y être portés.

« Art. 6. Un conseil de curatelle composé du procureur du roi, qui présidera, du juge de paix et du
curateur, s'assemblera une fois par mois. Le curateur
fera l'exposé de la situation des successions nouvelles,
et des difficultés qui pourront s'élever dans leur gestion. Le conseil lui donnera les directions nécessaires,
soit pour l'administration des successions, soit pour la
confection du tableau des créanciers, soit pour toutes
affaires contentieuses qui peuvent survenir. Le défenseur de la curatelle pourra être appelé audit conseil. Il n'aura que voix consultative, ainsi que le curateur. En cas de dissentiment, l'opinion du procureur du roi sera prépondérante.

« Il sera tenu registre des délibérations et des décisions qui seront prises, lesquelles seront signées par
les membres du conseil et par le curateur.

«Le procureur général continuera d'exercer, comme par le passé, une surveillance générale et supérieure sur la gestion du curateur.

«Art. 7. Le curateur fera le recouvrement des sommes qui pourront être dues aux successions vacantes, et toutes les poursuites nécessaires auxdits recouvrements; il procédera, tant en demandant qu'en défendant, à toute action judiciaire qu'il serait nécessaire de soutenir dans l'intérêt desdites successions.

«Néanmoins, il ne pourra intenter une instance ou y répondre, que sur l'autorisation motivée du conseil de curatelle. A défaut de ladite autorisation, les frais, en cas de condamnation, tomberont à la charge personnelle du curateur.

«Art. 8. Aucune dépense, pour compte des successions vacantes, ne pourra être faite, aucun créancier privilégié desdites successions ne pourra être payé, que sur l'autorisation du procureur du roi, qui apposera son visa et son approbation sur la demande du curateur, ou sur le titre ou la quittance du créancier.

«Art. 9. Lorsque l'inventaire sera terminé, le curateur se pourvoira, par requête, devant le Tribunal de première instance, pour être autorisé à faire vendre les meubles et effets mobiliers de la succession, laquelle vente aura lieu publiquement, après les affiches et publications d'usage, par le ministère du commissaire-priseur.

«En cas d'urgence ou si les meubles sont susceptibles de se détériorer, la vente pourra être autorisée de suite, après qu'ils auront été inventoriés et avant la clôture de l'inventaire.

«Art. 10. Dès que l'actif et le passif d'une succession seront connus, il sera dressé, par le curateur, un tableau des créanciers qui se seront fait connaître, en distinguant : 1° les créanciers privilégiés, 2° les créanciers hypothécaires, 3° les créanciers chirographaires, 4° les créanciers dont les réclamations seront jugées de nature à être écartées. Ce tableau, visé par le procureur du roi, après avoir été soumis au conseil de curatelle, demeurera déposé au greffe du Tribunal de première instance pendant trois mois. Il sera donné avis dudit dépôt par nouvelles affiches apposées conformément à l'article 5 ci-dessus, pour être ledit tableau communiqué à tous intéressés, lesquels seront admis à y faire opposition, tant sur le rang que sur l'admission ou le rejet des créances. Ces contestations seront portées par la partie intéressée à l'audience du Tribunal, qui, le délai de trois mois expiré, en statuant sur le mérite desdites oppositions, s'il y en a, homologuera ou rectifiera définitivement le tableau des créanciers.

« Art. 11. En cas de contestation, l'appel du jugement d'homologation ne sera recevable, que s'il a été interjeté par les parties intéressées, dans la quinzaine du jour de la signification dudit jugement à leur conseil agréé, s'il en a été constitué en cause, ou au domicile de la partie, si elle a poursuivi ou comparu en personne.

« Art. 12. Après le jugement, s'il n'y a pas d'appel, et en cas d'appel après la décision définitive, le curateur distribuera les deniers disponibles, conformément au tableau homologué suivant les rangs et priviléges pour les créanciers hypothécaires, et au prorata et par contribution, pour les chirographaires. Les payements seront effectués ainsi qu'il sera dit ci-après article 19 du présent arrêté.

« Art. 13. Au moyen du mode de liquidation adopté ci-dessus, aucun créancier ou prétendant droit ne sera recevable à exercer des poursuites, faire prononcer des condamnations, ou prendre des inscriptions hypothécaires contre une succession vacante. Les productions de titres ou de réclamations, soit à l'inventaire, soit au curateur, vaudront saisie-arrêt ou opposition entre ses mains, sans autres frais ni procédures, et il en sera décidé par justice, par un seul et même jugement, lorsqu'il sera définitivement statué sur l'homologation du tableau des créanciers.

«Tous créanciers ayant le même intérêt seront tenus de s'entendre pour être représentés par le même conseil agréé; à défaut, l'augmentation des frais restera à leur charge.

« Art 14. Dans toutes les causes intéressant les successions vacantes et biens d'absents, lesquelles seront poursuivies, tant activement que passivement, et jugées comme affaires urgentes, aucun jugement ne pourra être prononcé qu'après avoir entendu le ministère public.

«Art. 15. Le curateur administrera les immeubles en bon père de famille ; il sera tenu d'en tirer le meilleur parti possible, en les louant ou en les affermant aux personnes, clauses et conditions approuvées par le conseil de la curatelle auquel il en sera rendu compte. Les réparations nécessaires auxdits immeubles seront faites sur la même autorisation. Mais, lorsque le prix de ces réparations excédera cinquante roupies, elles ne pourront avoir lieu qu'après avoir été autorisées par le Tribunal de première instance, sur les conclusions du ministère public.

« Art. 16. Le curateur pourra poursuivre la vente judiciaire des immeubles dans le cas où le produit des ventes ou recouvrements mobiliers des successions ne serait pas suffisant pour en acquitter les charges ; ou quand les immeubles ne pourront, dans le délai d'une année, produire un revenu suffisant pour éteindre les dettes, ou, enfin, quand il y aura nécessité absolue de réparations ou reconstructions dont le coût excédera les moyens disponibles de la succession, pour des bâtiments dont le dépérissement occasionnerait une perte considérable dans la valeur de l'immeuble.

« Art. 17. Dans ces différents cas, la vente des im-

meubles sera ordonnée par le Tribunal sur les conclusions du ministère public , après que la nécessité et
l'aperçu estimatif des réparations et reconstructions
seront établis sans frais par un avis de la direction des
ponts et chaussées, et qu'il sera justifié, par l'état de
la succession dressé par le curateur , qu'il n'y a ni
deniers, ni revenus présents et à venir disponibles, ni
aucun autre moyen pour faire lesdites réparations et
reconstructions, ou pour satisfaire aux dettes.

« Art. 18. La vente sera faite aux enchères publiques
à l'audience des criées du Tribunal de première instance, par le juge que le juge royal commettra à cet
effet, en présence du procureur du roi. Seront observées les formalités prescrites par le règlement local
du 26 novembre 1785, concernant la vente des immeubles, pour assurer la publicité et la concurrence.

« Art. 19. Le curateur tiendra un registre journal
coté et paraphé par le juge royal , sur lequel il ins-
crira , jour par jour, sans blancs ni interlignes, les
recettes et les dépenses intéressant les successions
vacantes et biens d'absents. Il tiendra, en outre, un
registre de comptes-courants ouverts pour chaque
succession ou chaque absent intéressé.

« Ces deux registres devront, pour chacun des articles, porter des numéros correspondants.

«Art. 20. Tous les fonds dont le curateur sera saisi,
soit par les ventes mobilières ou immobilières et par
les recouvrements, soit par le produit des baux à loyer
ou à ferme, soit par les deniers comptants trouvés
lors de l'inventaire , seront immédiatement versés au
Trésor, aux termes de l'arrêté du 7 mars 1842, sur
la demande du curateur signée par le procureur du
roi. Ces versements seront effectués sous la déduction des sommes affectées aux payements de dépenses
courantes indispensables, ou de créances privilégiées
urgentes, déjà autorisés ainsi qu'il a été réglé ci-dessus.

« Dans aucun cas et sous la responsabilité du curateur, il ne pourra être fait emprunt, transport ou
imputation de fonds, d'une succession à une autre.
Les fonds perçus pour chacune des successions vacantes ne pourront, sous aucun prétexte, être détour-
nés de leur application exclusive à la succession à
laquelle ils appartiendront.

« Art. 21. Lorsque le tableau des créanciers d'une
succession aura été définitivement homologué, les
sommes nécessaires pour le payement desdits créanciers, seront remises par le trésorier au curateur, sur
un simple ordre de payement.

« Art. 22. L'entrée et la sortie des fonds au Trésor
aura lieu conformément à l'arrêté précité du 7 mars
1842, sans affectation par succession; mais, après la
liquidation définitive d'une succession, le produit net
sera, sur le compte-rendu et les pièces justificatives
produites par le curateur, admis en recette au Trésor,
au compte «successions vacantes», avec indication
de la succession à laquelle ils appartiennent.

« Art. 23. Dans le premier mois de chaque année,
après la rentrée de la Cour royale, le curateur rendra les
comptes de la gestion de l'année précédente, lesquels
seront réglés et apurés par la Cour, après avoir entendu le ministère public.

« Art. 24. Après la cinquième année de la gestion du
curateur, chaque succession vacante qui n'aura pas
été réclamée pendant le temps de ladite gestion, sera
présumée en déshérence. En conséquence, l'arrêt d'a-
purement définitif ordonnera que les successions, dans
ce cas, seront remises en la possession de l'Administration : le curateur, sur l'état de liquidation et le
compte apuré par la Cour, à l'expiration de la dernière
année de sa gestion, fera remise à l'Administration,
des biens, meubles et immeubles, titres ou papiers
généralement quelconques appartenant auxdites successions ; les deniers, s'il y en a, seront versés au

Trésor ; il sera donné décharge au curateur, et lesdites successions cesseront de figurer sur les comptes qui doivent être annuellement réglés par la Cour.

« Lesdits biens seront gérés et administrés pour compte et à la charge du domaine colonial.

« Art. 25. Le domaine, mis en possession, fera les fruits siens, et, si les héritiers habiles à succéder se présentent et obtiennent contre lui la remise de la succession, il ne sera obligé qu'à restituer les biens tels qu'ils se trouveront au moment de la demande, ou le capital du prix s'ils ont été vendus, sans être tenu à aucune indemnité pour pertes ou dégradations.

« Art. 26. Il n'y aura pas lieu à la gestion du curateur, dans toute succession pour laquelle il aura été nommé, par le testateur, un exécuteur testamentaire qui aura accepté. Néanmoins, le curateur devra requérir l'apposition des scellés, s'ils n'ont déjà été mis, et assistera à la confection de l'inventaire dans l'intérêt des absents, sans qu'il soit nécessaire d'appeler un second notaire ou tabellion.

« En aucun cas, l'exécuteur testamentaire ne pourra se mettre en possession des biens de la succession vacante, avant d'avoir communiqué le testament au curateur, qui y apposera son visa et qui pourra ensuite former toutes oppositions ou actions en nullité.

« A l'expiration de l'an et jour à compter du décès du testateur, si les héritiers ne se sont pas présentés, ledit exécuteur testamentaire devra rendre compte de sa gestion au curateur, lequel sera tenu de l'y contraindre par toutes voies de droit, sous peine d'être personnellement responsable de sa négligence.

« Art. 27. Il n'y aura pas lieu, également, à la gestion de la curatelle, lorsque dans une succession échue à plusieurs héritiers, ou dans une association de commerce ou de culture, dont le défunt faisait partie, l'un des héritiers ou des associés se trouvera présent, ou légalement représenté sur les lieux.

« Dans ce cas, comme dans celui prévu à l'article 25 qui précède, le curateur requerra l'apposition des scellés et assistera à l'inventaire dans l'intérêt des absents. Pourra aussi l'héritier présent, sur la demande du procureur du roi, et l'avis du conseil de curatelle, être soumis par le Tribunal civil, à fournir caution de sa gestion, en ce qui concerne la part et les droits des absents.

« Quant à l'associé, il restera chargé de la gestion, sans caution, jusqu'à la dissolution de la société, si elle doit continuer avec les héritiers, ou jusqu'à la fin de sa liquidation. Pourra, dans ce cas, le curateur, surveiller la gestion, se faire exhiber les livres, et faire tous actes conservatoires dans l'intérêt des absents.

« Art. 28. Le curateur se mettra en possession des effets de tout étranger, décédé dans la colonie, dans le cas où il ne se trouverait sur les lieux aucune personne notable de sa nation qui puisse en être chargée; auquel cas le curateur fera inventaire des effets délaissés, en opérera la vente en observant les formalités prescrites, satisfera aux dettes contractées dans la colonie, et, s'il existe un reliquat, il le fera parvenir avec son compte de gestion au Gouvernement auquel appartenait cet étranger.

« Art. 29. Dès l'instant qu'il sera saisi d'une succession, le curateur sera tenu de s'enquérir, tant par la correspondance, papiers et titres du défunt, que par tous autres moyens, des noms et de la résidence de ses héritiers. Il devra, sans délai et par triplicata, leur adresser des lettres d'avis par l'intermédiaire du procureur général, dans le ressort duquel ils auront leur résidence; lesdites lettres seront expédiées par le procureur général de Pondichéry.

« Dans le cas où les héritiers présomptifs ou ayants-droit seraient domiciliés à l'étranger sur le territoire continental de l'Inde, ces lettres seront transmises à l'autorité étrangère de leur domicile ou de leur résidence par le Gouvernement local.

«Art. 30. Tous les six mois, le curateur dressera un état des successions vacantes ouvertes et tombées entre ses mains pendant le semestre expiré, concernant des Européens ou descendants d'Européens. Cet état indiquera, autant que possible, les nom et prénoms de la personne décédée, son âge, le lieu de sa naissance, sa profession, son domicile, l'époque et le lieu de son décès, le montant, sauf liquidation et après l'inventaire, de l'actif de la succession, et de son passif, enfin le nom de ses héritiers présomptifs et leur domicile ou résidence s'ils sont connus, ou la déclaration qu'ils sont inconnus.

« Dans le mois qui suivra l'expiration du semestre, cet état sera remis au Chef du service administratif, pour être, par le Gouverneur, adressé à Son Excellence M. le Ministre de la marine et des colonies.

«Annuellement, lorsqu'il y aura lieu, il sera adressé, par le curateur, un état des sommes qui devront être remises en France aux héritiers connus des successions par lui gérées. Cet état, visé par le Procureur général et l'Inspecteur colonial, indiquera le montant des sommes par succession, et les noms, professions et domiciles des héritiers. Il sera envoyé à Son Excellence le Ministre de la marine et des colonies, par l'intermédiaire du Gouverneur.

«Art. 31. Dans tous les cas, le curateur sera tenu de rendre compte, à la première réquisition du ministère public, soit à celle de l'héritier ou de son fondé de pouvoirs, dès que ces derniers se présenteront et seront légalement reconnus.

«Art. 32. Le curateur percevra une commission de cinq pour cent sur le produit des ventes mobilières et immobilières, ainsi que sur les sommes recouvrées, et d'un pour cent sur l'argent trouvé en nature lors de l'inventaire.

«Lorsque le curateur n'aura pas été mis en possession, il n'aura droit qu'à des vacations pour toutes
opérations auxquelles il aura assisté, lesquelles sont
réglées conformément aux vacations accordées aux
conseils agréés européens.

«Tous les frais de justice et de recouvrement, tous
les procès qu'il sera obligé de suivre, tant en demandant qu'en défendant, avec les autorisations nécessaires, sont à la charge de la succession.

« Art. 33. Il sera statué sur le cautionnement du
curateur, soit lors de la mise à exécution de la législation concernant l'enregistrement dans les Établissements français de l'Inde, soit à toute autre époque,
s'il est jugé nécessaire.

« Art. 34. Un conseil agréé près les Tribunaux de
la colonie, pourra être choisi par le conseil de curatelle et attaché au service judiciaire près du curateur.

« Il procédera gratuitement, pour compte des successions indigentes, lorsqu'elles devront supporter les
frais. Les expéditions et actes nécessaires auxdites
successions seront faits ou délivrés en débet par les
greffiers et officiers ministériels requis, sauf payement
en cas de rentrée.

« Néanmoins, le curateur pourra agir et se présenter
lui-même en justice, dans les affaires concernant sa
gestion, avec l'assentiment du conseil de curatelle.

« Art. 35. Dans les Établissements secondaires, les
curateurs resteront chargés de la curatelle, sous les
formes, règles et conditions ci-dessus énoncées.

« Le Tribunal de première instance, outre ses fonctions habituelles, y remplira les attributions de la
Cour royale pour le règlement des comptes annuels.
Les lettres d'avis énoncées en l'article 29 qui précède,
et les états semestriels, y seront adressés par le chef
de service au Gouverneur à Pondichéry. Le jugement
rendu pour l'apurement des comptes de la curatelle,
sera envoyé, tous les ans, par le procureur du Roi au

Procureur général, avec un rapport sur l'état des successions vacantes et la gestion du curateur.

« Dans les Établissements secondaires de Mahé et Yanaon, les attributions du conseil de curatelle seront exercées par l'officier d'administration remplissant le ministère public.

« Art. 36. Sont abrogés tous règlements et arrêtés antérieurs sur la curatelle des successions vacantes et biens d'absents, en ce qu'ils ont de contraire au présent. »

CHAPITRE VIII.

Des Contrats.

Le droit indou ne présente, sur cette matière, aucune disposition importante qui ne se retrouve également dans le Code Napoléon : nous n'aurons donc à examiner ici que quelques dispositions de législation locale en vigueur et des questions réglées par la jurisprudence. Tout ce qui a trait à la formation des obligations, aux vices qui les entachent de nullité et à leur extinction, est réglé par le Code. Nous avons vu que la capacité de s'obliger n'est pas réglée, dans le droit indou, de la même manière que dans le droit français ; il suffira de se reporter à ce que nous avons dit à ce sujet sous les chapitres précédents.

Le droit indou limite le cumul des intérêts ; il dispose que les intérêts n'excéderont jamais le capital. Cette disposition sage a toujours été appliquée par les tribunaux, aux obligations entre Indiens. Elle est établie par Manou, au livre VIII de ses lois, en ces termes :

« 151. L'intérêt d'une somme prêtée, reçue en une seule fois et non par mois ou par jour, ne doit pas dépasser le double de la dette, c'est-à-dire, ne doit pas monter au delà du capital que l'on rembourse en même temps ; et, pour du grain, du fruit, de la laine ou du crin, des bêtes de somme prêtées pour être payées en objets de même valeur, l'intérêt doit être au plus assez élevé pour quintupuler la dette.

152. Un intérêt qui dépasse le taux légal et qui s'écarte de la règle précédente, n'est pas valable ; les sages l'appellent procédé usuraire : le prêteur ne doit recevoir, au plus, que cinq du cent.

Le Code Napoléon n'est pas la seule législation à consulter sur les contrats et obligations ; les édits et arrêtés de règlement du Conseil supérieur applicables à Pondichéry, contiennent, sur les contrats et obligations, des règles spéciales qu'il est utile de rappeler. L'arrêté local du 6 février 1819, qui promulgue dans nos Établissements le Code civil et le Code de procédure, porte que : « tous les règlements antérieurs, dont l'*expérience* aura reconnu l'utilité, sont et demeurent maintenus. » Il eût été aussi facile d'indiquer , par leurs dates, les arrêtés que l'expérience avait consacrés ; on aurait évité par là, et aux magistrats et aux justiciables, bien des embarras ; car la première question que l'on a à résoudre, lorsqu'un arrêté ancien est invoqué, est de savoir s'il jouit du privilége spécial d'être consacré par l'usage. Les lois doivent être précises et ne pas prêter à l'équivoque et à une interprétation détournée, qui souvent finit par prendre la place de la loi. Il est donc nécessaire de rechercher quels sont les édits, règlements, déclarations du Roi, qui sont encore en vigueur. Nous avons parcouru les archives où sont déposées ces lois diverses, promulguées dans la colonie, et nous en avons extrait les articles suivants qui nous paraissent applicables. Nous ne sommes pas depuis assez longtemps dans l'Inde, pour affirmer que l'expérience a consacré l'utilité de ces règlements ; nous les reproduisons, parce qu'ils contiennent des règles particulières au pays, qui seront toujours utiles ; que les abus qu'ils ont voulu prévenir existent de nos jours, et qu'il importe, dès lors, de conserver ces lois.

Le Code Napoléon, comme on le sait, exige, pour la preuve des obligations excédant 150 francs, un acte écrit, authentique ou sous signature privée. L'acte sous seing privé n'est soumis à aucune forme spéciale; on n'en excepte que les actes qui contiennent des conventions synallagmatiques qui doivent être rédigés en double, et les billets, qui doivent contenir le *bon* ou *approuvé*, écrit de la main du débiteur (art. 1325, 1326). Les édits du 18 novembre 1769, du 2 septembre 1775 et du 27 janvier 1778 ont établi, sur la forme des obligations sous signature privée, des règles spéciales, qui ne paraissent être que la reproduction d'une coutume ou loi locale. Voici ces dispositions législatives :

Arrêté de règlement de 1769.

« Art. 12...... Ordonne que, désormais, tous les Malabars, chrétiens et gentils, qui se feront des olles ou billets entre eux pour argent prêté, pratiquent la loi Panchareddipattiram, ainsi qu'elle l'a été anciennement, c'est-à-dire, que le prêteur et l'emprunteur signent les olles ou billets qu'ils passent entre eux pour tous prêts quelconques, et avec eux les deux témoins qui sont présents et celui qui écrit l'olle ou le billet. »

Règlement du 2 septembre 1775.

« Art. 7. Tous Indiens qui passeront entre eux des

obligations sous seing privé, seront tenus de le faire
en présence de deux témoins qui signeront lesdites
obligations, à peine de nullité. »

Règlement du 27 janvier 1778.

« Art. 6. Tous Indiens qui passeront entre eux
des billets, promesses ou obligations, sous seing
privé, seront tenus de le faire, ainsi qu'il est d'usage,
en présence de deux témoins qui signeront lesdits
billets, promesses ou obligations, à peine de nullité. »
« Art. 9. Conformément à la loi tamoule appelée
Panchareddipattiram, tous les Indiens, chrétiens ou
gentils, qui se feront des olles entre eux ou billets pour
argent prêté, continueront à signer lesdites olles ou
billets, tant celui qui prête que celui qui emprunte, et
avec eux deux témoins, qui sont présents, et celui qui
a écrit l'olle ou le billet. »

Cette législation établit, comme on le voit, une distinction quant à la forme des actes, entre les obligations qui ont pour objet un prêt d'argent et celles qui
ont pour objet tout autre fait de l'homme. Les premières sont assujetties à des règles plus sévères : le
créancier et le débiteur originaires doivent signer l'acte
avec les témoins et le rédacteur. Cette mesure peut
assurer la liberté des contractants et donner au titre
un certain caractère d'authenticité. Cette formalité
n'est pas exigée pour les autres actes contenant des
obligations sous signature privée ; il suffit de la signature des deux témoins pour en assurer la validité.
Nous avons entendu élever, au sujet de l'application
de l'article 7 du règlement de 1775, une prétention
singulière, à savoir que cet article n'exigeant pas la
signature du débiteur, il n'était pas nécessaire qu'il
signât ; que la loi n'attachait pas à cette omission
une peine de nullité. Il est de principe, et c'est une
des conditions essentielles à la validité de toute obli-

gation, que le consentement de celui qui s'oblige intervienne : il n'y a pas de contrat sans consentement. Afin d'assurer la sécurité et la liberté des transactions, la loi positive a exigé que la preuve de ce consentement ne resulterait que d'un acte écrit authentique ou sous seing privé, lorsque le montant de la dette excéderait 150 francs. Il serait par trop bizarre, que la législation locale, qui a voulu entourer les obligations sous seing privé de formalités plus nombreuses que celles prescrites par le Code, pour mieux en assurer la preuve et la sincérité, ait omis d'exiger que celui qui s'oblige signerait l'acte. Il n'était pas nécessaire de le dire, puisqu'il va de soi que le débiteur, dans toute obligation, doit consentir et doit signer l'acte sous seing privé dans les cas où cet acte est exigé comme moyen de preuve : si cette signature n'était pas indispensable, on arriverait forcément à admettre la preuve par témoins des obligations excédant 150 francs. Il n'y aurait aucune sécurité dans la vie civile, car il dépendrait d'un faussaire qui trouverait toujours deux témoins de complaisance, d'obliger une personne à son insu. Nous avons cru devoir entrer dans des explications à ce sujet, parce que nous avons entendu plaider le contraire, et que le Tribunal s'est vu dans la nécessité de juger la question ; mais il n'est pas de doctrine, si étrange et si absurde qu'elle soit, qui n'ait été soumise à la décision des tribunaux de l'Inde.

Ces règles sont fréquemment appliquées dans nos Établissements. Ont-elles pour résultat de restreindre les dispositions du Code sur l'admissibilité de la preuve testimoniale pour les obligations inférieures à 150 francs ? A l'époque de la promulgation de ces règlements, l'ordonnance de Moulins et l'ordonnance sur la Procédure civile étaient en vigueur dans nos possessions. Si ces arrêtés de règlement avaient eu pour but de modifier le principe de l'ordonnance de

Moulins, reproduit par l'article 1341 du Code Napoléon, ils l'auraient déclaré d'une manière expresse ; ils
auraient exigé, pour toutes les obligations, à quelque
somme qu'elles s'élevassent, une preuve par écrit. Ils
n'ont étendu les formalités, que pour les cas où un
acte est exigé comme moyen de preuve, c'est-à-dire,
lorsque la somme excède 150 francs ; ils ont réglé la
forme des actes écrits, lorsqu'ils sont nécessaires, et
n'ont pas imposé la nécessité de passer un acte écrit de
toutes les obligations. Il faut donc entendre ces arrêtés
dans le sens de l'article 1341 du Code.

Telles sont les dispositions spéciales au pays sur la
forme des actes d'obligation sous seing privé en
général. L'arrêté de règlement du 27 janvier 1778,
contient, en outre, à l'égard des transports de créance,
une règle particulière, qui nous paraît être encore en
vigueur. Cette règle, reproduite de l'arrêté de 1769,
est ainsi conçue :

Arrêté de 1769.

« Art. 5 du titre IV. Il est défendu à tous Européens.
et à tous Malabars, Maures et autres Indiens, d'accep-
ter le transport d'aucuns billets ou obligations mala-
bares, s'ils ne sont à ordre, à moins que la partie n'y
ait consenti ou par-devant le tabellion ou en présence de M. le lieutenant civil. »

Le transport des créances, d'après l'article 1690
du Code, pour avoir effet, à l'égard du débiteur
cédé, doit être signifié à ce débiteur ou accepté par
lui dans un acte authentique. Le règlement que nous
citons interdit le premier mode de saisine de la
créance au profit du cessionnaire, et ne reconnaît
comme valables que les transports auxquels le débiteur a donné son consentement. Cette disposition a
eu pour but d'empêcher les poursuites vexatoires

que des individus suscitent à des tiers, par des motifs d'animosité, en se faisant transporter des créances : il a voulu que le créancier originaire ne pût être changé, sans le consentement du débiteur. Cette disposition nous paraît sage et utile à maintenir. L'article 5 du règlement est-il applicable au transport des créances résultant de condamnations en justice? Il semble, d'après son texte, qu'il n'a voulu prohiber que le transport des créances non établies par jugement : les mots *billets* et *obligations*, paraissent l'indiquer. Toutefois, par parité de motifs, nous étendrions cette loi aux créances établies par jugements ou arrêts; l'opinion contraire peut être soutenue en se fondant plus sur les termes que sur l'esprit de la loi.

L'arrêté de règlement du 2 septembre 1775, contient, sur les prêts de bijoux, la disposition suivante qui a été reproduite dans des arrêtés postérieurs.

Arrêté du 2 septembre 1775.

« Art. 3. Tous billets faits à l'occasion des joyaux et autres effets que les Malabars sont dans l'usage de se prêter, porteront le signalement et l'estimation desdits bijoux, et le terme dans lequel ils doivent être rendus; et lesdits billets seront passés par ceux qui auront emprunté, auxquels il est défendu d'aliéner, vendre ou engager lesdits bijoux, sous peine d'une amende envers le Roi de la moitié de leur valeur, et d'être condamnés au remboursement de la valeur desdits bijoux, avec dédommagement. »

C'est un abus de confiance que le Code pénal réprime. Nous n'avons reproduit cette disposition législative qu'afin de prémunir les Indiens contre leur propre incurie. Ils apportent une confiance sans bornes et une légèreté égale à prêter des bijoux d'une valeur considérable, pour des cérémonies privées ou publiques, sans exiger de reconnaissance de l'emprunteur, tandis qu'ils ne prêteraient pas 25 francs sans titre.

L'arrêté du 18 octobre 1831 contient des dispositions spéciales au pays, sur les contrats de nantissement et de vente des effets mobiliers :

Arrêté du 18 octobre 1831.

« Art. 1er. Il est expressément défendu à tous Européens, fils d'Européens, Métis, Maures, Malabars, etc., de quelque caste que ce soit, d'acheter ou de recevoir en nantissement, de tout autre que des marchands connus, aucune matière d'or, d'argent ou de cuivre, de bijoux, marchandises, et même du linge, sans avoir déclaré à la police, qui leur donnera un permis, la nature de l'objet qu'ils veulent acheter ou recevoir en nantissement, et le nom de la personne dont ils l'ont reçu.

« Art. 2. Il sera tenu à la police un registre sur lequel seront inscrites les déclarations faites en conformité de l'article ci-dessus.

« Art. 3. Quiconque aura contrevenu aux dispositions de l'article 1er, sera condamné à une amende égale à la valeur de l'objet qu'il aura acheté ; et, outre l'amende, à un emprisonnement de huit jours à deux mois ; le tout sans préjudice des peines qu'il pourrait avoir encourues comme recéleur.

« Art. 4. Dans toute action devant les Tribunaux, qui aura pour objet la réclamation d'un gage ou du prix d'un objet compris dans l'art. 1er, celui qui aura acheté ou reçu en gage, devra présenter le permis de la police constatant qu'il a fait la déclaration exigée par cet article. S'il ne le présente pas, le ministère public en donnera, sur-le-champ, avis au lieutenant de police.

« Art. 5. Si l'objet vendu ou mis en gage provient

d'un vol, il sera rendu au propriétaire, sans que celui qui l'a acheté ou reçu en gage puisse en réclamer la valeur.

« Art. 6. Les contraventions au présent arrêté, seront jugées par le Tribunal de police. »

Un autre arrêté du 25 octobre 1826 renferme, sur les contrats passés entre les fabricants et les cultivateurs d'indigo, des dispositions civiles et pénales qu'il est utile de reproduire :

Arrêté du 25 octobre 1826.

« Art. 1er. Sera considéré comme nul, tout contrat passé entre des indigotiers et des cultivateurs, postérieurement au premier novembre prochain, pour la culture d'une certaine étendue de terres en indigo, et pour la vente à prix convenu des feuilles en provenant, si les dédits qui y sont stipulés, dans le cas de non exécution, par suite de force majeure ou de cas fortuits prévus ou imprévus, sont supérieurs à l'intérêt de douze pour cent des avances qui auront été faites.

« Art. 2. Tout cultivateur qui, ayant souscrit une convention de la nature de celles qui font l'objet de l'article précédent, serait reconnu ensuite avoir disposé, en tout ou en partie, de ses feuilles en faveur d'un individu autre que celui avec lequel il aurait contracté, ou avoir passé deux ou plusieurs contrats, pour la récolte du même terrain, sera condamné à un emprisonnement d'un an à cinq ans, à la restitution de toutes les avances qu'il aura reçues, et à des dommages et intérêts égaux à la valeur desdites avances.

« Art. 3. Dans le cas où les différents contrats passés par un cultivateur, pour le même terrain, n'auraient point acquis date certaine, et où la vente

de ses biens ne suffirait point pour couvrir l'intégralité des restitutions, dommages et intérêts fixés par
l'article précédent , les bailleurs de fonds viendront
à contribution au prorata de leurs avances.

« Art. 4. Les peines portées par la présente ordonnance seront appliquées par les Tribunaux ordinaires.»

L'arrêté du 27 janvier 1778 interdit aux Européens
toute acquisition, dans la Ville-Noire, de maison, à
quelque titre que ce soit.

La législation locale contient, relativement à l'exécution , une disposition exceptionnelle établie par
l'arrêté du 27 mai 1827. Afin de faciliter le payement
au créancier, l'arrêté lui permet de faire arrêter et
détenir provisoirement tout débiteur indien , que le
titre soit ou non exécutoire, et jusqu'à ce qu'il ait
fourni une caution solvable, ou justifié qu'il possède,
sur le territoire français, des immeubles libres, suffisants pour assurer le payement. Cette mesure, que
justifie pleinement l'exiguïté de notre territoire et son
morcellement, a toujours produit de bons résultats et
favorisé le crédit. Les Indiens sont donc soumis à la
contrainte par corps pour toutes les dettes civiles et
commerciales. Avant la promulgation de la loi de
1832, les héritiers étaient contraignables par corps
pour les dettes de leurs auteurs. L'article 2 de cette
loi, rendu applicable aux natifs, a abrogé cette disposition exhorbitante, tout en laissant subsister dans son
entier le principe général à l'égard du débiteur originaire. Bien que la jurisprudence ait varié sur l'application de cet article 2, nous n'en persistons pas moins
à penser qu'il contient une dérogation formelle aux
articles 25 et 26 de l'arrêté du 27 mai 1827. On peut
recourir à cet arrêté pour la procédure à suivre, dans
les cas où il demeure applicable. La législation locale
sur la contrainte par corps est devenue difficile à ap-

pliquer par suite de la multiplicité des arrêtés divers, se modifiant, s'abrogeant les uns les autres, qui ont été successivement promulgués dans la colonie. Il serait utile de refondre en entier la législation sur cette matière et de la simplifier.

Arrêté du 27 mai 1827.

« Art. 25. Le juge peut toujours ordonner, à la requête du demandeur, l'emprisonnement immédiat des débiteurs indiens qu'il a condamnés et qui ne fournissent point caution. Cette mesure peut être prise contre les étrangers, quelque soit le montant de leur dette, et, pour les sommes excédant dix roupies, soit 24 francs en capital, contre les domiciliés sur le territoire, mais qui n'y possèdent point de propriété et qui pourraient chercher à se soustraire aux poursuites.

«Dans ces deux cas, l'arrestation provisoire et le dépôt aux thanas ou postes de police, peuvent être ordonnés par le juge, sur la simple vue des titres, même avant le jour de l'audience; mais alors le demandeur doit consigner d'abord au greffe de la police une somme pour dommages-intérêts, dont la quotité est fixée par le juge et qui ne peut être inférieure à dix roupies, soit 24 francs.

«Art. 26. Les débiteurs indiens qui ne se sont point acquittés dans les termes du jugement, et les fournisseurs et ouvriers de la même classe qui, ayant passé des engagements écrits ou non contestés, n'ont point rempli leurs contrats dans les délais fixés, peuvent, suivant l'usage, être mis, jusqu'à libération, à la garde d'un ou deux pions de police, qui les suivent partout, et dont le bath est payé par eux à raison d'un fanon, soit 30 centimes, par jour à Pondichéry, et d'un fanon et demi, soit 45 centimes, dans les aldées.

«Ce mode de contrainte est exercé sans jugement, sur la simple demande des parties, ordonnancée par le juge de police.

«Le non-payement du bath des pions emporte contrainte par corps.»

Arrêté du 1er juillet 1831, sur les pions garnisaires.

«Art. 1er. Le juge de paix lieutenant de police n'ordonnancera les demandes de mises de pions garnisaires, dans tous les cas prévus par l'article 26 de l'ordonnance locale du 26 mai 1827, concernant le Tribunal de la police à Pondichéry, qu'après la consignation, faite par le demandeur, d'une roupie dans Pondichéry, et d'une roupie et demie dans les aldées, pour huit jours de bath de pions.

«Art. 2. Les jugements du Tribunal de première instance qui autorisent la mise de pions garnisaires, ne seront exécutoires qu'après le dépôt ordonné par l'article ci-dessus.

«Art. 3. La mise de pions cessera de plein droit à l'expiration de la huitaine, faute de consignation d'une nouvelle provision de huit jours.

«Art. 4. Aux termes de l'article 26, le bath devant être payé par les débiteurs ou fournisseurs, le demandeur pourra exercer son recours contre eux, et la contrainte par corps pourra être prononcée sur sa demande et à sa charge.

«Art. 5. Le présent sera applicable dans les Établissements secondaires, où l'article 26 de l'ordonnance du 26 mai 1827 est en vigueur.»

Arrêté du 22 juillet 1833.

«Art. 1er. La loi du 17 avril 1832, sur la contrainte par corps, ensemble l'ordonnance du Roi du 12 juillet 1832, qui rend cette loi exécutoire aux colonies, sous la modification, pour les Etablissements français de l'Inde, que la somme destinée aux aliments des détenus sera, pour trente jours, de 30 francs, est déclarée

pleinement exécutoire à l'égard de tous autres que
les natifs indiens, lesquels natifs continueront d'être
régis par la loi locale, relativement à l'exercice de la
contrainte par corps, dans le cas et selon les formes
qu'elle a fixées.

« Art. 2. Néanmoins, les dispositions des articles 2,
4, 5, 6, 18, 19, 20, 22, 23, 28, 30 et 31 de la loi précitée du 17 avril 1832, sont déclarés communes aux natifs
et pourront être invoquées par eux ou contre eux. »

Il s'était élevé, au sujet de l'extinction des obligations,
la question de savoir si la prescription trentenaire était
applicable aux dettes entre Indiens. Ce mode d'extinction des obligations est confusément indiqué dans
la législation indoue; il a donné lieu à de nombreuses
controverses entre les jurisconsultes qui ont écrit sur
le droit indou. L'administration locale, par l'arrêté
du 18 octobre 1838, mit un terme à toutes les controverses, en déclarant applicable aux Indiens le titre
du Code Napoléon, relatif à la prescription. Malgré
une disposition législative aussi formelle, nous dirons
aussi utile, la question continua à être agitée devant
les tribunaux, qui ne parurent tenir aucun compte de
l'arrêté du 18 octobre. La jurisprudence varia; des
arrêts et des jugements admirent la prescription,
d'autres la repoussèrent. Une semblable confusion dans
la législation et les principes ne pouvait subsister: les
arrêtés locaux ne devaient pas être abandonnés au
pouvoir discrétionnaire des tribunaux, chargés de les
appliquer. Le Gouvernement attendait que l'occasion
se présentât pour faire fixer la jurisprudence par la
Cour suprême; elle ne tarda pas à se présenter. La
Cour rendit, le 2 octobre 1852, un arrêt savamment
motivé, du reste, qui déclarait que la prescription
libératoire n'est pas applicable aux Indiens, que leurs
lois et coutumes n'autorisent pas ce moyen de libération. Un pourvoi fut immédiatement formé dans l'in-

térêt de la loi contre cet arrêt et la Cour de cassation le cassa par arrêt du 7 juillet 1853, en s'appuyant sur le motif que l'arrêté local du 18 octobre 1838, était en vigueur dans la colonie (voy. le *Bulletin officiel* de 1854, pp. 1re et suivantes). La question est désormais irrévocablement jugée, et nous pensons qu'à l'avenir elle ne se représentera plus devant les tribunaux français de l'Inde.

On a également agité, devant les tribunaux, la question de savoir si les obligations signées par marque pouvaient former une preuve en justice et si, en cas de méconnaissance, la vérification pouvait en être ordonnée. La marque n'est pas une écriture, ni une signature; elle n'indique pas la personnalité de celui qui l'a apposée. La Cour de cassation a jugé la question en ce sens, sous l'empire de l'ordonnance de 1667 (10 thermidor an XIII). La solution devrait être la même d'après la législation du Code de procédure, qui a reproduit la plupart des dispositions de l'ordonnance. Ceux qui soutiennent l'affirmative se sont surtout préoccupés du grand nombre d'obligations sincères et vraies, signées par marque dans nos possessions et du trouble que l'on jetterait dans les affaires, si les tribunaux leur déniaient tout effet obligatoire. Ces scrupules sont légitimes, sans doute; mais on ne raisonne qu'au point de vue du créancier: que l'on renverse les rôles, qu'on se mette au point de vue du débiteur, et on verra si les dangers sont moindres. Les tribunaux, lorsque des obligations par marque leur sont soumises, pourraient ordonner la comparution des parties à l'audience, interroger le prétendu signataire, examiner si l'obligation a été exécutée partiellement, et se décider d'après les circonstances de la cause; le serment décisoire pourrait être déféré. En cas de dénégation de la marque, et s'il était douteux, pour le juge, qu'elle eût été apposée par la personne assignée, la vérification ne pourrait, selon nous, en être ordonnée ; si le débiteur reconnaît qu'il a apposé une marque, sa reconnaissance forme un aveu judiciaire, qui devient la base de la condamnation (Colmar, 27 messidor an XIII; Bruxelles, 26 décembre 1811).

La jurisprudence nous offre une décision contraire à l'opinion que nous émettons ; mais il ne faut pas la détacher de l'espèce dans laquelle elle est intervenue. La Cour criminelle de l'Ombronne jugea, le 7 octobre 1809, que le mandat donné et signé par marque était valable. Voici les considérants de l'arrêt :

« Considérant que, d'après l'usage suivi en Toscane avant la publication des lois françaises, un acte souscrit d'une simple croix par une partie qui ne savait pas écrire, et signé de deux témoins, a toujours été assimilé à un acte signé par cette partie elle-même ; que Ferdinand Baioni a pu croire de très-bonne foi que les lois françaises n'avaient pas dérogé à cet usage, et qu'il pouvait encore s'y conformer dans la rédaction de son mandat pour appeler ; que, dans une matière aussi favorable, il y aurait une excessive rigueur à déclarer nul l'acte d'appel qui a été fait en vertu de ce mandat. »

La Cour de cassation, par arrêt du 23 novembre 1809, rejeta le pourvoi formé contre cet arrêt.

Cette décision ne peut former jurisprudence ; les circonstances dans lesquelles elle est intervenue l'expliquent et la justifient d'une manière suffisante.

Il nous reste à dire quelques mots sur une institution spéciale à l'Inde, qui est contraire à l'article 1785 du Code Napoléon. Cet article n'autorise les louages de services, que pour un temps limité. Les propriétaires de terres arables dans l'Inde ont sous leurs ordres des serviteurs attachés à la glèbe, loués par eux en vertu d'un contrat libre et chargés d'exécuter les divers travaux de l'agriculture. Par le contrat qui intervient entre le propriétaire et le cultivateur, appelé *panéal*, celui-ci reçoit, à titre de prêt, une somme de tant, qu'il s'engage à payer par ses services : l'évaluation des services est calculée de manière à ce que le cultivateur ne puisse jamais se libérer. Les heures de travail, la nourriture, les jours fériés, les gratifications, sont réglés à l'amiable entre le maître et le cultivateur ; ces conventions sont exécutées avec la bonne foi la plus entière de part et d'autre.

L'Administration locale, par règlement du 23 septembre 1854, applicable à Karikal, a déterminé les obligations réciproques du maître et du *panéal*, et a sagement prévu toutes les difficultés qui pouvaient s'élever entre eux. Cet arrêté témoigne d'une vive sollicitude pour la classe la plus pauvre et la plus laborieuse de nos Établissements. Ces contrats sont prohibés par le Code Napoléon ; mais ils sont dans les usages des Indiens ; ils constituent l'organisation du travail agricole, et il serait imprudent de les interdire. L'Administration a fait tout ce qu'il était en son pouvoir de faire, en améliorant le sort des cultivateurs.

Sauf les modifications que nous venons d'indiquer, le Code Napoléon, au titre des contrats, est applicable aux Indiens.

CHAPITRE IX.

Des Donations entre vifs.

L'Indien a le droit de disposer de ses biens par donation entre vifs ou par testament. Lorsqu'il n'est pas en communauté ou qu'il n'a pas de descendants mâles jusqu'au quatrième degré, il peut disposer de tous ses biens meubles et immeubles, patrimoniaux ou acquêts. S'il a des descendants mâles au degré successible, il peut disposer de ses biens mobiliers, patrimoniaux ou acquêts.

Ce pouvoir de disposer est plus ou moins étendu, selon que la donation comprend des biens des ancêtres, ou des biens acquis par le donateur. Il n'est peut être pas, dans toute la législation indoue, de question qui ait soulevé plus de difficultés, qui soit plus incertaine, que celle de savoir jusqu'où s'étend le droit de disposer à titre gratuit. On rencontre, dans les jurisconsultes indous, les décisions les plus contradictoires sur ce point. Les uns déclarent qu'il est interdit au père de famille de disposer des immeubles des ancêtres, sans le consentement de ses fils; d'autres qu'il a le droit d'en disposer, et que la donation n'est pas annulable; que la prohibition de donner n'est qu'un précepte moral et religieux non revêtu d'une sanction civile. Quant aux acquêts, les uns déclarent que le père de famille est libre d'en disposer à son gré; d'autres disent qu'il ne peut disposer que des meubles et non des immeubles. Ces distinctions jettent une grande confusion dans la pratique, et il nous paraît nécessaire de recourir à des principes plus clairs et surtout plus précis.

Nous ne reviendrons pas sur ce que nous avons déjà dit sur ce sujet, en traitant des partages. Il nous a semblé que le père de famille ne peut disposer, à son gré, des immeubles provenant des ancêtres : nous avons établi que cette prohibition constituait un précepte à la fois moral et civil : il a fallu nous décider, au milieu de toutes ces interprétations diverses. Quant au pouvoir du père sur les biens acquis, nous lui en avons reconnu la libre disposition, sous la réserve de l'action d'inofficiosité de la part des enfants : c'est un moyen terme entre la doctrine du Mitachsara et celle généralement suivie, qui accorde au père la disposition entière et sans réserve des acquêts.

Nous émettrions encore une autre opinion, de reconnaître au père de famille le droit de disposer, à titre gratuit, des biens mobiliers ou immobiliers, soit qu'ils viennent des ancêtres, soit qu'ils aient été acquis par lui, sous les restrictions apportées par le Code Napoléon. Pour nous expliquer plus clairement, le père de famille devrait laisser une réserve à ses enfants. Cette réserve n'existerait qu'au profit des descendants mâles jusqu'au quatrième degré : si le père de famille n'avait que des filles, il serait obligé de leur laisser une somme suffisante pour subvenir ou à leurs aliments ou aux frais de leur mariage. En dehors de ces cas, il pourrait disposer librement et pleinement de tous ses biens meubles et immeubles. Nous avons vu que le père avait la disposition du mobilier : nous limiterions son droit, aux dispositions de meubles singuliers, prohibant ainsi ou restreignant la donation d'universalités de meubles. Ces questions, du reste, peuvent être jugées dans un sens ou dans l'autre ; la législation indoue justifie toutes les solutions.

Il serait utile que le législateur mît un terme à ces incertitudes, en adoptant l'une ou l'autre des doctrines professées par les jurisconsultes indous. Le sort des donations entre vifs, des testaments même, ne serait pas livré, pour ainsi dire, à l'arbitraire du juge. Nous appliquerions, en conséquence, les articles 927 et suivants du Code.

On peut recourir, pour de plus amples détails, à l'ouvrage de M. Macnagthen, sur le droit indou, au chapitre des Donations (*On Gifts*).

La capacité de disposer et de recevoir est réglée et par le droit indou et par le droit français. Nous avons vu, au chapitre VII, quelles sont les incapacités de recueillir les successions. En matière de dispositions à titre gratuit, les mineurs, les femmes qui n'ont pas de Stridhana, les individus en état de démence ou de fureur, sont incapables de donner. Quant à la capacité de recevoir, nous croyons que les dispositions du Code sont seules applicables : le droit indou ne renferme aucune disposition précise à cet égard.

Les donations qui seraient entachées d'un des vices indiqués dans les articles 1109 et suivants, seraient nulles. Le droit indou, n'ayant rien réglé sur la forme des donations entre vifs, on doit observer les dispositions des articles 931 et suivants.

Les donations entre vifs ne peuvent être révoquées que dans les cas prévus dans la section 2 chap. IV du titre des Donations. Les tribunaux ont fait de fréquentes applications de ces textes.

CHAPITRE X.

Des Testaments.

Nous avons peu de chose à dire sur les Testaments : tout ce qui concerne la capacité de disposer a été exposé. C'est par extension du pouvoir de disposer à titre gratuit et par donation entre vifs, que la jurisprudence et l'usage ont reconnu aux Indiens le droit de tester. Les législateurs sont muets sur le droit de faire un testament : il est possible que l'usage de faire des testaments n'ait été introduit dans l'Inde qu'à l'arrivée des Européens. Quoi qu'il en soit de l'ancienneté de cet usage, il a acquis force de loi.

Les Indiens se conforment, pour les diverses espèces de testament, aux règles qui sont tracées par le Code : ce sont les seules applicables.

Il ne faut pas oublier que la minorité indoue finit

à l'âge de seize ans révolus; dès lors un Indien âgé de dix-sept ans peut disposer par testament de la totalité de ses biens, contrairement à l'article 904.

Tout ce qui a rapport à la caducité des legs, à l'interprétation des dispositions testamentaires, aux exécuteurs testamentaires, etc., est réglé par notre droit.

Peut-on adopter par testament? Nous tenons pour la négative, parce que l'adoption est soumise à des formes solennelles et spéciales. Une adoption testamentaire pourrait valoir et être considérée comme institution d'héritier.

Les legs qui sont faits à des établissements religieux ou de bienfaisance ne peuvent être acceptés qu'après autorisation du Gouvernement. L'ordonnance du 23 juillet 1840 porte ce qui suit :

Ordonnance du 23 juillet 1840.

« Art. 22. § 4. Le Gouverneur propose au Gouvernement, conformément à notre ordonnance du 25 juin 1833, l'acceptation des dons et legs pieux ou de bienfaisance, dont la valeur est au-dessus de trois mille francs.

« § 5. Il statue, en conseil d'administration, sur l'acceptation de ceux de trois mille francs et au-dessous, et en rend compte à notre Ministre de la marine. »

CHAPITRE XI.

De la Promulgation.

La législation en vigueur dans les Établissements français de l'Inde, se compose d'édits, de règlements du conseil supérieur, d'ordonnances royales, des divers Codes composés sous le Consulat et l'Empire, de décrets impériaux, et d'arrêtés locaux édictés dans la colonie.

Lors de la reprise de possession de nos Établissements, après la paix de 1815, l'Administration locale s'occupa tout d'abord de la réorganisation des lois, que l'autorité anglaise, pendant son occupation, avait laissé tomber en désuétude. Le comte Dupuis promulgua tous les Codes en vigueur dans la métropole par l'arrêté suivant du 6 février 1819 :

Arrêté du 6 février 1819.

« Art. 1er. Les différents Codes composant aujourd'hui la législation française, à l'exception du Code d'instruction criminelle, sont promulgués dans les Établissements français de l'Inde, pour y avoir leur exécution, en tout ce qui n'est pas contraire au règlement du 22 février 1777, à l'édit de 1784, aux déclarations du Roi et règlements dont l'utilité a été consacrée par l'expérience, lesquels continueront d'être observés dans les Tribunaux de l'Inde, comme lois de localité.

« Art. 2. L'ordonnance de 1670, quant à la procédure criminelle, continuera d'être suivie.

« Art. 3. Les Indiens, Maures ou Gentils, seront jugés, comme par le passé, suivant les lois et coutumes de leur caste. »

Arrêté du 12 novembre 1853.

« Art. 1er. Les dispositions législatives promulguées dans les colonies, et les arrêtés émanés de l'autorité locale, seront exécutoires dans les dépendances des possessions françaises de l'Inde, à partir du jour de l'enregistrement, qui en sera fait au Tribunal de la localité.

« Art. 2. En conséquence, à la réception du *Moniteur de Pondichéry*, portant promulgation ou publication d'une disposition nouvelle, le chef de service de la dépendance, sur l'avis qu'il aura reçu du chef-lieu, fera remise du numéro qui la contient, au magistrat du parquet, et lui donnera l'ordre d'en requérir l'enregistrement à la plus prochaine audience. »

Arrêté du 12 août 1845.

« Art. 1er. A Pondichéry, après l'enregistrement des actes législatifs à la Cour royale, il sera fait, par les interprêtes de la Cour, une traduction en langue malabare de ceux desdits actes qui intéresseront les indigènes.

« Art. 2. Quatre copies de ladite traduction, certifiées par lesdits interprêtes, seront faites par eux et remises au greffier de la Cour, qui les adressera de suite au Chef du ministère public. Ces copies seront transmises, savoir : deux au procureur du Roi de Pondichéry, et les deux autres au procureur du Roi à Karikal, pour en requérir le depôt au greffe du Tribunal de première instance, et au greffe du Tribunal de paix desdits Établissements.

« Art. 3. A Chandernagor, à Karikal et à Mahé, après l'enregistrement des actes législatifs au Tribunal de première instance, il sera fait de suite, par les interprêtes dudit Tribunal, dans l'idiôme le plus usuel du pays, traduction desdits actes intéressant les natifs. Cette traduction, par les soins et à la réquisition du ministère public, sera déposée au greffe du Tribunal de première instance. Une copie dûment certifiée par le même interprête, sera, de plus, déposée au greffe du Tribunal de paix de Chandernagor.

« Art. 4. Les traductions sus-énoncées, tant au greffe de la Cour royale que dans les greffes des différents Tribunaux où le dépôt est ordonné, devront, chaque année, être réunies et reliées en un registre tenu et conservé par les greffiers, comme ceux destinés à la réunion des arrêts et des jugements de leurs Tribunaux respectifs : ces registres seront publics, et il sera loisible à tout habitant de venir en prendre connaissance, et même copie à ses frais, sous la surveillance desdits greffiers.

« Art. 5. Les traductions et dépôts ordonnés ci-dessus, seront effectués, sans préjudice des formes ordinaires de promulgation des actes législatifs, lesquelles continueront d'avoir lieu, comme par le passé, par la lecture et l'enregistrement desdits actes, en langue française, devant la Cour royale à Pondichéry, et, dans les Établissements secondaires, devant le Tribunal de première instance, à la première audience publique, après la réception des actes à promulguer *(abrogé)*.

« Art. 6. Dès que les formalités de l'enregistrement des actes et du dépôt des traductions auront eu lieu, il en sera certifié, par les procureurs du Roi de chaque Établissement, au Chef du ministère public, à Pondichéry, en accusant réception des actes dont il s'agit.

« Art. 7. Les traductions des actes législatifs certifiées par les interprètes, leur seront payées à raison de deux fanons par rôle de trente lignes à la page et de seize syllabes à la ligne ; et les copies, également certifiées, à raison d'un fanon par rôle de même dimension.

« Les interprètes continueront, d'ailleurs, à jouir des droits qui leur sont alloués par le tarif du 1er février 1840, tant pour traduction de tous actes judiciaires ou extra-judiciaires, que pour leur assistance aux ventes d'immeubles par autorité de justice, jusqu'à ce qu'il ait été définitivement pourvu à la régularisation de tous les tarifs judiciaires.

« Art. 8. L'arrêté du 24 février 1834, est abrogé. Sont également abrogés tous autres arrêtés, en ce qu'ils auraient de contraire aux présentes dispositions.

CHAPITRE XII.

De la Procédure civile.

§ 1er. DE LA COMPÉTENCE DES JUGES DE PAIX.

Ordonnance du 7 février 1842.

« Art. 6. Des Tribunaux de paix sont établis à Pondichéry, à Chandernagor et à Karikal. Ils sont composés d'un juge de paix et d'un greffier, et, s'il y a lieu, d'un juge suppléant et d'un commis-greffier.

« Art. 7. Les juges de paix connaissent de toutes actions purement personnelles ou mobilières, et des actions commerciales, en premier et dernier ressort, jusqu'à la valeur de soixante-quinze francs en principal exprimé dans la demande, et, à charge d'appel, jusqu'à la valeur de cent cinquante francs.

« Art. 8. Les juges de paix prononcent, sans appel, jusqu'à la valeur de soixante-quinze francs et, à charge d'appel, jusqu'à cinq cents francs, sur :

« 1° Les contestations entre les hôteliers, aubergistes ou logeurs, et les voyageurs ou locataires en garni, pour dépenses d'hôtellerie et pertes ou avaries d'effets déposés dans l'auberge ou dans l'hôtel.

« 2° Celles entre habitants et étrangers, pour frais de logement et de nourriture.

« 3° Celles entre les voyageurs et les voituriers ou

capitaines de navires ou bateliers, pour retards, frais de route et pertes ou avaries d'effets accompagnant les voyageurs ; et celles relatives au loyer des palanquins, coulis, boués, charrettes, chevaux, bêtes de somme, et à tous autres moyens de transport, par terre, de personnes, effets ou marchandises.

« 4° Celles entre les voyageurs et les carrossiers ou autres ouvriers, pour fournitures, salaires et réparations faites aux voitures de voyage.

« 5° Les dégradations et pertes imputables au locataire pendant sa jouissance, et arrivées, soit par son fait, soit par celui des personnes de sa maison ou de ses sous-locataires (Code civil, 1732, 1735), sauf les cas d'incendie (Code civil, 1733, 1734), et d'inondation, pour lesquels la compétence sera restreinte dans les termes de l'article 7.

« 6° Les contestations entre Indiens, propriétaires, de paillottes, soit dans les villes, soit dans les campagnes, au sujet des murs en terre, toîts, pendales et autres dépendances desdites paillottes.

« Art. 9. Les juges de paix connaissent, sans appel, jusqu'à la valeur de soixante-quinze francs, et, à charge d'appel, à quelque valeur que la demande puisse s'élever :

« Des actions en payement de loyers ou fermages, des congés, des demandes en résiliation de baux fondées sur le seul défaut de payement des loyers ou fermages ; des expulsions de lieux, et des demandes en validité de saisie-gagerie ; le tout lorsque les locations verbales ou par écrit n'excèdent pas annuellement trois cents francs à Pondichéry, et deux cents francs partout ailleurs.

« Art. 10. Les juges de paix connaissent également, sans appel, jusqu'à la valeur de soixante-quinze francs, et, à charge d'appel, à quelque valeur que la demande puisse s'élever :

« 1° Des actions pour dommages faits aux champs,

fruits et récoltes, soit par l'homme, soit par les animaux, et de celles relatives à l'élagage des arbres ou haies, et au curage, soit des fossés, soit des canaux servant à l'irrigation des propriétés ou au mouvement des usines, lorsque les droits de propriété ou de servitude ne sont pas contestés ;

«2° Des réparations locatives des maisons ou fermes, mises par la loi à la charge du locataire ;

«3° Des indemnités réclamées par le locataire ou fermier, pour non-jouissance provenant du fait du bailleur, lorsque le droit à une indemnité n'est pas contesté ;

«4° Des contestations relatives aux engagements respectifs des propriétaires, et de leurs gérants ou économes ; des gens de travail au jour, au mois, à l'année, et de ceux qui les emploient ; des maîtres, et des domestiques ou gens de service à gages ; des maîtres fabricants et entrepreneurs, et de leurs ouvriers ou apprentis ;

«5° Des actions civiles pour diffamation verbale, et pour injures et expressions outrageantes publiques ou non publiques, verbales ou par écrit ; des mêmes actions pour rixes ou voies de fait ; le tout lorsque les parties ne se sont pas pourvues par la voie criminelle.

«Art. 11. Les juges de paix connaissent en outre, à charge d'appel :

«1° Des entreprises commises, dans l'année, sur les cours d'eau servant à l'irrigation des propriétés et au mouvement des usines et moulins, sans préjudice des attributions de l'autorité administrative dans les cas déterminés par les lois et par les règlements locaux ; des dénonciations de nouvel œuvre, complaintes, actions en réintégrande, et autres actions possessoires fondées sur des faits également commis dans l'année;

«2° Des actions en bornage et de celles relatives à la distance prescrite par la loi, les règlements particuliers et l'usage des lieux, pour les plantations d'arbres ou de haies, lorsque la propriété ou les titres qui l'établissent ne sont pas contestés;

« 3° Des actions relatives aux constructions et travaux énoncés dans l'article 674 du Code civil, lorsque la propriété ou la mitoyenneté du mur ne sont pas contestés;

« 4° Des demandes en pensions alimentaires n'excédant pas trois cents francs par an, lorsqu'elles sont formées en vertu des articles 205, 206 et 207 du Code civil, et qu'elles ne sont pas accessoires à une instance principale précédemment intentée.

« Art. 12. Les juges de paix connaissent de toutes les demandes reconventionnelles ou en compensation, qui, par leur nature ou leur valeur, sont dans les limites de leur compétence, alors même que, dans les cas prévus par l'article 7, ces demandes, réunies à la demande principale, s'élèveraient au-dessus de cent cinquante francs; ils connaissent, en outre, à quelque somme qu'elles puissent monter, des demandes reconventionnelles en dommages-intérêts fondées exclusivement sur la demande principale elle-même.

« Art. 13. Lorsque chacune des demandes principales, reconventionnelle ou en compensation, est dans les limites de la compétence du juge de paix en dernier ressort, il prononce sans qu'il y ait lieu à appel.

« Si l'une de ces demandes n'est susceptible d'être jugée qu'à charge d'appel, le juge de paix ne prononce sur toutes qu'en premier ressort.

« Si la demande reconventionnelle ou en compensation excède les limites de sa compétence, il peut, soit retenir le jugement de la demande principale, soit renvoyer, sur le tout, les parties à se pourvoir devant le Tribunal de première instance.

« Art. 14. Lorsque plusieurs demandes, formées par la même partie, sont réunies dans une même instance, le juge de paix ne prononce qu'en premier ressort,

à leur valeur totale s'élève au-dessus de soixante-
quinze francs, lors même que quelqu'une de ces demandes serait inférieure à cette somme. Il est incom-
pétent sur le tout, si ces demandes excèdent, par
leur réunion, les limites de sa juridiction.

« Art. 15. Dans le cas où la saisie-gagerie ne peut
avoir lieu qu'en vertu de permission de justice, cette
permission est accordée par le juge de paix du lieu où
la saisie doit être faite, toutes les fois que les causes
rentrent dans sa compétence.

« S'il y a opposition de la part de tiers, pour des
causes et pour des sommes qui, réunies, excéderaient
cette compétence, le jugement en sera déféré au
Tribunal de première instance.

« Art. 16. L'exécution provisoire des jugements est
ordonnée dans tous les cas où il y a titre authentique,
promesse reconnue, ou condamnation précédente
dont il n'y a pas eu appel. Dans tous les autres cas,
le juge peut ordonner l'exécution provisoire nonobstant appel : sans caution, lorsqu'il s'agit d'une pension alimentaire ; avec ou sans caution, lorsque la
somme n'excède pas cent cinquante francs ; et avec
caution, au-dessus de cette somme. La caution est
reçue par le juge de paix. Le tout, sans qu'il soit
dérogé aux règles établies dans les possessions françaises de l'Inde en matière de contrainte par corps,
soit avant, soit après jugement.

« Art. 17. S'il y a péril en la demeure, l'exécution
provisoire peut être ordonnée sur la minute du jugement avec ou sans caution, suivant les distinctions
exprimées en l'article précédent.

« Art. 18. Les jugements rendus en dernier ressort
par les juges de paix ne peuvent être attaqués par
voie de recours en cassation ; ils ne peuvent être dé-
férés à la Cour royale par voie d'annulation, que dans
les cas prévus par les articles 69 et suivants. »

L'article 209 de l'ordonnance que nous citons, maintient en vigueur certaines règles éparses dans divers arrêtés locaux. Il est donc nécessaire de rechercher et d'indiquer les articles de ces arrêtés qui sont encore applicables.

« Art. 209. Sont abrogées les ordonnances organiques des 23 septembre 1827 et 11 septembre 1832, et toutes autres dispositions contraires à la présente ordonnance.

« Continueront d'être observés les lois, ordonnances, règlements et article en vigueur dans l'Inde, concernant les diverses classes d'habitants, sur toutes les matières et juridictions qu'elle n'a pas réglées. »

Du principe contenu dans cet arrêté, nous pouvons conclure, que les dispositions suivantes sont encore applicables :

Arrêté du 24 février 1834.

« Art. 3. Les parties peuvent toujours se présenter volontairement devant un juge de paix lorsqu'il s'agira des actions énoncées aux deux articles précédents, auquel cas il jugera leurs différends, soit en dernier ressort, si les lois ou les parties l'y autorisent, soit à la charge de l'appel, encore qu'il ne fût le juge naturel des parties, ni à raison du domicile du défendeur, ni à raison de la situation de l'objet litigieux.

« La déclaration des parties qui demanderont jugement sera signée par elles, ou mention sera faite si elles ne peuvent signer.

« Art. 4. Les contestations qui s'élèvent entre les Indiens sur des affaires personnelles mobilières ou de commerce, et dans lesquelles l'une des parties ou toutes deux sont étrangères et non domiciliées sur le territoire, peuvent être portées, même sans assigna-

tion, si les parties y consentent, devant le Tribunal
de paix, quelque soit le montant de la demande, pour
être jugées sans appel jusqu'à la valeur de. trente
roupies, et, à charge d'appel, au-dessus de cette demande.

« Le consentement des parties sera constaté en la
forme prescrite par l'article 3, si les parties se présentent sans citation.

« Art. 5. Les jugements du Tribunal de paix seront
exécutoires par provision, nonobstant l'appel, en
donnant caution, laquelle pourra être personnelle,
devra être discutée devant le juge de paix, et sera
contraignable par corps, ainsi que pour recouvrement
des frais et amendes.

«Art. 7. Dans les affaires ordinaires et sur toutes les
demandes excédant la compétence des Tribunaux de
paix, si le défendeur se présente en personne avec le
demandeur devant le juge de paix, pour reconnaître
sa dette, et demande seulement terme et délai, il sera
statué par le juge de paix, et accordé un délai court
et modéré selon les circonstances.

«De même et si, au jour fixé par la citation, le défendeur paraît en personne devant le Tribunal de première instance pour reconnaître la dette et demander
seulement terme et délai, il sera dispensé de se faire
représenter par un conseil agréé, et d'en constituer
un, en produisant la citation qui sera déposée au
greffe.

«Il lui sera donné acte de ses comparution et reconnaissance, et il sera, de suite, statué sur ses
observations.

«Cette nature d'affaire sera jugée avant toutes autres
sur la réquisition du défendeur, qui aura remis son
ajournement au greffier, à l'ouverture de l'audience,
et il en sera dressé un rôle distinct qui servira à l'appel
immédiat de ces causes.

« Art. 8. Au cas de dénégation d'écritures et signatures au bas des titres produits devant le juge de paix, et même alors que la partie à qui on l'oppose aurait déclaré s'inscrire en faux, il sera loisible au juge, sur la demande des intéressés, et même d'office, d'ordonner la comparution en personne, en présence des parties ou elles dûment citées, des écrivains, rédacteurs et témoins qui auraient signé l'obligation, et même, au cas de décès de ceux-ci, des témoins qui auraient vu signer les actes, et déclarer, le cas échéant, la dénégation ou inscription de faux non recevable, en condamnant, même par corps, la partie qui succombera, à une amende de une à huit roupies pour les Européens et gens à chapeaux, et de une à quatre roupies pour les Indiens, applicable au comité de bienfaisance, et aux frais de l'incident.»

Le juge de paix a, sur les affaires de caste, une compétence qui est déterminée par l'arrêté du 26 mai 1827, que nous avons cité au chapitre du Mariage. Le mode de procéder est réglé par l'arrêté suivant :

Arrêté du 2 novembre 1841.

«Art. 1er. Il est interdit à tout conseil agréé européen ou indien, à Pondichéry et dans les Établissements français de l'Inde, sous peine d'interdiction et de peine plus grave, s'il y a lieu, de s'immiscer, de quelque manière que ce soit, dans les affaires de caste dont la connaissance et la décision demeurent réservées au Gouverneur.

« Art. 2. Lesdites affaires de caste seront traitées sans aucune intervention de procureurs, fondés de pouvoirs, ou mandataires, sous quelque dénomination que ce puisse être, à titre salarié ou à titre gratuit. Les demandes ou réclamations qui les concernent seront adressées par les parties intéressées, à Pondichéry directement au Gouverneur, et, dans les Établissements secondaires, par l'intermédiaire des chefs de service desdits Établissements, qui les feront suivre d'un rapport motivé.

« Art. 3. En cas d'urgence et de nécessité absolue, les chefs de service dans les Établissements secondaires, devront statuer et faire exécuter provisoirement leur décision.

« Ils en rendront compte immédiatement au Gouverneur, qui confirmera ou réformera la décision, s'il y a lieu.

« Art. 4. Les affaires de caste seront décidées par le Gouverneur, au moyen d'arrêtés ou décisions; en matière d'administration et de police, conformément aux articles 48 et 105 § 1ᵉʳ de l'ordonnance royale du 23 juillet 1840.

« Art. 5. Dans les Établissements français de l'Inde, aucun recours ne sera admis, soit au contentieux administratif, soit autrement, contre lesdits arrêtés ou décisions.

« Art. 6. Il n'est rien innové, par les présentes, aux dispositions de l'arrêté du 26 mai 1827, dont l'article 6 (1ᵉʳ alinéa) fixe les attributions du juge de paix lieutenant de police dans les affaires de caste ordinaires qui ne présentent pas de gravité, et qui continueront d'être décidées sans discussion, par simple homologation, s'il y a lieu, en tout ou en partie des décisions de la caste ou de la parenté , ou du comité consultatif de jurisprudence indienne.

« Toutefois, et en tout état, quels que soient les avis des assemblées de castes, et même après l'homologation du juge de paix, il sera loisible au Gouverneur d'évoquer lesdites affaires lorsqu'il le jugera nécessaire et utile, pour y être statué ainsi qu'il a été réglé ci-dessus.

« Art. 7. Sont abrogés tous arrêtés ou règlements locaux, en ce qu'ils auraient de contraire aux dispositions présentes. »

L'appel des jugements rendus en matière de caste est porté devant le Gouverneur.

Arrêté de 26 mai 1827.

« Art. 33. Les appels des jugements rendus par le Tribunal de police dans les affaires de caste, dont la connaissance lui est attribuée par l'article 6, et dans les cas de contravention prévus par le n° 38 de l'article 23 de l'ordonnance du 25 de ce mois, sont portés devant l'Administrateur général.

« Ils ne sont recevables que dans les dix jours de la date des jugements en matière de caste et dans les trois jours en matière de police simple. »

§ 2. TRIBUNAUX DE PREMIÈRE INSTANCE.

La compétence des Tribunaux de première instance est fixée par l'article 23 de l'ordonnance de 1842.

Ordonnance de 1842.

« Art. 23. Les Tribunaux de première instance sont composés, savoir :

« 1° Celui de Pondichéry, d'un juge royal, d'un lieutenant de juge et d'un juge suppléant ;

« 2° Celui de Chandernagor, d'un juge royal et d'un lieutenant de juge ;

« 3° Celui de Karikal, d'un juge royal.

« Il y a, près de chacun de ces Tribunaux, un procureur du Roi, un greffier, et, s'il y a lieu, un ou plusieurs commis-greffiers assermentés.

« Ces Tribunaux, comme Tribunaux civils, prononcent sur l'appel des jugements rendus en premier ressort par les justices de paix.

« Ils connaissent, en premier et dernier ressorts, des actions personnelles, mobilières et commerciales au-dessus de cent cinquante francs jusqu'à cinq cents francs, et des actions immobilières, jusqu'à vingt-cinq francs de revenu déterminé, soit en rente, soit par prix de bail.

« Au-dessus de cinq cents francs, pour les actions personnelles, mobilières et commerciales ou lorsque la chose qui fait l'objet de l'action immobilière ne produit pas de revenu susceptible d'évaluation de la manière ci-dessus déterminée, ils jugent en premier ressort seulement.

« Toutefois, et à raison de son éloignement de la Cour royale, le Tribunal de Chandernagor juge en dernier ressort les actions personnelles mobilières et commerciales, jusqu'à mille francs, et les actions immobilières jusqu'à cinquante francs de revenu déterminé, comme il est dit ci-dessus. »

Le titre des ajournements au Code de procédure a été modifié dans la colonie par les arrêtés suivants :

Arrêté du 21 mai 1838.

« Les parties auront huitaine franche pour répondre aux requêtes, répliques ou dupliques, outre les délais de distance.

« Ces délais seront calculés ainsi qu'il suit :

« Pour Karikal et le ressort du Tribunal, et Madras, trente jours ; pour Mahé et Yanaon, soixante jours ; pour Chandernagor et Calcutta, quatre-vingt-dix jours.

« Pour Bourbon et ses dépendances, pour l'île Maurice et ses dépendances, six mois.

« Pour la France et les pays situés à l'est du cap de Bonne-Espérance, deux ans.

« Dans tous les autres cas, et pour tous ceux qui habitent d'autres lieux du territoire anglais que ceux indiqués, le délai de huitaine sera augmenté d'un jour par myriamètre.

« Lorsque la signification à une partie domiciliée

hors la colonie, sera donnée à sa personne dans la colonie, il n'y aura pas lieu d'ajouter des délais de distance ; néanmoins le Tribunal pourra accorder un délai.

« Dans les cas qui requièrent célérité, le président pourra permettre d'assigner à bref délai.

« Art. 13. Pourront les juges renvoyer les affaires devant des arbitres lorsqu'ils l'estimeront nécessaire : dans ce cas, lorsque lesdites affaires seront jugées suffisamment instruites, les pièces seront remises par le greffier aux arbitres nommés par les parties, sinon d'office, lesquels arbitres déposeront leur avis arbitral au greffe, le plus tôt possible, pour, ensuite et sur le rapport qui en sera fait, être ordonné ce qu'il appartiendra.

« Art. 16. Outre les affaires communicables désignées par le Code de procédure, le ministère public devra être entendu dans toutes les affaires concernant les partages de communautés ou les successions entre Indiens ou Musulmans.

« Le ministère public pourra, en outre, lorsqu'il le jugera convenable, prendre communication de toutes les causes sans exception.

« Pourront également les Cours ou Tribunaux ordonner que l'affaire sera communiquée au ministère public, afin qu'il donne ses conclusions, et, dans ce dernier cas, le ministère public devra donner son avis motivé et non se borner à s'en rapporter à justice.

« Art. 18. Tout fondé de pouvoirs qui se présentera pour une partie, devra justifier de sa procuration détaillée et spécifiant le mandat, surtout lorsqu'il s'agira de nier une dette ou une signature.

« Art. 19. Tout défenseur ou fondé de pouvoirs, qui sera convaincu d'avoir outre-passé son mandat, et surtout d'avoir, sans y être autorisé, nié des faits ou une signature ;

« Ou qui aurait imposé un traité exhorbitant à sa

partie, ou aurait exigé d'elle une commission excessive, ou qui, ayant touché de l'argent pour sa partie, tarderait à le lui rendre, ou qui, dans ses explications verbales à l'audience, se serait écarté du respect dû à la Cour ou aux Tribunaux, ou qui aurait, par sa négligence, compromis les intérêts de la partie ;

« Ou plaidé, avec connaissance, des faits faux ;

« Sera, d'office ou sur les réquisitions du ministère public, interdit du droit de se présenter à l'audience pour autrui, dans aucuns Tribunaux des Établissements français dans l'Inde, et de signer également pour autrui des pièces de procédure, sauf l'application de peines plus graves, s'il en a été encouru.

« Ils pourront également être condamnés, et ce par corps, personnellement aux frais et même à des dommages-intérêts.

« Le présent article est applicable aux Tribunaux de paix et de police, ainsi que les articles 17 et 18. »

L'article 13 de cet arrêté, nous paraît encore applicable. Il est d'usage, dans la colonie, de renvoyer les partages d'immeubles de peu de valeur devant les béchecars ou d'autres arbitres.

Arrêté du 2 septembre 1839.

« Art. 1er. L'article 3 de l'arrêté local du 21 mai 1838, n° 777, est abrogé ; il sera remplacé par l'article suivant :

« Les causes commerciales, criminelles et correc-
« tionnelles, continueront à être instruites et jugées,
« conformément au Code de commerce, aux Codes
« criminels de la métropole et des arrêtés locaux. »

« En matière commerciale, la Cour fera faire des appels par un simple exploit d'ajournement.

« Art. 2. Les articles 4, 5, 6, 7, 8, 14, 17 et 19 de l'arrêté local du 21 mai 1838, n° 788, sont abrogés ; ils seront remplacés par les articles suivants :

(198)

« Art. 6. Les parties auront huitaine franche, à
partir de la signification, pour répondre aux requêtes,
répliques, outre les délais de distance.

« Ces délais seront calculés ainsi qu'il suit :

« Pour Karikal et le ressort du Tribunal, ainsi que
pour Madras, trente jours; pour Mahé et Yanaon,
soixante jours; pour Chandernagor et Calcutta, quatre-
vingt-dix jours.

« Pour l'île Maurice et ses dépendances, six mois.

« Pour Bourbon et ses dépendances, six mois.

« Pour la côte de l'Est, jusqu'au détroit de la Sonde,
et Sumatra, six mois.

« Pour Java et ses dépendances, et les îles Philip-
pines, un an.

« Pour l'Europe et les pays situés à l'ouest du cap
de Bonne-Espérance, deux ans.

«Les exploits de signification d'ajournement devront
contenir, à peine de nullité, l'évaluation des délais.

« Art. 17. Pourra tout individu, majeur non interdit et jouissant des droits mentionnés en l'article
42 du Code pénal, être admis à représenter les parties,
signer les requêtes concurremment avec elles, paraître pour elles à l'audience.

« Les Procureurs seront tenus de défendre d'office
les accusés sur la désignation du président.

« Les Cours et Tribunaux auront, soit d'office, soit
sur la réquisition du ministère public, le droit
d'interdire la plaidoirie devant eux, à tout individu
qui ne leur paraîtrait pas présenter de suffisantes
garanties. Ces décisions seront prises en chambre du
conseil, le ministère public entendu. La partie intéressée sera appelée pour répondre personnellement
aux questions du président, et se justifier des griefs
allégués contre elle.

« Ces décisions ne seront susceptibles ni d'opposition, ni d'appel.

« Art. 19. Tout défenseur ou fondé de pouvoirs,

qui sera convaincu d'avoir outre-passé son mandat, et surtout sans y être autorisé, nié des faits ou une signature ;

« Qui aurait imposé un traité exhorbitant à sa partie, ou aurait exigé d'elle une commission excessive ; qui, ayant touché de l'argent pour sa partie, tarderait à le lui rendre ; qui aurait manqué au respect dû à la Cour et aux Tribunaux, ou aux devoirs de son état ;

« Qui aurait, par sa négligence, compromis les intérêts de sa partie, ou plaidé, avec connaissance, des faits faux ;

« Sera, d'office, ou sur les réquisitions du ministère public, et en la forme prescrite par l'article précédent, suspendu pour un temps, ou même interdit du droit de se présenter à l'audience pour autrui dans aucuns Tribunaux des Établissements français dans l'Inde, et de signer également, pour autrui, des pièces de procédure, sauf l'application de peines plus graves, s'il en a été encouru.

« Il pourra également être condamné, et ce par corps, personnellement aux frais et même à des dommages-intérêts.

« Ces décisions, qui seront motivées, seront susceptibles d'appel, lorsqu'elles émaneront d'un Tribunal inférieur.

« Le présent article est applicable aux Tribunaux de paix et de police, ainsi que les articles 17 et 18. »

Arrêté de 2 juillet 1840.

« Art. 1er. A compter du 1er septembre 1840, les dispositions du Code de procédure civile, livre II titre 2 des Ajournements, seront remis en vigueur dans les Établissements français de l'Inde, sous les modifications ci-après exprimées aux articles 61. 69. 72, 73 et 74.

61. L'exploit d'ajournement contiendra : 1° la

date des jours, mois et an ; les noms, profession, caste et domicile du demandeur, avec l'indication du nom de son père et indication de domicile dans le lieu où siége le Tribunal, s'il n'y demeure pas ; 2° les noms, demeure et immatricule de l'huissier, les noms et demeure du défendeur et mention de la personne à laquelle copie de l'exploit sera laissé ; 3° l'objet de la demande, l'exposé sommaire des moyens ; 4° l'indication du Tribunal qui doit connaître de la demande et du délai de comparaître ; le tout, à peine de nullité.

« 69. Seront assignés :

« 1° L'État, lorsqu'il s'agit de domaines et droits domaniaux, en la personne et au domicile du Commissaire Ordonnateur.

« 2° Le Trésor, en la personne ou au bureau du trésorier.

« 3° Les administrations ou établissements publics, en leurs bureaux ; dans les autres lieux, en la personne de leur préposé.

« 4° Le Roi, pour ses domaines, en la personne du procureur du Roi de l'arrondissement.

« 5° Les communes, en la personne ou au domicile du juge de paix lieutenant de police, remplissant les fonctions de maire à Pondichéry, Chandernagor et Karikal ; à Mahé et à Yanaon, en la personne ou au domicile du chef de l'Établissement.

« Dans les cas ci-dessus, l'original sera visé de celui à qui la copie de l'exploit sera laissée ; en cas d'absence ou de refus, le visa sera donné, soit par le juge de paix, soit par le procureur du Roi près le Tribunal de première instance, soit par le chef de loge à Mahé et à Yanaon, auquel, en ce cas, la copie sera laissée.

« 6° Les sociétés de commerce, tant qu'elles existent, en leur maison sociale, et s'il n'y en a pas, en la personne ou au domicile de l'un des associés.

« 7° Les unions et directions de créanciers, en la personne ou au domicile de l'un des syndics ou directeurs.

« 8° Ceux qui n'ont aucun domicile connu dans la colonie, au lieu de leur résidence habituelle ; si le lieu n'est pas connu, l'exploit sera affiché à la principale porte de l'auditoire du Tribunal civil où la demande est portée ; une seconde copie sera donnée au procureur du Roi, lequel visera l'original.

« 9° Ceux qui habitent le territoire français hors des Établissements français de l'Inde et ceux qui sont établis chez l'étranger, au domicile du procureur du Roi près le Tribunal où sera portée la demande, lequel visera l'original, et enverra la copie au Procureur général, qui en disposera conformément à l'arrêté local du 13 décembre 1832.

« 72. Le délai ordinaire des ajournements sera de huitaine, pour ceux qui sont domiciliés dans l'arrondissement du Tribunal de première instance de Pondichéry ; de trente jours, pour ceux qui sont domiciliés à Karikal et dans le ressort de son Tribunal ; de deux mois, pour ceux qui sont domiciliés à Mahé et Yanaon ; de trois mois pour ceux qui sont domiciliés à Chandernagor. Dans les cas qui requerront célérité, le juge royal pourra, par ordonnance rendue sur requête, permettre d'assigner à bref délai.

« 73. Si celui qui est assigné demeure hors du territoire de la colonie, le délai sera :

« 1° Pour ceux demeurant à l'île Maurice et ses dépendances, comme à l'île de Bourbon et ses dépendances, de six mois ;

« 2° Pour ceux demeurant en France et dans les lieux situés à l'ouest du cap de Bonne-Espérance, de dix-huit mois.

« 74. Lorsqu'une assignation, à une partie domiciliée hors de la colonie, sera donnée à sa personne dans la colonie, elle n'emportera que les délais ordinaires, sauf au Tribunal à les prolonger , s'il y a lieu.

« Art. 2. Seront également mises en vigueur, sous les modifications ci-après exprimées, les dispositions des articles 145, 456, 468, 495, 509 et 515 du Code cité.

« 145. Sur un simple acte d'agréé à agréé, ou sur une simple sommation à partie au domicile élu, à défaut de domicile réel, au siége du Tribunal , les parties seront réglées sur l'opposition aux qualités par le juge qui aura présidé, et, au cas d'empêchement, par le plus ancien des juges-auditeurs qui auront assisté à l'audience.

« Dans les causes où il n'y a point d'agréé chargé, les qualités seront rédigées par le greffier, au refus de la partie.

« Il en sera de même dans les Établissements où il n'existe point de conseils agréés.

« 456. L'acte d'appel contiendra assignation dans les délais de la loi, et sera signifié à personne ou à domicile, à peine de nullité. Il n'est pas nécessaire qu'il contienne des griefs de l'appelant.

« 468. En cas de partage dans la Cour royale, on appellera pour le vider, un au moins , ou plusieurs des juges qui n'auront pas connu de l'affaire , et toujours en nombre impair, en suivant l'ordre du tableau.

« L'affaire sera de nouveau plaidée, ou de nouveau rapportée, s'il s'agit d'une instruction par écrit.

« Dans le cas où tous les juges auraient connu de l'affaire, il sera appelé pour le jugement, à défaut de juges honoraires ayant voix délibérative, trois anciens jurisconsultes, ou conseils agréés.

« 495. La consultation, prescrite en matière de requête civile, sera donnée par deux avocats ou licenciés, et, à défaut, par deux conseils agréés européens ou indiens exerçant près la Cour royale.

« 509. Au cas prévu par le deuxième § de l'article 509, la prise à partie contre la Cour royale sera portée devant la Cour de cassation.

«Art. 515. Lorsqu'il y aura lieu de suivre la prise à partie devant la Cour royale, elle sera portée à l'audience sur un simple acte, et pourra être jugée par les mêmes juges que ceux qui auront prononcé l'admission.

«Art. 3. Celles des dispositions du Code de procédure civile, qui sont uniquement fondées sur l'établissement de plusieurs Tribunaux de première instance dans le ressort d'une même Cour royale, sont supprimées.

« *De la distribution des causes et de l'instruction d'audience à la Cour royale.*

«Art. 4. Il sera tenu, par le greffier de la Cour, un registre ou rôle, sur lequel seront inscrites les affaires civiles ou commerciales venant par voie d'appel.

« Ce registre sera coté et paraphé par le président.

« Art. 5. L'inscription devra être faite lors de l'échéance des délais de l'assignation et, au plus tard, immédiatement avant l'audience.

« Chaque inscription contiendra les noms des parties et ceux des conseils, s'il y en a de chargés.

« Art. 6. A l'ouverture de chaque audience, l'huissier de service fera successivement l'appel des causes, dans l'ordre de leur inscription au rôle.

«Sur cet appel et à la même audience, les causes seront distribuées par le président à l'un des jours de la semaine.

«Il sera donné défaut contre la partie qui ne se présentera pas, ou un conseil pour elle, sur les conclusions signées de la partie ou du conseil qui le requerra.

«Ces conclusions seront immédiatement remises au greffier.

«Art. 7. Si un conseil, ou la partie, demande acte, pendant l'audience, de sa présentation, il sera procédé comme il est dit en l'article 6.

«Art. 8. Les causes où il y aura eu présentation de conseils ou des parties, seront portées à l'audience du jour de la semaine où elles auront été distribuées par le président, sur simple sommation de conseil à conseil, ou à domicile élu par la partie, signifiée par l'huissier audiencier.

«Art. 9. Dans toutes les affaires civiles, le président, avant toutes discussions, fait déposer, à l'audience où la cause a été indiquée, des conclusions motivées en fait et en droit, par le demandeur et par le défendeur. Ces conclusions seront signées, soit par la partie elle-même, soit par son conseil, ou son fondé de pouvoirs, suivant les distinctions exprimées en l'arrêté du 27 avril.

«La Cour donnera acte, aux parties, des conclusions par elles prises. L'arrêt de qualités posées sera porté sur la feuille d'audience, et les conclusions seront remises au greffier.

«Elles seront signifiées avant les plaidoiries, dans les deux langues, native et française.

«L'arrêt, qui interviendra par suite au jour indiqué pour plaider, sera réputé contradictoire.

«Art. 10. Le greffier tiendra, pour chaque semaine, un rôle particulier, sur lequel les causes seront inscrites dans l'ordre de leur distribution, avec mention de leur numéro au rôle général.

«Les rôles particuliers seront affichés dans l'auditoire et au greffe.

«Art. 11. Aucune cause ne pourra être plaidée qu'autant qu'elle aura été affichée huit jours à l'avance, si ce n'est en cas d'urgence ou du consentement des parties.

« Art. 12. Dans toutes les causes, les conseils, ou la partie, avant d'être admis à requérir défaut ou à plaider, remettront, au greffier de service, leurs conclusions motivées, avec le numéro du rôle particulier.

« Lorsque, à l'audience, le conseil, ou la partie, changera les conclusions posées, ou en prendra de nouvelles, ils seront tenus, après les avoir signées, de les remettre au greffier, qui les joindra à celles précédemment déposées.

« Art. 13. Si, au jour fixé pour plaider, ni les parties, ni les conseils ne se présentent, ou si la partie, présente ou représentée, refuse de prendre jugement, la Cour pourra, après avoir ordonné que les pièces seront déposées sur le bureau, juger sur le vu desdites pièces et déclarer que la cause est retirée du rôle particulier.

« Aucune cause retirée du rôle ne pourra y être rétablie, que sur le vu de l'expédition de l'arrêt de radiation, dont le coût restera à la charge du conseil ou de la partie qui y aura donné lieu, sans préjudicier aux dommages-intérêts et injonctions qui pourront être prononcés, selon les circonstances, contre la partie ou le conseil.

« Art. 14. Lorsqu'il aura été formé opposition à un arrêt par défaut, la cause reprendra le rang qu'elle occupait, soit au rôle général, soit au rôle particulier, à moins qu'il ne soit accordé, par le président, un jour fixe pour statuer sur les moyens d'opposition.

« Art. 15. Les causes, dans lesquelles il aura été prononcé un arrêt interlocutoire préparatoire ou d'instruction, seront, après l'instruction, jugées dans l'ordre où elles avaient d'abord être placées.

« *De la communication des causes au ministère public.*

« Art. 16. Le ministère public assistera à toutes les audiences. Dans les causes qui devront lui être communiquées, les conseils ou les parties seront tenus de remettre les pièces au parquet, la veille de l'audience où la cause devra être appelée.

« Dans les causes contradictoires, cette communication devra être faite trois jours au moins avant celui indiqué pour la plaidoirie.

« Si la remise des pièces n'a pas été faite dans les temps prescrits, elle ne passera point en taxe.

« Art. 17. Lorsque celui qui remplit les fonctions du ministère public ne portera pas la parole sur le champ, il ne pourra demander de délai excédant quinzaine, et il en sera fait mention sur la feuille d'audience.

« Art. 18. Dans les procès mis au rapport et dont l'instruction sera faite par écrit, le juge rapporteur devra veiller à ce que les communications au ministère public soient faites assez à temps pour que le jugement ne soit pas retardé.

« Le ministère public, après avoir pris communication des pièces, les fera remettre dans le plus bref délai au rapporteur, quand il les aura reçues de ses mains, sinon, au greffe.

« Art. 19. Le ministère public, une fois entendu, les parties ni leurs conseils, ne pourront obtenir la parole après lui; ils pourront seulement remettre sur le champ de simples notes, ainsi qu'il est dit à l'article 111 du Code de procédure civile.

« Du jugement à la Cour royale.

« Art. 20. Lorsque les juges tenant audience trouveront une cause suffisamment éclaircie, le président pourra faire cesser les plaidoiries.

« Art. 21. Il mettra la matière en délibération, et recueillera ensuite les opinions dans l'ordre inverse du rang que les magistrats occupent entre eux.

« Dans les affaires jugées sur rapport, le rapporteur opinera le premier.

« Art. 22. Aucun membre du ministère public ne pourra assister aux délibérations des juges.

« La même disposition s'appliquera au greffier.

« Art. 23. Les arrèts seront rendus à la majorité des voix.

« Art. 24. La rédaction des arrèts contiendra, indépendamment de ce qui est prescrit par le Code de procédure civile, la mention qu'ils ont été prononcés publiquement et à l'audience, sous peine, s'il y a lieu, de dommages-intérêts contre le greffier, envers les parties.

« Art. 25. Le greffier portera, sur la feuille d'audience du jour, la minute de chaque arrèt, aussitôt qu'il aura été rendu.

« Les feuilles d'audience seront vérifiées par le président et signées par lui et par le greffier, dans les vingt-quatre heures qui suivront l'audience où l'arrèt aura été prononcé; elles seront de papier de même forme et réunies par années en forme de registre.

« Le greffier se conformera, en outre, aux dispositions du titre 7 livre II du Code de procédure civile.

« Art. 26. Si le président se trouvait dans l'impossibilité de signer la feuille d'audience, elle devra l'être, dans les vingt-quatre heures suivantes, par le plus ancien des magistrats qui aura assisté à l'audience.

« Art. 27. Dans le cas où le greffier serait dans l'impossibilité de la signer, il suffira que le président en fasse mention en signant.

« Art. 28. Si les feuilles d'une ou de plusieurs audiences n'avaient pas été signées dans les délais et ainsi qu'il est dit ci-dessus, la Cour pourra, suivant les circonstances et sur les conclusions par écrit du Procureur général, autoriser un des conseillers, qui auront concouru à ces arrèts, à les signer.

« Du jugement au Tribunal de première instance.

« Art. 29. Lorsque le juge royal trouvera une

cause suffisamment éclaircie, il pourra faire cesser les plaidoiries.

« Art. 30. Les dispositions des articles 22, 24, 25, 26, 27 et 28 ci-dessus, sont applicables au Tribunal de première instance.

« Art. 31. Sont abrogées toutes dispositions d'anciens édits, règlements, lois ou arrêtés, contraires au présent arrêté. »

Ces trois arrêtés déterminent les délais des ajournements. Les arrêtés de 1839 et 1840, contiennent une lacune relativement aux délais des ajournements pour les aldées étrangères, voisines de notre territoire : l'arrêté de 1838 avait prévu ce cas dans son article 6. Comme cet article a été formellement abrogé par l'article 2 de l'arrêté de 1839, il s'agit de savoir quels sont les délais des ajournements pour les aldées étrangères, voisines de notre territoire, et non spécialement désignées dans l'arrêté. Il nous semble que l'arrêté de 1839 doit être consulté comme raison écrite et, qu'en l'absence d'une disposition nouvelle, les Tribunaux doivent continuer à l'appliquer par extension de l'article 1033 du Code de procédure.

L'arrêté de 1839 soulève une autre question. A l'époque de sa promulgation, toute personne avait le droit de représenter un plaideur devant les Tribunaux de la colonie. Le barreau a été rétabli par arrêté du 27 avril 1840 : les conseils agréés ont repris le droit exclusif de représenter les parties devant les Tribunaux civils. L'ordonnance du 7 février 1842 a reproduit les dispositions de l'arrêté de 1840. L'article 17 de l'arrêté de 1839, conférait aux Tribunaux le pouvoir d'interdire la plaidoirie aux mandataires des parties, sans distinguer entre les affaires civiles et les affaires commerciales. Cet article a-t-il été implicitement abrogé par l'arrêté de 1840 et l'ordonnance de 1842? Les Tribunaux ont-ils encore le pouvoir d'interdire à des procureurs le droit de représenter les parties dans les affaires commerciales? Il nous semble que les Tribunaux ont toujours le pouvoir d'interdire à des mandataires incapables, ou d'une moralité douteuse, le droit du représenter les parties devant la juridiction commerciale. Il leur est loisible d'agréer des personnes éclairées et honnêtes, capables de défendre les intérêts de leurs clients, et même de n'admettre que les conseils commissionnés par le Gouvernement. On écarterait ainsi, du prétoire du juge, les procureurs qui font métier de susciter et d'envenimer les procès.

Arrêté du 13 décembre 1832.

« Art. 1er. Les assignations ou toutes autres significations qui, d'après l'article 69 du Code de procédure civile, devaient être envoyées en France, au Ministre de la marine et au Ministre des affaires étrangères, ne seront ainsi transmises que dans le seul cas où elles intéresseraient des personnes retirées dans la France continentale ou dans tous autres pays français ou étrangers situés au delà du cap de Bonne-Espérance.

« Les significations aux personnes qui résident dans l'île de Bourbon ou à Madagascar, nous seront adressées par le Procureur général près la Cour royale de Pondichéry, pour les transmettre au Gouverneur de l'île de Bourbon.

« Celles adressées à des personnes habitant les pays en deçà du cap de Bonne-Espérance ou le territoire étranger dans l'Inde, seront transmises directement, par la poste, aux intéressés, à la diligence du Procureur général, si elles sont adressées à des Français ; à l'agent spécial de S. M. Britannique près les Établissements étrangers, si elles sont adressées à des Anglais ou étrangers retirés sur le territoire anglais; et aux agents des autres puissances dans le même cas.

« Art. 2. Les significations qui, d'après l'article 69 du Code de procédure civile, doivent être adressées aux préfets, seront faites à l'Ordonnateur à Pondichéry, et à l'Administrateur dans chaque Établissement secondaire.

« Celles qui devaient être remises aux maires le seront, à Pondichéry et dans les chefs-lieux des Établissements français, au juge de police et, dans les aldées, au talavaye, qui sera tenu, sous sa responsabilité, de les transmettre immédiatement au juge de police, et ce dernier à l'Administrateur.

« Art. 3. Les significations faites à des personnes présumées absentes et qui résideraient néanmoins dans tout autre Établissement français que celui où se ferait la signification, seront transmises directement par ceux que la loi charge de les recevoir, au Procureur général près la Cour royale, pour les faire parvenir par les voies de droit.

« Toute disposition contraire au présent arrêté est abrogée. »

Arrêté du 22 juillet 1833.

« Art. 1er. Dans toutes les causes litigieuses intéressant le Trésor public, portées ou à porter devant les Tribunaux ordinaires, d'après la législation existante dans les Établissements français de l'Inde, soit contre les débiteurs de deniers publics, soit contre les fournisseurs, entrepreneurs et tous autres, par l'Administration générale, l'Inspection ou le Domaine, ou contre ces derniers par tout intéressé, les instances seront introduites par simple exploit d'ajournement, en la forme prescrite par le Code de procédure civile, au titre de l'ajournement, sous les modifications exprimées dans notre arrêté en date de cejourd'hui, spécial sur la matière, et par les articles ci-après :

«Les pièces et titres justificatifs seront signifiés en tête de la demande, à peine de rejet de la taxe des copies des pièces et titres que le demandeur serait tenu de donner dans le cours de l'instance, conformément à l'article 65 du Code de procédure civile.

« Art. 2. L'instruction, tant en première instance qu'en appel, se fera par simples mémoires respectivement signifiés sans plaidoiries, et le ministère des agréés en sera exclu, excepté lorsque l'instance aura pour objet des contestations sur la déclaration affirmative de tiers saisis ou une distribution de deniers par voie d'ordre ou de contribution, ou une vente forcée des immeubles du débiteur, mais à partir seulement de l'exécution du jugement qui, consacrant la saisie immobilière, aura ordonné la vente, ou s'il s'élève enfin une question de propriété : dans ces différents cas les affaires seront instruites et jugées dans les formes ordinaires prescrites par les lois suivies dans la localité.

« Art. 3. Les Tribunaux accorderont aux parties, pour produire leurs défenses, les délais qu'ils jugeront convenables, sans que ces délais puissent excéder quinze jours, après l'expiration du délai de l'ajournement.

« Art. 4. Les instances seront jugées au plus tard dans les deux mois à compter du jour de leur introduction fixée par la date de l'exploit introductif d'instance.

« Les jugements seront rendus sur le rapport d'un juge fait publiquement à l'audience et sur les conclusions du ministère public.

« Il sera fait mention, dans le jugement, de l'accomplissement de cette formalité, le tout à peine de nullité.

« Art. 5. Les jugements pourront être attaqués par la requête civile, dans les cas prévus par le Code de procédure civile, et par le recours en cassation, lequel ne sera point suspensif.

«Art. 6. La partie qui succombera n'aura d'autres frais à supporter que le coût des significations et des jugements, et, en outre, les frais d'agréés, dans le cas où leur ministère est encore autorisé, lesquels seront alors taxés sans frais, sur l'état appuyé de pièces justificatives, par le Tribunal qui aura connu de l'affaire; leur liquidation sera portée dans le jugement même. »

Les administrations ou établissements publics ne peuvent ester en justice qu'en se conformant aux dispositions suivantes.

L'État :

Ordonnance du 23 juillet 1840.

« Art. 87. § 1er. L'inspecteur colonial exerce les poursuites par voie administrative et judiciaire contre les débiteurs de deniers publics, les fournisseurs, entrepreneurs et tous autres qui ont passé des marchés avec le Gouvernement, fait établir tout séquestre, prend toutes hypothèques sur leurs biens, en donne main-levée, lorsque les débiteurs se sont libérés, et défend à toutes demandes formées par les comptables.

§ 2. Il procède, en outre, soit en demandant, soit en défendant, dans toutes les affaires portées devant le Conseil d'administration où le Gouvernement est partie principale.»

Les Fabriques :

Arrêté du 1er juillet 1831.

«Art. 12. Seront soumis à la délibération du conseil de fabrique :

« 1° Le budjet de la fabrique.

« 2° Le compte annuel du trésorier.

« 3° Toutes les dépenses extraordinaires au delà de cinquante francs.

« 4° La demande en autorisation d'ester en justice,

les baux, échanges ou aliénations des propriétés de l'église.

« 5° Les legs ou fondations pieuses dont les titres seront, avec l'avis du conseil, transmis par le président au Directeur de l'intérieur.

« Lorsqu'il y aura lieu, dans un Établissement secondaire, à délibérer sur ce dernier objet, l'avis du conseil sera adressé au chef de l'Établissement, qui le transmettra au Gouverneur avec son avis motivé.

« Art. 27. Tout notaire qui aura passé ou reçu en dépôt un acte contenant donation entre vifs ou des dispositions testamentaires exécutoires au profit d'une église, sera tenu d'en donner avis au curé et au président du conseil de fabrique, sous peine des dommages qui pourraient résulter de l'omission de cet avis.

« Art. 28. Aucuns legs ou donations en faveur des églises ne pourront être acceptés par le conseil de fabrique, que sur l'autorisation du Gouverneur en Conseil privé, ou de Sa Majesté, selon qu'il y aura lieu, et suivant ce qui est prescrit par l'ordonnance royale du 30 septembre 1827, concernant les règles à suivre pour l'acceptation des dons et legs en faveur des églises.

« En attendant l'acceptation, le conseil de fabrique fera tous les actes conservatoires qui seront jugés utiles.

« Art. 29. La même autorisation sera nécessaire au conseil de fabrique pour les aliénations ou échanges de biens immeubles de l'église, les baux à longues années, l'emploi des deniers provenant des donations ou legs sans destination spéciale, et des fonds excédant la dépense, le remploi des capitaux remboursés, prix de vente ou soulte d'échange.

« Art. 30. Ne pourra le conseil de fabrique entreprendre aucun procès, ni y défendre, sans une autorisation du Gouverneur en Conseil privé, rendue sur la délibération du conseil de fabrique.

« Toutefois, le trésorier sera tenu de faire tous actes conservatoires pour le maintien des droits de la fabrique, et toutes les diligences nécessaires pour le recouvrement de ses revenus.

« Art. 31. Les procès seront soutenus au nom de la fabrique et à la requête du trésorier.

« Art. 32. Toutes contestations relatives à la propriété des biens et toutes poursuites à fin de recouvrement des revenus, seront portées devant les Tribunaux ordinaires.

« Art. 40. Sur la plainte qui lui en sera portée, le procureur du Roi fera poursuivre en règlement de compte le trésorier qui se trouverait en retard de rendre ses comptes.

« Les Tribunaux donneront un délai pour l'apurement de ce compte devant le conseil de fabrique et, faute par le trésorier de s'être conformé à ce premier jugement, les mêmes Tribunaux le condamneront provisoirement au payement, au profit de la fabrique, d'une somme égale à la moitié des recettes de l'année précédente, sans préjudice aux autres poursuites qu'il pourrait y avoir lieu de diriger contre lui. »

Le Collége :

Arrêté du 15 septembre 1831.

« Art. 1er. Le proviseur du collége royal de Pondichéry est chargé de suivre la rentrée des sommes dues par les parents des élèves.

« Art. 2. Les poursuites seront exercées par le procureur du Roi près le Tribunal de première instance, à la requête du proviseur du collége.»

Arrêté du 19 mars 1844.

«Art. 1er. Le proviseur du collége royal est chargé de suivre la rentrée des sommes dues par les parents des élèves.

«Art. 2. Faute, par les parents, d'en acquitter le montant, après deux avis à eux donnés par le proviseur, à huit jours de distance, ils seront, sur sa dénonciation, poursuivis par le receveur du domaine.

«Art. 3. La dénonciation du proviseur au receveur sera accompagnée du décompte des sommes dues par les élèves, et des deux avis mentionnés à l'article précédent.

«Art. 4. Les ordonnances et règlements qui fixent le mode de perception des contributions publiques et les poursuites contre les redevables, sont, en tous points, applicables au recouvrement des sommes dues au collége.

«Art. 5. Les sommes perçues par le receveur du domaine seront versées dans la caisse du collége.»

Les Fermes :

Arrêté du 14 novembre 1832.

«Art. 87. Toutes contestations entre le Gouvernement et les fermiers seront jugées administrativement.

«Celles qui pourraient s'élever sur le fond des droits établis par le présent arrêté, seront portées devant la Cour royale, qui prononcera en chambre du conseil sur les mémoires des parties et sur celui du receveur du domaine, auquel les premiers devront être communiqués.

«Art. 88. Le payement des sommes dues aux fermiers des contributions directes et indirectes par les sous-fermiers ou débitants, pour le prix de leurs débits ou sous-fermes, sera poursuivi à la requête des parties par le receveur du domaine, comme s'agissant de deniers royaux.

«Les formes établies par les ordonnances des 4 novembre et 15 décembre 1823 et 10 mars 1826, seront suivies en tous points dans ces poursuites, sous les modifications portées aux articles suivants.

Art. 89. Les fermiers ne pourront faire valoir, pour jouir du bénéfice de l'article précédent, que les baux et conventions qu'ils auront fait enregistrer au bureau du domaine dans les dix jours de leur date.

« Art. 90. Les requêtes adressées par les fermiers au receveur du domaine seront accompagnées de leur titres en originaux, et d'un compte certifié par eux, présentant d'une manière détaillée le montant des baux ou conventions, les sommes reçues, et les reliquats restant à recouvrer.

« Art. 91. Dans le cas où les demandes des fermiers motiveront des réclamations de la part des parties, elles devront être adressées au Gouverneur, avec toutes les pièces à l'appui, dans les cinq jours du premier avertissement du domaine.

« Ces requêtes seront signifiées aux fermiers demandeurs, et les réponses de ces derniers seront notifiées aux défendeurs, avec injonction d'y fournir leur réplique dans le délai de cinq jours, à peine de déchéance.

« L'instruction terminée, il sera statué, par le Gouverneur en conseil, sur le rapport du receveur du domaine, et les décisions prises seront signifiées aux débiteurs avec sommation d'y satisfaire dans le délai de trois jours, faute de quoi, ils y seront contraints dans les formes prescrites par les articles 8, 9, 10, 11 et 12 de l'instruction réglementaire du 15 décembre 1823, et 7, 8, 9 et 10 de l'ordonnance locale du 10 mars 1826.

« Art. 92. Les significations de pièces et décisions qui auront lieu en vertu de l'article précédent, seront faites par l'huissier de l'Administration générale.

« Art. 93. Les fermiers défendront eux-mêmes à toutes demandes formées par les tiers devant les Tribunaux, par suite de saisies immobilières. »

Les Pagodes :

Arrêté du 22 juillet 1828.

« Art. 7. Le comité ne pourra ester en jugement, ni en demandant ni en défendant; il ne pourra aliéner, hypothéquer, ni louer à long terme un immeuble appartenant aux pagodes qu'après l'autorisation de l'Administrateur général accordée sur le rapport du receveur du domaine (*abrogé.*)»

Arrêté du 30 novembre 1846.

« Art. 1er. Les dispositions contenues dans les arrêtés des 4 novembre et 13 décembre 1823, en ce qui concerne les poursuites à exercer pour le recouvrement des contributions directes, indirectes et domaniales, sont déclarées applicables au recouvrement des droits et revenus des pagodes de Pondichéry. »

Arrêté du 13 janvier 1855.

« Art. 1er. L'ordonnance du 22 juillet 1828, les arrêtés des 22 avril 1830, 20 juin 1832, 3 septembre 1838 et 24 juin 1854, sont et demeurent abrogés.

« Sont également abrogées toutes les dispositions ou instructions réglementaires entraînant directement ou indirectement l'intervention du Gouvernement ou d'un fonctionnaire quelconque dans la perception des revenus, la régie des biens et l'administration intérieure des pagodes.

« Art. 2. Il sera nommé par le Gouverneur, en Conseil, pour chacune des pagodes placées actuellement sous l'administration du domaine, un comité composé de cinq membres, auquel remise sera faite de tous les biens, meubles ou immeubles et de tous les titres appartenant aux pagodes.

« Le choix du Gouverneur, en Conseil, sera fait sur

des listes de quinze candidats par pagode, dressées par le receveur du domaine et par le juge de paix.

« Dans les dépendances, le chef de service remplace le Gouverneur pour la nomination des membres des comités.

« Les comités auront seuls qualité pour gérer les affaires des pagodes auxquelles ils seront attachés.

« Les membres de ces comités ne pourront être révoqués que par jugement du juge de paix, rendu sur poursuite de leurs collégues ou des religionnaires de la pagode, que le comité est chargé d'administrer ; en cas de vacances, il sera pourvu au remplacement des membres manquant par les membres en exercice.

« Art. 3. Il est interdit à tout agent du Gouvernement de s'immiscer d'une manière directe ou indirecte dans l'administration des biens des pagodes, et d'obliger qui que ce soit à concourir à la célébration des fêtes et cérémonies religieuses.

« Art. 4. Toutes les contestations auxquelles donnera lieu l'administration des pagodes ressortiront à la justice ordinaire.

« Art. 5. Il n'est en rien dérogé, par le présent arrêté, aux dispositions qui règlent la police des fêtes et des cérémonies publiques.

« Art. 6. Le présent arrêté s'étend à tous les Établissements français de l'Inde, et recevra son application partout où il y aura lieu, dans les trente jours qui suivront sa promulgation. »

§ 3. DE L'APPEL.

Arrêté du 15 octobre 1845.

« Art. 1er. Les amendes prévues par l'article 471 du Code de procédure civile, en cas d'appel, soit des jugements de justice de paix, soit des jugements des Tribunaux de première instance, continueront, comme par le passé, à être consignées avant tout jugement, sauf restitution, si l'appel est jugé bien fondé, ou si les parties transigent avant jugement.

« Art. 2. La partie qui voudra poursuivre l'instance, ou son conseil agréé, s'il y en a de constitué, sera tenu de consigner ladite amende d'appel, en faisant mettre la cause au rôle, à peine de dix francs d'amende, pour chaque contravention, solidairement contre la partie, le conseil agréé et le greffier.

« Il sera consigné une amende pour chaque partie appelante, soit au principal, soit incidemment.

« Il n'en sera dû qu'une seule pour les parties solidaires ou ayant un même intérêt.

« Art. 3. La partie ou le conseil agréé qui aura porté la cause au rôle, demeurera personnellement responsable de l'amende d'appel pour défaut de consignation, en cas que l'appelant ait succombé, sauf le recours indiqué ci-après.

« Art. 4. En cas d'infirmation sur appel ou de transaction avant jugement, le remboursement sera effectué, par le receveur, à la partie qui aura déposé l'amende, sur la présentation de la quittance délivrée lors du dépôt, et sur le vu de l'arrêt ou du jugement infirmatif, ou sur le vu de la transaction.

« En cas de confirmation, si c'est l'intimé qui a consigné l'amende, le montant en sera compris dans les frais dont exécutoire sera délivré contre l'appelant qui aura succombé.

« Art. 5. Dans aucun cas, la partie qui aura porté la cause au rôle, ne pourra répéter, contre sa partie adverse, l'amende dont elle aura été passible, pour défaut de consignation, ni aucune somme à titre de dommages-intérêts pour ladite consignation.

« Art. 6. Sont dispensées de la consignation préalable de l'amende d'appel, énoncée en l'article 1er du présent arrêté, les parties qui justifieront de leur indigence par un certificat délivré sur la déclaration de trois notables, visé, s'ils sont Indiens, par le béchecar du district de leur domicile, ou par le fonctionnaire qui en remplit les fonctions, et, dans tous les cas, approuvé par le juge de paix de leur Établissement.

« Art. 7. Sont abrogés l'arrêté du 22 avril 1836, ainsi que tous autres, contraires aux dispositions qui précèdent. »

Arrêté du 1er février 1840.

« Art. 1er. A Mahé et à Yanaon, toutes les significations, même celles des actes d'appel que la loi prescrit de faire au parquet du procureur du Roi, seront faites au greffe du Tribunal dans chacune des deux localités, et visées sur l'original, par l'écrivain remplissant les fonctions de greffier.

« Art. 2. L'écrivain faisant fonctions de greffier, transmettra de suite la copie des significations qui lui sera laissée au Procureur général du Roi près la Cour royale, à l'exception de celles desdites significations qui doivent être adressées à des personnes habitant le territoire étranger dans l'Inde, que le greffier est chargé d'adresser par la poste aux parties dont le lieu de résidence est indiqué dans l'acte, conformément à l'article 1er § 3 de l'arrêté local du 13 décembre 1832 ; mais il sera dressé, par ledit greffier, état analytique desdites significations avant leur envoi, lequel état sera transmis également au Procureur général, au plus tard, dans les cinq premiers jours du mois, suivant la date de la signification.

« Art. 3. L'omission de l'envoi prescrit par l'article 2, ou le refus de visa sur les significations de la part du greffier, seront punis de l'amende portée en l'article 1030 du Code de procédure civile, de cinq francs à cent francs par contravention, laquelle amende sera prononcée par la chambre civile de la Cour royale, sur les réquisitions du Procureur général, sans préjudice des dommages-intérêts des parties. »

Arrêté du 26 septembre 1825.

« Art. 1er. Lorsqu'il sera porté une affaire en appel devant la Cour royale, l'appelant et l'intimé seront tenus d'élire domicile à Pondichéry, et ce sera à ce domicile que seront signifiés tous les actes de procédure qui suivront la requête introductive d'instance, excepté ceux qui doivent être signifiés à personne ou à domicile.

« La même disposition est applicable aux causes introduites devant le tribunal de la chaudrie, lorsque ces parties n'habiteront pas à Pondichéry.»

Règlement du 2 mai 1842 sur la tenue des audiences
à Pondichéry.

« Art. 1er. Le service des audiences de la Cour royale, du Tribunal de première instance, et du Tribunal de paix, à Pondichéry, est fixé ainsi qu'il suit :

« Pour la Cour royale :

« Audiences civiles : les mardi et samedi, à dix heures.

« Audiences criminelles : le mercredi, et le jeudi au besoin, à dix heures.

« Audiences correctionnelles : le lundi à dix heures.

« Séances de la chambre des mises en accusation : le vendredi à dix heures.

« Néanmoins, cette dernière chambre pourra renvoyer sa séance à l'un des jours suivants et à une heure différente, selon les exigences du service.

« Pour le Tribunal de première instance :

« Audiences civiles : les lundi et jeudi à dix heures.

« Audiences correctionnelles : le samedi à dix heures.

« Pour le Tribunal de paix :

« Audiences civiles : les mardi et samedi.

« Audiences de simple police : les lundi, mercredi et vendredi, à onze heures.

«Art. 2. L'audience correctionnelle du Tribunal de première instance pourra aussi être consacrée à l'expédition des affaires civiles en matière sommaire, mais sans que cela puisse nuire à l'expédition des affaires correctionnelles et des appels des jugements du Tribunal de paix en matière de simple police.

« Art. 3. La durée des audiences de la Cour royale, du Tribunal de première instance et du Tribunal de paix en matière civile, sera au moins de trois heures.

« En toutes autres matières, elles devront se prolonger de manière à satisfaire aux besoins du service.

« Art. 4. Indépendamment de leurs audiences ordinaires, la Cour royale, le Tribunal de première instance et le Tribunal de paix pourront, si l'abondance des causes l'exige, tenir, d'accord avec les ministères publics, des audiences extraordinaires pendant un temps limité.

« Le Tribunal de première instance et le Tribunal de paix prendront, en outre, l'agrément de la Cour, qui pourra demander l'avis du Tribunal de première instance, lorsqu'il s'agira du Tribunal de paix.

« Néanmoins, cet agrément ne sera pas nécessaire lorsqu'il s'agira de fixer accidentellement une audience extraordinaire et spéciale pour les plaidoiries ou le jugement d'une ou de plusieurs causes urgentes.

« Seulement l'annonce publique devra en être faite à l'audience ordinaire qui précédera.

« Cette dernière disposition est également obligatoire pour la Cour royale.

« Art. 5. La Cour pourra fixer, s'il y a lieu, des jours et heures distincts pour ses audiences solennelles. »

§ 4. DE L'ASSISTANCE JUDICIAIRE.

Arrêté du 1er mai 1854.

« Des formes dans lesquelles l'assistance judiciaire est accordée.

« Art. 1er. Tout plaideur ayant à réclamer l'assis-tance judiciaire devra justifier de son indigence dans les formes déjà déterminées par la législation locale en matière de recouvrements d'amende et de frais.

« Art. 2. Une requête, appuyée de la justification de son indigence, sera par lui présentée au magistrat qui constitue à lui seul ou qui préside la juridiction près de laquelle l'action devra être introduite.

« Art. 3. Elle contiendra l'explication des faits éta-blissant la réclamation, et devra être accompagnée des pièces qui lui servent de fondement. En première instance et en Cour, communication de la requête sera donnée au ministère public, qui mettra au bas ses conclusions écrites.

« Dans le cas où les conclusions du parquet seraient favorables, l'assistance sera acquise et ordonnée par le juge.

« Art. 4. L'examen de la demande ne portera pas seulement sur les justifications d'indigence qui pour-ront toujours être contrôlées; il devra porter aussi sur le plus ou moins de fondement du droit invoqué.

« Art. 5. Le juge, saisi de la demande d'assistance, fera donner avis à la partie adverse qu'elle peut se présenter devant lui, soit pour contester d'indigence, soit pour fournir des explications sur le fond.

« Si elle comparaît, le juge emploie ses bons offices pour opérer un arrangement amiable.

« Art. 6. L'attribution de juge statuant sur la de-mande d'assistance judiciaire, pourra être déléguée par le juge de paix à son suppléant, par le juge impérial au juge suppléant, et par le président de la Cour à tel magistrat de sa compagnie qu'il désignera.

« Art. 7. Si la juridiction, devant laquelle l'assistance judiciaire a été admise, se déclare incompétente, et que, par suite de cette décision, l'affaire soit portée devant une autre juridiction de même nature et de même ordre, le bénéfice de l'assistance subsiste devant cette dernière juridiction.

« Celui qui a été admis à l'assistance judiciaire devant une première juridiction continue à en jouir sur l'appel interjeté contre lui, dans le cas même où il se rendrait incidemment appelant. Il continue pareillement à en jouir sur le pourvoi en cassation formé contre lui.

« Lorsque c'est l'assisté qui émet un appel principal ou un pourvoi, il ne peut, sur cet appel ou ce pourvoi, jouir de l'assistance, qu'autant qu'il y est admis par une décision nouvelle.

« Pour cette obtention d'assistance, il doit adresser sa demande, savoir :

« S'il s'agit d'un appel à porter devant le Tribunal civil, au juge impérial de ce tribunal ;

« S'il s'agit d'un appel à porter devant la Cour impériale, au président de la Cour ;

« S'il s'agit d'un pourvoi en cassation, au Procureur général de la Cour impériale qui appréciera la demande et ne l'acheminera pour France par les voies régulières, que si le pourvoi lui paraît admissible.

« Des effets de l'assistance judiciaire.

« Art. 8. Si la cause est portée devant une Cour ou un Tribunal civil, le juge ou le président désigne celui des conseils agréés qui postulera et celui des huissiers qui prêtera son ministère à l'assisté.

« Si la cause est portée devant un Tribunal de commerce ou devant un juge de paix, le président du

Tribunal ou le juge de paix se bornera à désigner un huissier dépendant de son service.

« Art. 9. Le ministère public près le Tribunal de première instance et la Cour, a, sur les conseils agréés et les huissiers, attribution spéciale en matière d'assistance judiciaire. Il peut les appeler près de lui et leur demander compte des procédures et des actes qui leur ont été confiés.

« Art. 10. Dans le délai de trois jours, extrait de la décision autorisant l'assistance, et désignant l'officier ministériel, sera envoyé au receveur du domaine par le greffier de la juridiction devant laquelle l'assistance aura été admise.

« Art. 11. L'assisté est dispensé provisoirement du payement des sommes dues au Trésor pour droits de greffe, ainsi que de toute consignation d'amende.

« Il est aussi dispensé provisoirement du payement des sommes dues aux greffiers, aux officiers ministériels et aux avocats, pour droits, émoluments et honoraires.

« Les frais de transport des juges, des officiers ministériels et des experts, les honoraires de ces derniers et les taxes des témoins dont l'audition a été autorisée par le Tribunal ou le juge commissaire, seront avancés par le Trésor.

« Art. 12. Le ministère public est entendu dans toutes les affaires dans lesquelles l'une des parties a été admise au bénéfice de l'assistance.

« Art. 13. Les notaires, greffiers et tous autres dépositaires publics, ne sont tenus à la délivrance gratuite des actes et expéditions réclamés par l'assisté, que sur une ordonnance du juge de paix ou du président qui a autorisé l'assistance.

« Art. 14. En cas de condamnation aux dépens prononcée contre l'adversaire de l'assisté, la taxe comprend tous les droits, frais de toute nature, honoraires et émoluments auxquels l'assisté aurait été tenu, s'il n'y avait pas eu assistance judiciaire.

« Art. 15. Dans le cas prévu par l'article précédent, la condamnation est prononcée et l'exécutoire est délivré au nom de l'administration du domaine, qui en poursuit le recouvrement comme en matière de deniers publics.

« Il est délivré un exécutoire séparé, au nom de l'administration du domaine, pour les droits qui, n'étant pas compris dans l'exécutoire délivré contre la partie adverse, restent dûs par l'assisté au Trésor.

« L'administration du domaine fait immédiatement, aux divers ayants-droit, la distribution des sommes récouvrées.

« La créance du Trésor, pour les avances qu'il a faites, ainsi que pour tous droits de greffe, a la préférence sur celle des autres ayants-droit.

« Art. 16. En cas de condamnation aux dépens, prononcée contre l'assisté, il est procédé, conformément aux règles tracées par l'article précédent, au recouvrement des sommes dues au Trésor.

« Art. 17. Les greffiers sont tenus de transmettre, dans le mois, au receveur du domaine, l'extrait du jugement de condamnation ou l'exécutoire , sous peine de dix francs d'amende, pour chaque extrait de jugement ou pour chaque exécutoire non transmis dans ledit délai.

« Du retrait de l'assistance judiciaire.

« Art. 18. Devant toutes les juridictions, le bénéfice de l'assistance peut être retiré en tout état de cause, soit avant, soit même après le jugement :

« 1° S'il survient à l'assisté des ressources reconnues suffisantes;

« 2° S'il a surpris la décision du juge par une entente frauduleuse avec ceux qui attestent son indigence.

« Art. 19. Le retrait de l'assistance peut être demandé, soit par le ministère public, soit par la partie adverse.

« Il peut aussi être prononcé d'office par le juge.

« Dans tous les cas, il est motivé.

« Art. 20. L'assistance judiciaire ne peut être retirée qu'après que l'assisté a été entendu ou mis en demeure de s'expliquer.

« Art. 21. Le retrait de l'assistance judiciaire a pour effet de rendre immédiatement exigibles les droits, honoraires, émoluments et avances de toute nature dont l'assisté avait été dispensé.

« Dans tous les cas où l'assistance judiciaire est retirée, le juge est tenu d'en informer immédiatement le receveur du domaine qui procédera au recouvrement et à la répartition suivant les règles tracées en l'article 15 ci-dessus.

« Art. 22. L'action tendant au recouvrement de l'exécutoire délivré à la régie du domaine, soit contre l'assisté, soit contre la partie adverse, se prescrit par dix ans.

« La prescription de l'action de l'adversaire de l'assisté contre celui-ci, pour les dépens auxquels il a été condamné envers lui, reste soumise au droit commun.

« Art. 23. Si le retrait de l'assistance a pour cause un concert frauduleux de l'assisté relativement à son indigence, celui-ci peut, sur la décision du juge qui prononce le retrait, être traduit devant le Tribunal de police correctionnelle et condamné, indépendamment du payement des droits et frais de toute nature, dont il avait été dispensé, à une amende égale au montant total de ses droits et frais, sans que cette amende puisse être au-dessous de cent francs, et à un emprisonnement de huit jours au moins et de six mois au plus.

«L'article 463 du Code pénal est alors applicable (article 26 de la loi du 26 janvier 1851).

« *De l'assistance judiciaire en matière criminelle et correctionnelle.*

«Art. 24. Il sera pourvu à la défense des accusés devant les cours d'assises, conformément aux dispositions de l'article 194 du Code d'instruction criminelle.

«Art. 25. Les juges impériaux désigneront un défenseur d'office aux prévenus poursuivis correctionnellement à la requête du ministère public, ou détenus préventivement, lorsqu'ils en feront la demande et que leur indigence sera constatée, soit par les pièces désignées par la législation locale, soit par tous autres documents.

«Art. 26. Les présidents des cours d'assises et les juges impériaux pourront, même avant le jour fixé pour l'audience, ordonner l'assignation des témoins qui leur seront indiqués par l'accusé ou le prévenu indigent, dans le cas où la déclaration de ces témoins serait jugée utile pour la découverte de la vérité.

«Pourront être également ordonnées d'office, toutes productions et vérifications de pièces.

«Les mesures ainsi prescrites seront exécutées à la requête du ministère public.

«Art. 27. Aucune assistance n'est ouverte en matière de simple police.»

§ 3. DES ATTRIBUTIONS DE LA CHAMBBE DU CONSEIL.

Nous extrayons de la *Gazette des Tribunaux* du 18 décembre 1851, le passage suivant, qui énumère les attributions de la chambre du conseil. Nous avons joint à cet article, les dispositions des arrêtés locaux qui attribuent juridiction à la chambre du conseil.

« Avant de faire connaître les décisions rendues dans la dernière période de cette année, nous croyons de-

voir rappeler sommairement la nomenclature des diverses matières soumises, aux termes de la loi ou de
la jurisprudence, à la décision des chambres du conseil en matière civile.

« Aucune disposition de la loi n'a constitué l'existence judiciaire de la chambre du conseil et n'a réglé,
par un principe général, ses attributions et sa compétence.

« Sans doute la publicité de l'audience est de l'essence des décisions judiciaires (loi de 1790, titre II
article 14) ; mais si ce principe fondamental est absolu,
comme garantie de la sage liberté de la défense des
droits privés, lorsqu'il s'agit d'un débat entre plusieurs parties, ayant des intérêts opposés, cette publicité
est sans utilité et n'a pas paru indispensable, comme
le prouvent de nombreuses exceptions, lorsqu'il
s'agit de statuer sur la demande d'une seule ou de
plusieurs parties, réunies dans un intérêt commun,
sans plaidoiries et sur pièces justificatives et sans contradicteur, dans laquelle le ministère public n'est pas
partie et ne peut donner qu'un avis.

« Sans doute aussi, la décision rendue en la chambre
du conseil par le Tribunal est un jugement ; mais le
législateur a compris que la publicité de l'audience
ne pouvait pas être sans motif une condition de toute
espèce de jugement. Il y a même des considérations
d'ordre et de famille que veulent que l'instruction et
même le jugement de certaines affaires restent dans
l'intérieur de la chambre du conseil. Ainsi la nomination d'un curateur à une succession vacante,
d'un administrateur aux biens d'un absent, l'envoi
en possession pour cause de déshérence, l'homologation d'une liquidation non contestée, etc., n'exigent
pas la publicité. Les autorisations demandées pour
les femmes mariées ou dans leur intérêt, pour les mineurs, etc., demandent le secret de la famille.

« C'est par ces motifs que la loi a voulu que, dans

des cas spéciaux et nombreux, les demandes fussent discutées et jugées en chambre du conseil. C'est une procédure prompte, facile, économique, et une juridiction aussi rassurante, protectrice, bienveillante sans faiblesse qui offre un examen aussi sûr que celui de l'audience, respectant la loi, mais plus favorable aux demandes qui ne trouvent pas d'obstacle dans la loi et qui sont vraiment utiles aux intéressés; elle doit donc, pour ces motifs, être étendue à tous les cas analogues.

« Ce n'est donc pas une véritable compétence, car les mêmes juges pourraient statuer à l'audience ; ce sont des attributions spéciales, une distribution spéciale de service justifiée par la nature des affaires. C'est la réunion de ces cas spéciaux qui constitue, pour les affaires de cette nature, le principe général que les jugements sur requête sont rendus à la chambre du conseil, et ce n'est que par exception, et lorsque la loi l'ordonne formellement, que les jugements sur requêtes doivent être rendus à l'audience.

L'article 458 du Code civil, . qui fait rendre par la chambre du conseil des jugements d'homologation relatifs à des ventes, emprunts, etc., ceux qui concernent des mineurs, contient, sous la forme d'un cas particulier, l'indication d'une règle générale. C'est cette règle ainsi révélée qui a produit les articles 29, 32, 38 de la loi du 30 juin 1838 sur les aliénés ; les articles 13 et 25 de la loi du 3 mai 1841 sur l'expropriation pour cause d'utilité publique; le nouvel article 963 du Code de procédure sur les baisses de mise à prix. Tous ces articles, en effet, postérieurs au Code civil, ne posent pas de principe général sur la compétence de la chambre du conseil : ils le supposent existant.

« Les cas spéciaux dont il convient de faire l'énumération sont les jugements :

« 1º D'homologation, de liquidation ; usage ancien;

« 2° En matière d'actes de l'état-civil ; constatation de naissances, mariages, décès (Code civil, 99; Code de procédure, 855, 856);

« Rectification d'actes de l'état-civil (Code civil, 99 ; Code de procédure, 855, 856);

« 3° Homologation d'actes de notoriété pour mariage (Code civil, 70 et suivants) ;

« 4° Adoptions (Code civil, 355), qui contient une disposition formelle ;

« 5° De déclarations et d'autorisations en matière d'interdiction pour aliénation mentale ou du conseil judiciaire aux prodigues (Code civil, 506) ;

« Et pour le jugement à l'audience (Code civil, 498; loi du 30 juin 1838, articles 29, 32, 38, et même 33 et 34) ;

« 6° En matière d'absence; nomination d'administrateur aux biens (Code civil, 112 ; par usage ancien et non contesté) ;

« 7° Autorisation de femmes mariées sous les différents régimes (Code civil, articles 1556 et suivants); Code de procédure civile, 863 et 812, par un usage ancien et non contesté. C'est à la chambre du conseil que le Tribunal entend les parties, pour les autorisations de femmes mariées ; en cas de refus du mari, jugement à l'audience ; en cas d'absence du mari, jugement en la chambre du conseil ;

« 8° Autorisations de mineurs et homologation d'avis de parents (Code civil, 458, 483, 484).

« L'article 458 veut expressément que ce soit à la chambre du conseil que soient rendus les jugements d'homologation des avis de famille relatifs aux ventes, emprunts, hypothèques, etc., des biens des mineurs. Ce cas particulier, qui se présente si fréquemment, fait de l'article 458 une sorte de règle générale pour toutes les homologations d'avis de parents demandées par requête, et, puisque l'article 883 et suivants du Code de procédure ne disent pas comment le jugement sera rendu, on ne fait pas de difficultés de le rendre à la chambre du conseil. C'est un usage ancien, toutes les fois que la délibération n'est pas contestée.

« 9° Les jugements de baisse de mise à prix (Code pr. 963, loi du 2 juin 1841);

« 10° Demandes en réduction d'hypothèque sur les biens des maris ou tuteurs (Code civ., 2145, en vertu d'un usage ancien et non contesté);

« 11° De ventes d'immeubles appartenant à des incapables (Code civ., 457, 509);

« 12° D'autorisations pour successions bénéficiaires (Code civ., 806; Code pr., 953, 987 et 990);

« 13° De déclarations et d'autorisations pour successions vacantes (Code civil. 812, en vertu d'un usage ancien et non contesté);

« 14° Pour successions en déshérence (Code civ. 812);

« 15° Pour curateurs à délaissement (Code civ. 2174);

« 16° Pour curateurs à cessions de biens (Code civ., 1265; Code pr. 898);

« 17° En matière de faillite (Code comm., 572);

« 18° En matière d'union de créanciers de sociétés;

« 21° Sur les commissions rogatoires des Tribunaux français;

« 22° Pour commissions rogatoires des Tribunaux étrangers;

« 23° En matière d'expropriation pour cause d'utilité publique (loi du 3 mai 1841, articles 13 et 25. — Autorisations aux incapables, mineurs, interdits, absents, femmes mariées);

« Le choix des jurés se fait en chambre de conseil (article 30, même loi);

« 24° Théâtres, contestations spéciales (décret du 10-13 août 1811, articles 9 et 10). »

« Autorisation au curateur de vendre les meubles et effets mobiliers d'une succession (article 9 de l'arrêté du 29 avril 1844). »

«Autorisation de faire des réparations excédant 50 roupies aux immeubles dépendant des successions vacantes (article 15 du même arrêté). »

«Règlement des comptes entre conseils agréés et parties dans le cas prévu par l'article 4 (comme en matière de référé; arrêté du 29 août 1840). »

« Poursuites disciplinaires contre les interprètes (arrêté du 14 mars 1853). »

« Avis à donner par les Tribunaux au Gouverneur avant qu'il puisse suspendre un officier ministériel. (article 1er du décret du 14 septembre 1853). »

« Renvoi, par le Tribunal, de questions au comité consultatif de jurisprudence indienne (article 16 de l'ordonnance du 30 octobre 1827). »

«Poursuites disciplinaires contre les conseils agréés et les huissiers (Ordonnance du 7 février 1852). »

« 28° Enfin, aux cas imprévus dans lesquels les parties, pour leur sécurité ou pour satisfaire à certaines exigences des tiers, croient devoir recourir, dans l'accomplissement de certains cas, à une autorisation de justice. — Usage constant et ancien.

«On a dit plus haut que ce n'est que par exception et lorsque la loi l'ordonne formellement, que les jugements sur requêtes sont rendus à l'audience. Ces exceptions justifient encore la compétence de la chambre du conseil, et confirment la règle, par le soin que prend la loi d'exiger le jugement à l'audience lorsqu'il aurait pu être rendu à la chambre du conseil. Ces exceptions seraient inutiles, évidemment, si tous les jugements devaient être rendus à l'audience, il en aurait été de même sans des motifs spéciaux pour ces affaires exceptionnelles.

Ces exceptions sont :

«1° Les jugements d'interdiction. — Il y a un contradicteur, une partie adverse, Code civ., 498 ;

«2° Vente de biens dotaux; Code pr. 999;

«3° Subrogation à poursuite d'ordre, Code pr. 779. —Tarif 138 et 139 ;

« 4° Autorisation de femmes mariées, le mari présent; Code pr. 862. Non, si le mari est absent; Code pr. 863. Oui, s'il s'agit de réduction d'hypothèque légale.

«Il faut distinguer la nature des affaires soumises à la chambre du conseil par des dispositions spéciales de la loi. Les premières sont formées dans l'intérêt d'un seul et ne sont susceptibles d'aucune contestation, mais, par leur nature et leur importance, elles doivent appeler l'examen et l'approbation de la justice; ce sont elles qui constituent la compétence de la chambre du conseil; les secondes comprennent les demandes qui peuvent donner lieu à une contestation contradictoire ; les troisièmes, les poursuites disciplinaires. Les quatrièmes se rattachent à l'administration intérieure de la justice, mais ne sont pas des affaires judiciaires, savoir :

«1° La présentation d'officiers ministériels ;

«2° Les règlements (art. 23 du décret du 14 juin 1813; art. 16 du 27 ventose an VIII);

«3° Les évaluations d'office.

«4° Le règlement pour le service des huissiers du Tribunal;

«5° Les homologations d'avis des chambres de discipline pour les corps entiers;

«6°Les observations sur l'exécution des lois et autres délibérations qui regardent l'ordre et le service intérieur (64, 79, 88 du décret du 30 mars 1808);

« 9° Les discours et adresses (art. 1 et 5 du décret du 25 février 1809) ;

« 11° Les cotisations pour souscriptions, etc., les questions de visites de corps (juges, nombre, *voy.* l'article 11 de la loi du 11 avril 1838 ; greffier, huissiers, 91, 95 du décret du 30 mars 1808) ; et pour les Cours d'appel (art. 61 et suivants du décret du 6 juillet

1810; *voy.* décret du 30 mars 1808, art. 26 et 27; loi du 20 avril 1810, art. 8 et 11 ; du 18 juin 1811, art. 65; 16 juin 1824, art. 8, sur les retraites; ordonnance du 18 janvier 1848 sur le nombre des magistrats).

« A ces observations générales, on peut en ajouter de spéciales à certaines demandes d'une autre nature.

« Les demandes relatives aux actes de l'état-civil, constatation ou rectification, sont de deux natures. Les unes, soit qu'il s'agisse de constater une naissance, un mariage, un décès, soit qu'il s'agisse seulement d'une rectification dans les actes existants, peuvent intéresser l'état même des personnes, changer la filiation, créer une parenté, donner des droits de succession ; elles constituent de véritables questions d'état. Les jugements ne peuvent être rendus que parties intéressées appelées, après débat contradictoire et à l'audience. Il ne faut pas que, sous l'apparence d'une simple constatation ou rectification d'acte, même non contesté, on autorise, sur requêtes, de semblables demandes. Les droits des intéressés seraient sans doute conservés, parce que le jugement ne serait pas rendu avec eux ; néanmoins, la justice ne doit pas sanction à de pareilles demandes, et lorsqu'un tiers peut avoir un intérêt contraire à la demande, on doit, ou renvoyer le requérant à se pourvoir contradictoirement, ou ordonner que les parties intéressées seront appelées.

« Mais, quand il ne s'agit que de réparer des erreurs évidentes, par exemple, de simples rectifications prévues par les articles 99 et suivants, qui n'intéressent que le requérant, et que personne n'est intéressé à contredire la constatation ou rectification, la publicité de l'audience est sans utilité, et l'on doit statuer sur requête en chambre du conseil, quoique les articles 855 et 856 du Code de procédure ne l'autorisent pas textuellement.

« L'article 858 du Code de procédure veut qu'en

cas d'appel, on statue à l'audience. La loi aurait pu
ne pas l'exiger ; mais cette disposition peut se justifier par la contradiction qui existe entre la demande
et le jugement, et par suite le besoin de rendre toute
sa plénitude à la défense. Quoi qu'il en soit, le soin
que prend la loi d'exiger, en ce cas, la publicité de
l'audience, prouve qu'elle ne l'est pas en première
instance. Ainsi, on statue sur les demandes d'adoption en première instance en chambre du conseil et
en appel à l'audience (Code civil, 355, 358).

« Quant aux homologations d'actes de notoriété
prescrites par l'article 72 du Code civil, il n'y a aucun
motif pour ne pas statuer en chambre du conseil.
Personne ne peut se refuser à l'exécution du jugement ; la partie est sans intérêt pour s'en plaindre, et
le ministère public sans droit pour l'attaquer. Pourquoi ne ferait-on pas ce que la raison conseille, ce
que la loi ne défend pas, et ce que personne ne peut
critiquer ?

« Il en est de même des jugements qui, suivant les
instructions ministérielles, ordonnent la mention, sur
les registres de l'état-civil., des ordonnances royales
qui autorisent des changements de noms (loi du 11
germinal an II, titre II).

« Enfin, c'est à la chambre du conseil que l'on
doit déclarer exécutoire en France un jugement rendu
en pays étranger, lorsqu'il ne s'agit pas de donner
effet à ce jugement contre une personne qui n'y a pas
été partie, mais seulement d'ordonner, en vertu de ce
jugement, certaines mutations en marge d'actes de
l'état-civil.

« L'article 111 du Code de procédure ne s'applique
pas aux affaires qui ont pour objet les droits de l'enregistrement ; selon l'article 65, loi du 22 frimaire an
VII, et l'article 17, loi du 27 ventôse an IX, elles
doivent être jugées sur mémoire à la chambre du
conseil. Enfin, le Code de procédure n'est pas appli-

cable aux affaires de la régie et à celles pour lesquelles une loi spéciale a établi des exceptions (avis du conseil d'Etat du 1er juin 1807).

« Les matières domaniales sont jugées sur plaidoiries avec le ministère public (Cassation , 16 juin 1807).

« Si le président remarque, dans les pièces produites, des faits de nature à constituer une prévention de crime, délit ou contravention, il en dresse procèsverbal, qu'il transmet, avec les pièces, au procureur de la République. »

§ 6. DES TARIFS.

Arrêté du 29 août 1840.

« Art. 1er. Le tarif des frais de procédure civile adopté par la Cour royale et les Tribunaux de première instance de Paris, servira de règle à Pondichéry, Chandernagor et Karikal, pour les conseils européens et les topas ou gens à chapeau, avec une bonification de cinquante pour cent en toutes matières , lorsque la valeur de l'objet de la contestation en principal sera supérieur à trois cents roupies.

« Art. 2. Le tarif de Paris, sans bonification, servira de règle en toutes matières lorsque la valeur de l'objet de la contestation, en principal, ne sera pas supérieure à trois cents roupies, de même que quand cette valeur sera indéterminée.

« Art. 3. Les émoluments des conseils indiens sont fixés à la moitié de ceux alloués aux conseils européens.

« Art. 4. Les dons ou récompenses demandés ou obtenus par le conseil de son client, soit pour les actes qu'il aura pu faire en dehors des fonctions d'officier ministériel sur la demande de sa partie, tels que mémoires, factums ou consultations, soit pour tous autres travaux extraordinaires non compris aux tarifs, seront susceptibles de réduction, quand ils n'auront pas été offerts ou remis volontairement.

« Lorsqu'il s'élèvera une discussion entre un conseil et les parties sur le règlement de leurs comptes respectifs, l'affaire sera portée devant le président de la Cour ou du Tribunal, qui prononcera sans appel. Son ordonnance sera exécutoire. »

Arrêté du 21 mai 1838.

Frais d'huissiers.

« Art. 22. Il est alloué aux huissiers :

« Pour l'original de tous exploits signifiés à personne ou à domicile, tant en français qu'en malabar, dans la ville, deux fanons.

« Hors de la ville, quatre fanons.

« A plus d'un myriamètre, six fanons.

« Art. 23. Pour droit de copie de toute espèce de pièces, jugements et autres actes, tant en français qu'en malabar, par rôle contenant trente lignes à la page et quinze syllabes à la ligne ou évalués sur ce pied :

« Aux huissiers de la Cour, deux fanons.

« Aux huissiers des Tribunaux de première instance, un fanon.

« Art. 24. Pour le commandement, tant en français qu'en malabar, qui doit précéder la saisie exécution, dans la ville, deux fanons.

« Hors de la ville, quatre fanons.

« A plus d'un myriamètre, six fanons.

« Art. 25. Pour le procès-verbal de saisie-exécution, dans la ville, quatre fanons.

« Hors de la ville, six fanons.

« A plus d'un myriamètre, une roupie.

« Art. 26. Pour la dénonciation au débiteur de la

saisie-exécution, tant en français qu'en malabar, dans la ville, deux fanons.

« Hors de la ville, quatre fanons.

« A plus d'un myriamètre, six fanons.

« Art. 27. Même droit pour le commandement, le procès-verbal et la dénonciation de la saisie-brandon.

« Art. 28. Pour un procès-verbal de saisie-gagerie, tant en français qu'en malabar, dans la ville, quatre fanons.

« Hors de la ville, six fanons.

« A plus d'un myriamètre, une roupie.

« Art. 29. Pour la dénonciation au débiteur, dans la ville, deux fanons.

« Hors de la ville, quatre fanons.

« A plus d'un myriamètre, six fanons.

« Art. 30. Mêmes droits pour le procès-verbal, la dénonciation et la demande en validité de la saisie-revendication. »

Arrêté du 28 juillet 1843, sur les greffes.

« Art. 8. Les greffiers ne pourront délivrer aucune expédition, que les droits n'aient été acquittés, sous peine d'être responsables, s'il y a lieu, des droits dûs au Trésor, sauf, en cas de fraude et de malversation évidente, à être poursuivis devant les Tribunaux, conformément aux lois.

« Art. 9. A dater de la promulgation du présent arrêté, les greffiers de la Cour royale, des Tribunaux civils et de commerce, et ceux des Tribunaux de police et de paix, tiendront un registre coté et para-phé par le président du Tribunal près duquel ils exercent, sur lequel ils inscriront, jour par jour, les actes de toute nature sujets aux droits de greffe, les expéditions qu'ils délivreront, la nature de chaque expédition, le nombre des rôles, les noms des parties, avec mention de celle à laquelle l'expédition sera délivrée, et le montant des droits perçus qui seront portés hors ligne.

« Ils seront tenus de communiquer ce registre aux préposés de l'inspection coloniale, à ceux du domaine, au président et au ministère public , toutes les fois qu'ils en seront requis.

« Art. 13. Toutes expéditions ou copies de décisions ou de pièces, demandées en toutes matières, par l'inspecteur colonial ou par le ministère public, continueront, jusqu'à nouvel ordre, à être délivrées gratis, comme par le passé.

« Art. 14. Les greffiers ne pourront exiger aucun droit de recherche des actes et jugements ou arrêts faits ou rendus dans l'année, ni de ceux dont ils feront les expéditions. Mais lorsqu'il n'y aura pas d'expéditions, il leur est attribué un droit de recherche pour l'année qui leur sera indiquée, et, dans le cas où il leur serait indiqué plusieurs années et qu'ils seraient obligés d'en faire la recherche, ils ne percevront le droit entier, que pour la première année, et la moitié seulement, pour chacune des autres.

« Art. 15. Les greffiers malabars ou natifs, dans les cas prévus au précédent article et dans tous ceux où leur ministère est requis, ne percevront que la moitié des droits fixés pour le greffier européen.

« Art. 16. Il est défendu aux greffiers et à leurs commis, d'exiger ni recevoir des droits de greffe, autres ni plus forts que ceux fixés par les tarifs maintenus par le présent arrêté, ou qui pourraient être établis par la suite, ni d'exiger aucun droit de prompte expédition, à peine de destitution.

« Il y aura lieu à la même peine, contre les greffiers qui délivreront des expéditions qui ne contiendraient pas vingt-deux lignes à la page, et le nombre de syllabes à la ligne, compensation faite des unes avec les autres, fixé par le tarif ci-après.

« Art. 17. Les droits à percevoir seront alloués

aux pàrties dans la taxe des dépens, sur les quittances qui devront êtres données par les greffiers, au bas des expéditions par eux délivrées, à peine du maximum de l'amende de simple police, pour chaque contravention.

« Art. 19. Les greffiers malabars seront seuls chargés de la traduction des actes faits ou reçus aux greffes intéressant les natifs, dans les cas où lesdites traductions sont nécessaires.

« Art. 20. Les greffiers en chef des juridictions auprès desquelles sont établis des greffiers malabars, sont tenus de remettre, auxdits greffiers malabars, les feuilles d'audience, ordonnances, minutes et autres actes intéressant les natifs, lesquels actes, aux termes des arrêtés locaux, doivent être traduits et transcrits sur les registres desdits greffiers, et ils veilleront à la prompte transcription et à la rentrée en leurs mains, des minutes et actes par eux confiés pour ledit objet.»

Extrait des tarifs des 11 décembre 1773, 26 juillet 1775 et 21 mai 1838, en ce qui concerne les droits et les actes du greffier de la Cour royale de Pondichéry en matière civile.

«Pour le droit de mise au rôle, quatre fanons.

«Pour l'expédition des arrêts définitifs et provisoires contradictoirement rendus, par rôle de deux pages. chaque page contenant vingt-deux lignes et quinze syllabes à la ligne, deux roupies.

« Déclarations, attestations, et autres actes extra-judiciaires, par rôle, deux roupies.

« Pour défauts, une roupie.

« Expéditions d'iceux. une roupie.

«Rédaction des qualités en cas de comparution personnelle des parties sur arrêt contradictoire, deux roupies.

«Sur arrêt par défaut, une roupie.

« Acte de dépôt. par rôle. une roupie.

« Pour double minute au dépôt des archives coloniales, une roupie.

« Sur toute consignation de deniers déposés au
greffe, le greffier percevra un pour cent, savoir : demi
pour cent lors de la réception, et demi pour cent lors
du remboursement.

« Le greffier malabar percevra la moitié des droits
du greffier européen sur les actes qu'il délivrera, et
ceux où son ministère est requis. »

Tarif des droits de greffe tels qu'ils doivent être perçus en matière civile, aux greffes des Tribunaux de première instance de
Pondichéry et des Établissements secondaires, conformément
au tarif de 1786, et à celui du 21 mai 1838.

«Pour droit de mise au rôle, deux fanons.

«Pour chaque bulletin d'audience porté à domicile
par un pion, un fanon.

«Pour expéditions de jugements, ordonnances, états
de frais et copie des pièces, etc., par rôle composé
de deux pages, de vingt-deux lignes à la page, et de
douze syllabes à la ligne, quatre fanons.

«Au greffier malabar, deux fanons.

«Pour les qualités rédigées par le greffier en matière commerciale, ou en cas de comparution personnelle des parties : sur un jugement contradictoire, une
roupie quatre fanons ; sur un jugement par défaut,
six fanons.

«Pour double minute de chaque jugement destiné
au dépôt des chartes coloniales, une roupie.

«Pour tous actes extra-judiciaires, tels que déclarations, dépôts divers, renonciations ou acceptations
de communauté ou de succession, une roupie.

«Au greffier malabar, lorsqu'il assiste pour l'interprétation et l'enregistrement des actes reçus au greffe,
quatre fanons.

«Pour chaque vacation du greffier européen aux

vérifications d'écritures, enquêtes, descentes sur les lieux, redditions de comptes ordonnées par justice, deux roupies quatre fanons.

«Pour assistance à l'ouverture et description d'un testament, deux roupies.

«Sur toute consignation de deniers, le greffier européen prélèvera demi pour cent au moment du dépôt, et demi pour cent lors du remboursement.

« Pour chaque certificat constatant les sommes en depôt au greffe et les oppositions qui existent sur lesdites sommes, les oppositions aux jugements par défaut et les appels six fanons.

«Pour chaque légalisation de pièce et de signature, un fanon. »

Tarif des actes et vacations du greffier de la justice de paix de Pondichéry, en matière civile, déclaré applicable dans tous les Établissements secondaires.

« Expédition de toute nature, et copies en français par rôle de vingt-deux lignes à la page, et de quinze syllabes à la ligne, deux fanons.

« Transport sur les lieux, contentieux, quatre fanons.

« Assistance au conseil de famille, appositions de scellés, actes de notoriété, une roupie trois fanons une cache.

« Vacation à recevoir la déclaration des scellés sur le registre du greffe du Tribunal de première instance, une roupie trois fanons une cache.

« Pour chaque opposition aux scellés, qui sera formée par déclaration sur le procès-verbal des scellés, un fanon douze caches.

« Pour chaque extrait des oppositions aux scellés un fanon douze caches.

«Les greffiers malabars percevront pour expéditions des sentences, ordonnances, traduites de français en malabar, par rôle de vingt-deux lignes à la page, et de seize syllabes à la ligne, deux fanons.

« Pour simple copie et copies des pièces en malabar, par rôle, un fanon. »

Arrêté du 23 octobre 1854.

« Art. 1er. Le greffier de la justice de paix de Pondichéry, percevra les droits suivants pour chacun des actes ci-après :

« Mise au rôle, un fanon.

« Rédaction des qualités, un fanon.

« Procès-verbal de délivrance de deuxième grosse, quatre fanons.

« Double minute des jugements civils entre Européens, ou Européens et Indiens, quatre fanons.

« Opposition à départ, quatre fanons.

« Acte de cautionnement, quatre fanons.

« Certificat d'accomplissement des formalités prescrites aux capitaines de navires en partance, quatre fanons.

« Certificat de toute nature, quatre fanons.

« Demande de renseignements obligeant à des recherches de pièces, quatre fanons. »

Arrêté du 1er février 1840.

« Art. 1er. Les articles 20 et 21 du tarif du 21 mai 1838, fixant les frais d'interprètes, sont abrogés et remplacés par les articles ci-après :

« Art. 20. Il est alloué à l'interprète :

« Pour droit de traduction de requêtes, billets et autres actes, à l'exception des comptes, par rôles contenant trente lignes à la page et quinze syllabes à la ligne, ou évalués sur cette base :

« A la Cour, quatre fanons.

« Dans les Tribunaux inférieurs, trois fanons.

« Pour traduction des comptes, quatre fanons.

«Par vacation pour assister le juge commissaire aux ventes d'immeubles, aux enquêtes, interrogatoires sur faits et articles, et visites de lieux dans ceux de la résidence habituelle des interprètes, quatre fanons.

« Commission sur les ventes d'immeubles, dont le prix d'adjudication excède cent pagodes Porte-Nove, pour lire dans les deux langues, le cahier des charges et la désignation des biens vendus, et pour crier également, dans les deux langues, lors de l'adjudication préparatoire et définitive, quatre fanons par cent roupies. *Modifié*, art. 6 du tarif du 19 juin 1852 .

«Aucune commission n'est allouée dans les ventes au-dessous de cent pagodes.

«Les vacations et frais de voyage alloués aux interprètes hors le lieu de leur résidence, par le règlement du 30 octobre 1827, sont maintenus.

« Les interprètes dans les Tribunaux inférieurs restent portés à la dixième classe.

« Art. 21. Pour certifier véritable chaque traduction, et la certifier au besoin : à la Cour, deux fanons : dans les Tribunaux inférieurs, deux fanons. »

CHAPITRE XIII.

De la Procédure criminelle.

Le Code d'instruction criminelle n'a pas été promulgué en entier dans les Établissements français : ses dispositions les plus importantes ont successivement été mises en vigueur par des arrêtés locaux.

Toutefois, l'article 1er de l'arrêté du 27 mai 1839, suppose une promulgation antérieure.

« Les causes commerciales, criminelles et correctionnelles, continueront à être instruites et jugées
conformément aux Codes de commerce, aux Codes
criminels de la métropole et des arrêtés locaux. »

Nous suivrons, dans l'exposé de la législation
locale sur ce point, l'ordre établi par le Code d'instruction criminelle, et nous traiterons : 1° des officiers de
police judiciaire et de l'instruction, 2° des Tribunaux
de simple police et de police correctionnelle, 3° des
mises en accusation, 4° De la Cour criminelle.

§ 1er. DES OFFICIERS DE POLICE JUDICIAIRE ET DE L'INS-
TRUCTION.

L'arrêté du 4 novembre 1833, organise la police
judiciaire dans nos possessions.

Arrêté du 4 novembre 1833.

« Art. 1er. La police judiciaire, dont la mission est
fixée par l'article 8 du Code d'instruction criminelle,
sera exercée, à Pondichéry et dépendances, comme
dans les districts de Villenour et de Bahour, suivant
les distinctions qui vont être établies :
« Par les taléaris,
« Par les talavayes,
« Par les béchecars,
« Par le naynard,
« Par l'inspecteur de police,
« Par le procureur du Roi.
« Et par le juge d'instruction.
« Art. 2. Le juge de paix lieutenant de police et
ses agents pourront faire saisir et remettre, aux officiers chargés de l'administration de la justice criminelle, les individus surpris en flagrant délit, arrêtés à
la clameur publique ou prévenus de délits qui sont
du ressort de la justice criminelle et correctionnelle.

« Le juge de paix lieutenant de police pourra toujours et personnellement faire ou requérir les officiers
de police judiciaire, auxiliaires du procureur du Roi,
chacun en ce qui le concerne, de faire tous actes
nécessaires à l'effet de constater les crimes, délits et
contraventions, et d'en livrer les auteurs aux Tribunaux chargés de les punir conformément à l'article 8
du Code d'instruction criminelle.

« Art. 3. Les taléaris et talavayes exerceront les
fonctions attribuées par le chapitre 3 livre Ier du Code
d'instruction criminelle, aux gardes champêtres et
forestiers.

« Ils pourront remplacer, par des rapports écrits
par les béchecars, les procès-verbaux que sont tenus
de dresser les gardes champêtres et forestiers en les
affirmant entre les mains du béchecar, dans les vingt-
quatre heures, et ils pourront conduire les délinquants
dans le cas de l'article 16 du Code cité, devant le
béchecar ou devant le juge de paix lieutenant de
police, qui les interrogera dans les vingt-quatre
heures, et les renverra, avec les pièces, à la disposition
de l'Avocat général.

« Art. 4. Les béchecar, naynard et inspecteur de
police exerceront les fonctions attribuées, par le chapitre 2 livre Ier du Code cité, aux commissaires de
police, et celles d'officier de police judiciaire auxi-
liaire du procureur du Roi.

« Art. 5. Les fonctions attribuées au procureur du
Roi par les chapitres 4 et 5 livre Ier du même Code
d'instruction criminelle, seront exercées par le procureur du Roi près le Tribunal de première instance de
Pondichéry, sous les ordres de l'Avocat général, chef
du ministère public, qui pourra toujours s'en réserver
l'exercice direct dans les cas où il le jugera convenable.

« Art. 6. Dans le ressort du Tribunal de première
instance de Pondichéry, les fonctions attribuées au
juge d'instruction par les chapitres 6, 7 et 8 du livre

Ier du Code d'instruction criminelle, seront remplies par le juge auditeur du Tribunal de première instance, qui sera désigné par nous. Il recevra, en cette qualité, un supplément de traitement annuel de six cents francs.

« Ce juge sera assisté d'un greffier qui tiendra la plume dans les instructions criminelles et correctionnelles. L'archer de la police fera les fonctions d'huissier près du juge d'instruction (*Modifié*, ordonnance de 1842).

« Art. 7. En aucun cas, lorsqu'il y aura lieu à la mise en liberté provisoire d'un prévenu, sous cautionnement, le juge d'instruction ne pourra l'ordonner qu'avec l'autorisation de l'Avocat général. (*Modifié*, ordonnance de 1842).

« La caution personnelle d'un notable pourra être admise avec la même autorisation, au lieu d'un cautionnement en argent ou immobilier, dans les cas où la loi admet la liberté sous caution, si d'ailleurs l'importance pécuniaire du délit n'excède pas cent roupies, soit deux cent quarante francs. La caution s'engagera, par corps et par acte reçu devant le juge d'instruction et son greffier, de représenter le prévenu à toutes réquisitions de justice et, à faute de le faire, de répondre de toutes les condamnations pécuniaires dont l'évaluation sera faite par le juge d'instruction.

« Art. 8. Aussitôt l'instruction terminée, le juge auditeur transmettra toutes les pièces de la procédure, avec un rapport par écrit, à l'Avocat général qui pourra charger le procureur du Roi près le Tribunal de première instance ou l'un de MM. les conseillers auditeurs, de présenter à la chambre d'accusation de la Cour royale, ses conclusions écrites, après un exposé verbal, suivi de la lecture, par le greffier de la Cour, de toutes les pièces du procès et des mémoires justificatifs produits par les prévenus (*Modifié*, ordonnance de 1842).

« Les pièces de conviction, s'il y en a, seront trans-

férées au greffe de la Cour royale pour être mises, s'il
y a lieu, sous les yeux de la chambre d'accusation.

« Art. 9. En matière de police simple ou correctionnelle, la partie civile qui n'aura pas justifié de
son indigence, sera tenue, avant toutes poursuites, de
consigner, au bureau du recouvrement des amendes,
la somme présumée nécessaire pour les frais de procédure sur l'évaluation du procureur du Roi ou de
l'Avocat général, qui sera jointe aux pièces.

« L'indigence devra être constatée par un certificat
de trois notables, approuvé par le juge de paix lieutenant de police.

« L'accusé ou la partie civile qui succombera, sera
toujours condamné aux frais envers l'État et envers
l'autre partie.

« Dans les affaires de grand criminel, la partie civile
qui n'aura pas succombé ne sera jamais tenue des frais.

«Dans le cas où elle en aura consigné, ils lui seront
restitués.

« Art. 10. Le Procureur général devant, aux termes de l'article 224 du Code d'instruction criminelle,
se retirer pendant la délibération de la Cour, devra
être prévenu immédiatement, ou le magistrat qui a fait
en son nom le rapport de l'affaire, par le président
de la chambre d'accusation, des dispositions de l'arrêt.

« Art. 11. Lorsque la simple majorité de la Cour
d'assises ou de la chambre de justice criminelle jugeant en appel des jugements rendus par les Tribunaux du ressort, aura émis l'opinion qu'il existe des
circonstances atténuantes en faveur d'un accusé, cette
question sera posée.

«Elle ne sera décidée en faveur de l'accusé, qu'à la
majorité de cinq voix sur sept, comme la déclaration
de culpabilité sur le fait principal et chacune de ses
circonstances.

« Art. 12. Sont maintenues les dispositions en vigueur du Code d'instruction criminelle, celles du ré-

glement provisoire du 17 novembre 1828 et autres
postérieures sur l'instruction criminelle, en tout ce
qui n'est pas contraire au présent arrêté.»

L'instruction criminelle était confiée, avant l'arrêté que nous citons, au juge de paix lieutenant de
police. L'ordonnance du 7 février 1842, institue les
fonctions de lieutenant de juge chargé en même
temps de l'instruction criminelle.

Ordonnance du 7 février 1842.

« Art. 37. Les instructions criminelles et correctionnelles dirigées à Pondichéry par le lieutenant de
juge sont par lui communiquées au procureur du Roi
qui, dans les trois jours, les transmet, avec son avis,
au Procureur général.»

Le chapitre 8 du livre I du Code a été modifié,
comme on le voit, par l'arrêté du 4 septembre 1833 :
la liberté provisoire sous caution ne peut être accordée qu'avec l'autorisation du Procureur général. Il
nous semble que cette modification a été abrogée
implicitement par l'ordonnance organique de 1842,
qui institue, en matière correctionnelle, deux degrés
de juridiction. Avant cette époque, la Cour jugeait,
en matière correctionnelle, en premier et dernier
ressort, et il est possible qu'en vue de cette orga-
nitation, le législateur avait enlevé au procureur impérial les fonctions qui lui sont déférées par le chapitre 8 du Code.

L'arrêté local du 18 septembre 1844, décide que
les fonctions de lieutenant de police seront distinctes
de celles de juge de paix. Les attributions que le
juge de paix avait, en matière de police judiciaire,
en qualité de lieutenant de police, ont passé au commissaire de police : le juge de paix n'est plus, depuis
cet arrêté, officier de police judiciaire.

Arrêté du 18 septembre 1844.

« Art. 1er. Les fonctions de police administrative et judiciaire attribuées jusqu'à ce jour à M. le juge de paix de Pondichéry, en sa qualité de lieutenant de police, seront exercées, à dater du 28 septembre 1844, par un commissaire de police nommé par nous.

« Le juge de paix de Pondichéry cessera, à partir de la même époque, de porter le titre de lieutenant de police et ne remplira plus que les fonctions qui lui sont attribuées par l'ordonnance royale du 7 février 1842. Il continuera à jouir du traitement de 4,000 francs, plus de l'indemnité de 960 francs pour frais de palanquin, conformément à ce que prescrit ladite ordonnance.

« Art. 2. Les attributions spéciales aux commissaires de police de Pondichéry, sont définies par les arrêtés locaux.

« Il prêtera, avant d'entrer en fonctions, serment devant la Cour royale de Pondichéry.

Il sera dressé inventaire, en présence d'un délégué de l'Inspection, de tous les registres, livres, papiers et documents qui pourront concerner le service. Cet inventaire sera en double expédition, dont une sera déposée à l'Inspection. »

Le juge d'instruction, en cas d'empêchement, peut être remplacé par le juge impérial, qui, à son tour, peut déléguer le juge suppléant.

Arrêté du 3 juillet 1842.

Art. 1er. En cas d'empêchement momentané du lieutenant de juge dans ses fonctions d'instruction criminelle, le juge royal, à Pondichéry, pourra remplir lui-même lesdites fonctions, ou les déléguer au juge suppléant; à Chandernagor, elles seront remplies par le juge de paix. »

Dans les Établissements secondaires, le juge de paix est chargé des fonctions de juge d'instruction.

Arrêté du 29 février 1832.

« Art. 1er. A l'avenir, et aussitôt la réception du présent arrêté à Karikal, à Yanaon, à Mahé et à Chandernagor, les affaires criminelles et correctionnelles seront instruites d'après les règles du Code d'instruction criminelle.

« Art. 2. Dans les ressorts des Tribunaux de première instance de Karikal, Yanaon, Mahé et Chandernagor, les fonctions attribuées au juge d'instruction par les chapitres 6, 7 et 8 du livre Ier du Code d'instruction criminelle, seront remplies par le juge de paix lieutenant de police.

« Art. 3. Tous règlements et dispositions contraires aux dispositions du présent, sont et demeurent abrogés. »

§ 2. DES TRIBUNAUX DE SIMPLE POLICE ET DE POLICE CORRECTIONNELLE.

Les Tribunaux de paix sont également Tribunaux de police.

Ordonnance de 1842.

« Art. 19. Les Tribunaux de paix connaissent des contraventions de police définies par les lois, ainsi que des infractions aux règlements de police, règlements faits par l'autorité administrative.

« Leurs jugements sont rendus, savoir : en premier et dernier ressort, lorsque l'amende, les restitutions et autres réparations civiles n'excèdent pas dix francs outre les dépens, et, en premier ressort, seulement lorsqu'ils prononcent l'emprisonnement ou lorsque le montant des amendes et des condamnations civiles excède la somme de dix francs sans les dépens. »

La forme de procéder est déterminée par l'arrêté local du 26 mai 1827.

Arrêté du 26 mai 1827.

« Art. 11. Les dispositions des articles 145 à 165 du Code d'instruction criminelle en matière de police et en matière civile, celles du Code de procédure applicables au juge de paix, sont observées pour la procédure, l'instruction et les jugements du Tribunal de la police, sauf les modifications ci-après.

« Art. 13. A l'égard des Indiens, les citations sont faites par le tabédar ou huissier indien, et portées par des pions de police ; elles contiennent la date des jours, mois et an, les noms, profession, caste et domicile du demandeur et du défendeur et le nom du pion porteur. Elles énoncent sommairement l'objet de la demande et indiquent le jour et l'heure de la comparution.

« La citation est inscrite sur un casernet en olles, coté et paraphé par le juge de police et dont le pion est porteur. Elle est notifiée à personne ou à domicile, et copie sur olle en est laissée.

« Cette formalité est constatée par la signature du défendeur apposée sur le casernet, et s'il ne peut ou ne veut signer, par celle de deux témoins.

« S'il ne se trouve personne au domicile, la copie est laissée au chef de la caste du défendeur, qui vise l'original sans frais.

« Les frais de chaque citation sont d'un fanon, soit trente centimes, à Pondichéry, et d'un fanon et demi, soit quarante cinq-centimes, dans les aldées.

« Art. 14. Les parties comparaissent par elles-mêmes ou par un fondé de procuration spéciale, sans pouvoir être assistées d'un défenseur officieux ou conseil (matière civile).

« Art. 15. L'amende par défaut est fixée à deux fanons, soit soixante centimes, pour les Indiens, et à deux roupies, soit quatre francs quatre-vingt centimes, pour les Européens et gens à chapeau (matière civile).

« Art. 16. En matière de police, les rapports et procès-verbaux de l'inspecteur de police, du naynard et des béchecars des aldées, font foi, jusqu'à inscription de faux.

« Art. 17. Ces agents peuvent aussi être commis par le juge de police pour le remplacer dans les enquêtes ou visites de lieux et appréciations : il prononce sur leurs procès-verbaux et rapports, lesquels doivent être dressés par eux dans la forme prescrite par les articles 35, 36, 37, 38, 39 et 42 du Code de procédure civile (matière civile).

« Art. 18. Dans les cas prévus par l'article précédent, lorsque le transport a été expressément requis par l'une des parties, et que le juge l'a trouvé nécessaire, il est alloué, par chaque vacation de trois heures au moins, y compris le temps du transport et du retour :

« Au juge de police, deux roupies, soit quatre francs quatre-vingts centimes.

« A l'inspecteur, une roupie, soit deux francs quarante centimes.

« Au greffier (hors de la ville), une demi-roupie, soit un franc vingt centimes.

« Au naynard (hors de la ville), une demi-roupie, soit un franc vingt centimes.

« Aux béchecars (hors de leurs résidences), une demi-roupie, soit un franc vingt centimes.

« S'il n'y a qu'une seule vacation, elle est payée comme complète, encore qu'elle n'ait pas été de trois heures.

« Lorsque le transport a lieu au delà d'un demi-myriamètre, il est alloué par myriamètre :

« Au juge, deux roupies et demie, soit six francs.

« A l'inspecteur et au greffier, une roupie et demie, soit trois francs soixante centimes.

« Au naynard et aux béchecars, une demi-roupie, soit un franc vingt centimes (matière civile).

«Art. 19. Les vacations de l'inspecteur de police, du naynard, des béchecars et du greffier, sont taxées par le juge de police, et celles de ce dernier par le président de la Cour royale.

«Art. 20. Les attributions conférées, par les articles 47 du Code de procédure civile et 160 du Code d'instruction criminelle, au procureur du Roi, sont remplies par le chef du ministère public, et les récusations sont jugées par la Cour royale.

«Art. 21. L'action du ministère public près le Tribunal de la police, n'est point obligatoire. Les contraventions y sont dénoncées, soit par les officiers ou agents de la police des ponts et chaussées ou du domaine, soit par les parties lésées. Le juge peut même connaître de celles qu'il a constatées, sans autre réquisition, et il doit ordonner d'office la réparation des dommages en matière de petite voirie.

«Art. 22. Le juge poursuit lui-même l'exécution de ses propres jugements en matière de police (*abrogé*).

«Art. 28. Il n'est rien innové aux prescriptions en matière civile.

«Les dispositions des articles 639, 640, 641 et 642 du Code d'instruction criminelle, sont applicables aux délits et contraventions dont la connaissance est attribuée au Tribunal de la police.

«Art. 29. Au commencement de chaque trimestre, le juge de police transmet au chef du ministère public un état des jugements rendus par son Tribunal en dernier ressort, pendant le trimestre précédent, en matière de police.

«Art. 31... L'appel est suspensif; il doit être interjeté dans les trois jours de la signification du jugement. Toutefois, si les condamnés ne fournissent point
bonne et suffisante caution, et si le juge a lieu de
craindre qu'ils ne cherchent à se soustraire du territoire, il peut ordonner leur détention provisoire. »

Cet arrêté a été rendu applicable à Karikal, par
l'arrêté du 26 octobre suivant :

Arrêté du 26 octobre 1827.

«Art. 4. Les dispositions des chapitres 2 et 3 de
ladite ordonnance, concernant la procédure, l'instruction, les jugements et les appels, sont observées par
le Tribunal de police à Karikal, sauf les modifications
ci-après.

«Art. 6. Le Tribunal de première instance de cet
Établissement remplit, à l'égard du Tribunal de police,
les fonctions attribuées à Pondichéry à la Cour royale
et au Tribunal de la chaudrie, par les articles 19, 20,
27, 30 et 31 de ladite ordonnance.

«Art. 7. Dans les cas prévus par l'article 33 de
l'ordonnance locale précitée, l'appel des jugements
de police est porté, dans les mêmes formes et dans le
même délai, par-devant l'administrateur de Karikal,
qui juge en dernier ressort.

Arrêté du 28 juillet 1842.

« Art. 2. En matière de simple police, si le jugement est rendu contradictoirement et en dernier
ressort, contre un Indien, le condamné sera prévenu
qu'un délai de cinq jours lui est accordé pour se
libérer, et, qu'à l'expiration de ce délai, il y sera
contraint par corps sans autre forme. Le jugement
fera mention dudit avertissement, qui tiendra lieu du

commandement prescrit par l'article 33 de la loi du 17 avril 1832; le tout sans préjudice du droit de recommandation, qui peut être exercé, dans tous les cas, sans délai, si le débiteur est détenu, aux termes du dernier alinéa du même article.

« Art. 3. Si le jugement est rendu par défaut, il contiendra les mêmes mentions et devra être signifié. La contrainte par corps pourra être exercée de la même manière, cinq jours après la signification, si le débiteur ne s'est pas opposé.

« Il en sera de même pour les jugements en premier ressort, dont aucun appel n'aura été déclaré dans le délai de la loi.

« Art. 4. Si le jugement est rendu contre un Indien non domicilié sur le territoire français, la contrainte par corps, même dans le cas où il ne s'agirait que d'une condamnation à l'amende et aux frais, ou à toute autre réparation pécuniaire au profit du Trésor, ou d'une administration publique, pourra être exercée, sans délai, sur l'ordonnance du juge, insérée audit jugement, et sur l'ordre de l'officier remplissant, près du Tribunal, les fonctions du ministère public, qui transmettra de suite extrait du jugement au receveur du domaine.

« Art. 5. La caution présentée aux termes de l'article 34 de la loi précitée, lorsqu'il s'agira de condamnation de police, sera, en cas de contestation du receveur du domaine, déclarée bonne et valable, s'il y a lieu, par le juge de paix.

« La caution, dans ce même cas, devra s'exécuter dans les quinze jours, à peine de poursuites.

« Art. 6. Le certificat d'indigence, prévu par l'article 35 de la même loi, sera délivré par trois notables de la commune où le condamné a son domicile, approuvé par le béchecar du district, si le condamné est Indien, et, dans tous les cas, par le juge de paix. Il sera, en outre, visé par le receveur du domaine pour constater que le débiteur ne paye aucune redevance ou contribution.

« Art. 8. Dans les juridictions criminelles, correctionnelles et de police, l'officier ou le magistrat remplissant les fonctions du ministère public transmettra au receveur du domaine ou à son délégué, après l'exécution en ce qui le concerne, les extraits ou expéditions des jugements ou arrêts portant condamnation au profit du Trésor. »

Le Tribunal de première instance est aussi Tribunal de police correctionnelle.

Article 24 de l'ordonnance de 1842.

« Art. 24. Ces Tribunaux, comme Tribunaux correctionnels, connaissent en dernier ressort de l'appel des jugements des Tribunaux de police.

« Ils prononcent, en premier ressort, sur les matières correctionnelles définies par le Code d'instruction criminelle, ainsi que sur les contraventions en matière de commerce étranger, de contributions indirectes et autres, qui entraînent une amende de plus de quinze francs. »

L'arrêté local du 21 avril 1825 avait déjà réglé la forme de l'instruction en matière correctionnelle.

Arrêté du 21 avril 1825.

« Art. 3. Les affaires correctionnelles seront instruites d'après les règles du Code d'instruction criminelle et portées devant la Cour royale, dans les formes prescrites pour les Tribunaux de première instance, dans les cas de plaintes en police correctionnelle.

« Les dispositions dudit Code relatives au jury, aux cours d'assises spéciales, etc., et la procédure prescrite devant les Cours royales à cet égard, ne sont pas rendues exécutoires par la présente ordonnance. »

L'arrêté du 17 novembre 1828 promulgua d'une manière plus spéciale les dispositions du Code sur la matière.

Arrêté du 17 novembre 1828.

« Art. 8. En ce qui concerne l'intervention de la partie civile, le cas où le prévenu ferait défaut et la forme de procéder devant la Cour, en matière correctionnelle, il sera fait application des articles 183, 184, 185, 186, 187, 188. 189. 190, 191, 192, 193, 194. 195, 196 et 197 du Code d'instruction criminelle, en attribuant à la Cour royale et à l'Avocat général les fonctions qui sont déférées par ces articles au Tribunal de première instance et au procureur du Roi.

« Art. 9. En ce qui concerne les appels des jugements rendus en matière de police correctionnelle par les Tribunaux des Établissements secondaires, et qui doivent être portés devant la Cour royale de Pondichéry, il sera fait application des articles 202, 203, 204, 205, 206, 207, 208. 209, 210, 211, 212. 213, 214 et 215 du Code d'instruction criminelle. »

L'arrêté du 29 février 1832 a ajouté une disposition nouvelle au Code et impose, aux présidents des Tribunaux correctionnels, l'obligation d'avertir les prévenus du droit qu'ils ont d'interjeter appel.

Arrêté du 29 février 1832.

« Art. 1er. Dans les affaires criminelles ou de police correctionnelle, contre les Indiens, aussi bien que contre les Européens et autres individus de la classe des gens à chapeau, l'appel est recevable et suspensif dans tous les cas.

« Art. 2. Lors de la prononciation du jugement de condamnation, le condamné devra être prévenu, par le président, de la faculté d'appeler à la Cour royale de Pondichéry, qui lui est ouverte, du délai dans lequel il devra faire sa déclaration d'appel ; et qu'il pourra joindre aux pièces, une requête contenant ses moyens d'appel et toutes autres pièces justificatives, que le greffier sera tenu d'annexer à la procédure, pour être transmises avec elles au Procureur général près la Cour royale de Pondichéry.

« Art. 3. Toutes dispositions contraires au présent arrêté, sont rapportées. »

§ 3. DES MISES EN ACCUSATION.

Les affaires soumises à l'instruction sont présentées par le Procureur général à la chambre des mises en accusation.

Ordonnance de 1842.

« Art. 37. Les instructions criminelles et correctionnelles dirigées à Pondichéry par le lieutenant de juge, sont par lui communiquées au procureur du Roi qui, dans les trois jours, les transmet avec son avis au Procureur général.

« Art. 38. Le Procureur général est tenu de mettre l'affaire en état et de faire son rapport dans les dix jours. Pendant cetemps, la partie civile et le prévenu peuvent fournir tels mémoires qu'ils estiment convenables sans que le rapport puisse être retardé.

« Art. 39. La chambre d'accusation, composée d'un conseiller de la Cour royale, du juge royal et du lieutenant de juge, ou, à son défaut, du juge suppléant, qui, dans ce cas, a voix délibérative, se réunit, au moins une fois par semaine, en la chambre du conseil, pour statuer sur les réquisitions du Procureur général.

Elle statue, au plus tard, dans les trois jours du rapport du Procureur général. »

Il faut ajouter à ces articles ceux qui suivent, de l'arrêté du 17 novembre 1828.

Arrêté du 17 novembre 1828.

« Art. 16. Le greffier donnera aux juges, en présence de l'Avocat général, lecture de toutes les pièces du procès ; elles seront ensuite laissées sur le bureau, ainsi que les mémoires que la partie civile ou le prévenu aurait fournis.

« Art. 17. La partie civile, le prévenu, les témoins, ne paraîtront point.

« Art. 18. L'Avocat général, après avoir déposé sur le bureau sa réquisition écrite et signée, se retirera, ainsi que le greffier.

« Art. 19. Les juges délibèreront entre eux, sans désemparer et sans communiquer avec personne.

« L'arrêt sera rendu à la majorité des voix, hors la présence des prévenus et de l'Avocat général.

« Art. 20. La chambre d'accusation pourra ordonner, s'il y échet, des informations nouvelles : elle désignera alors un de ses membres pour faire les fonctions de juge instructeur.

« Art. 21. L'Avocat général fera son rapport dans les cinq jours de la remise des pièces par le juge instructeur.

« Art. 22. Si la chambre d'accusation n'aperçoit aucune trace d'une contravention, d'un délit ou d'un crime prévus par la loi, elle ordonnera la mise en liberté de l'inculpé : ce qui sera exécuté sur-le-champ, s'il n'est retenu pour autre cause.

« Art. 23. Si la chambre d'accusation estime que l'inculpé doit être renvoyé au Tribunal de simple police ou à la chambre correctionnelle de la Cour, ou à la chambre de justice criminelle, elle prononcera le renvoi devant l'autorité qui doit en connaître. Dans le cas de renvoi au Tribunal de simple police, l'inculpé sera mis en liberté. Dans le cas de renvoi en police correctionnelle, la Cour pourra maintenir les mandats de dépôt ou d'arrêt qui auront été délivrés par le juge d'instruction, ou en décerne, d'office, s'il y a lieu. Dans le cas de renvoi devant la chambre de justice criminelle, elle décernera une ordonnance de prise de corps, qui sera insérée dans l'arrêt de mise en accusation.

« Art. 24. Dans tous les cas où le prévenu sera renvoyé à la chambre de justice criminelle, l'Avocat général sera tenu de rédiger un acte d'accusation.

« L'acte d'accusation exposera :

« 1° La nature du crime qui forme la base de l'accusation.

« 2° Le fait et toutes les circonstances qui peuvent aggraver ou diminuer la peine ; le prévenu y sera dénommé et clairement désigné.

« L'acte d'accusation sera terminé par le résumé suivant :

« En conséquence, N... est accusé d'avoir commis tel crime, avec telle et telle circonstances.

« Art. 25. L'arrêt de renvoi et l'acte d'accusation seront signifiés à l'accusé ; il lui sera laissé copie du tout. »

L'article 20 a été modifié par l'arrêté du 18 novembre 1830.

Arrêté du 18 novembre 1830.

« Art. 1er. L'article 235 du Code d'instruction criminelle cessera, à dater du présent arrêté, d'être appliqué dans les Établissements français de l'Inde.

« Art. 2. Est rendu applicable aux Établissements français de l'Inde l'article 235 de l'ordonnance royale du 19 décembre 1827, portant application du Code d'instruction criminelle à l'île de Bourbon, ainsi conçu :

« Dans toutes les affaires, la Cour royale, tant qu'elle n'aura pas décidé s'il y a lieu de prononcer la mise en accusation, pourra, seulement sur la réquisition du Procureur général, soit qu'il y ait ou non une instruction commencée par les premiers juges, ordonner des poursuites, se faire apporter les pièces, informer ou faire informer et statuer ensuite ce qu'il appartiendra. »

Cet article suppose une promulgation du Code d'instruction criminelle, qui n'a pas eu lieu. Ce Code, comme nous l'avons dit, n'a pas été promulgué expressément : la plupart de ses dispositions ont été reproduites par des arrêtés locaux, mais il n'y a pas eu de promulgation, comme pour nos autres Codes, par une ordonnance.

§ 4. DE LA COUR CRIMINELLE.

La Chambre criminelle ou les Tribunaux criminels institués par les articles 45, 46, 47, 48, 49. 50, 51 et 52 de l'ordonnance organique, se conforment pour l'instruction et les débats publics, aux articles du Code promulgués dans la colonie par l'arrêté local du 17 novembre 1828, précité.

Arrêté du 17 novembre 1828.

« Art. 28. Les membres de la Cour qui auront voté sur la mise en accusation, ne pourront, dans la même affaire, faire partie de la chambre de justice criminelle.

« Art. 29. Dans les trois jours qui suivront la signification de l'arrêt de renvoi à l'accusé, il sera interpellé de déclarer le choix qu'il aura fait d'un conseil : sinon il lui en sera désigné un par le président de la

Cour ; l'accusé sera toujours libre d'en choisir un autre, nonobstant la désignation du président.

«Art. 30. En ce qui concerne la forme de procéder devant la chambre de justice criminelle , il sera fait application des articles 268, 269, 270, 310, 311, 313, 314, 315, 316, 317, 318, 319, 320, 321, 322, 323, 324, 325, 326, 327, 328, 329, 330, 333, 334, 335, 354, 355 et 356 du Code d'instruction criminelle.

« Le président sera personnellement chargé de diriger les débats, de présider à l'instruction, et de déterminer l'ordre entre ceux qui demanderont à parler, Il aura la police de l'audience.

« Art. 32. Il sera statué, par le même arrèt, sur l'accusation et sur les dommages-intérêts demandés par la partie civile ou par l'accusé. La Cour les liquidera par le même arrèt ou commettra l'un de ses membres pour entendre les parties, prendre connaissance des pièces, et faire son rapport pour être statué ultérieurement ce qu'il appartiendra.

« La Cour ordonnera que les effets volés seront restitués au propriétaire.

«Art. 33. En ce qui concerne le mode de délibération, le prononcé et la rédaction de l'arrèt, il sera fait application des articles 369, 370 et 372 du Code d'instruction criminelle.

« Art. 34. Les arrêts seront exécutés dans les vingt-quatre heures de la décision par laquelle l'Administrateur général, en conseil, aura ordonné l'exécution.

« Il sera sursis à cette exécution dans le cas où l'Administrateur général, en conseil, aura déclaré qu'il y a lieu de recourir à la clémence royale.

« L'Administateur général pourraa ccorder le sursis contre l'avis du conseil, mais il ne pourra faire passer outre à l'exécution, si le conseil était d'un avis contraire.

«Art. 35. En ce qui concerne le mode d'exécution

des arrêts, il sera fait application des articles 376, 377, 378 et 379 du Code d'instruction criminelle.

« Art. 36. Lorsque, après un arrêt de mise en accusation, l'accusé n'aura pu être saisi et ne se représentera pas, il sera procédé contre lui par contumace, conformément aux articles 465, 466, 467, 468, 469, 470, 471, 472, 474, 475, 476, 477 et 478 du Code d'instruction criminelle, avec cette seule modification, que l'ordonnance dont il est question dans l'article 465, sera rendue par le président de la Cour royale, et que l'affiche prescrite par l'article 466 sera faite à la porte du domicile de l'accusé et à la porte du domicile de l'Avocat général. »

La loi du 28 avril 1832 a été promulguée dans la colonie le 1er avril 1836, avec les modifications apportées par l'ordonnance du 29 mars 1836. Les articles promulgués sont les suivants :

Loi du 28 avril 1832.

« Art. 206. La mise en liberté du prévenu acquitté ne pourra être suspendue lorsqu'aucun appel n'aura été déclaré ou notifié dans les trois jours de la prononciation du jugement.

« Art. 341. En toute matière criminelle, même en cas de récidive, le président posera la question suivante : « Existe-t-il, en faveur de l'accusé, des cir- « constances atténuantes? »

« Cette question ne pourra être résolue affirmativement qu'à la majorité exigée par la législation actuellement en vigueur dans nos Établissements de l'Inde, pour la déclaration de culpabilité.

« Art. 368. L'accusé ou la partie civile qui succombera, sera toujours condamné aux frais envers l'État ou envers l'autre partie.

« Dans les affaires de grand criminel, la partie civile, qui n'aura pas succombé, ne sera jamais tenue des frais.

« Dans le cas où elle en aura consigné, ils lui seront restitués.

« 619. Tout condamné à une peine afflictive ou infamante, qui aura subi sa peine ou qui aura obtenu, soit des lettres de commutation, soit des lettres de grâce, pourra être réhabilité.

« La demande en réhabilitation ne pourra être formée par les condamnés aux travaux forcés à temps, à la détention ou à la réclusion que cinq ans après l'expiration de leur peine et par les condamnés à la dégradation civique , qu'après cinq ans à compter du jour où la condamnation sera devenue irrévocable et cinq ans après qu'ils auront subi la peine de l'emprisonnement, s'ils y ont été condamnés. En cas de commutation, la demande en réhabilitation ne pourra être formée que cinq ans après l'expiration de la nouvelle peine, et, en cas de grâce, que cinq ans après l'enregistrement des lettres de grâce. »

Les Tribunaux secondaires, dans les débats, doivent, en outre, se conformer à l'arrêté du 22 juin 1832.

Arrêté du 20 juin 1832.

« Art. 1ᵉʳ. Dans toutes les audiences publiques de police correctionnelle et de grand criminel, pour les Établissements secondaires, immédiatement après avoir pris note des principales déclarations de chaque témoin, le greffier en donnera lecture à haute voix, et cette note sera traduite au témoin par l'interprête qui déclarera, sur l'interpellation du président, si c'est bien la substance de sa déposition.

«Sur cette déclaration, laquelle pourra être contredite par le ministère public et l'accusé, ce dont il sera pris note par le greffier, le président dictera dé-

finitivement au greffier l'analyse des principales déclarations du témoin sur lesquelles sera interrogé le
prévenu.

« Il en sera de même pour l'exécution de l'article
318 du Code d'instruction criminelle.

« Les notes tenues par le greffier seront signées, à
l'issue de l'audience, par le président et le greffier,
dans chaque affaire.

« Art. 2. L'interprète ordinaire et assermenté près
la juridiction devant laquelle est traduit le délinquant,
servira d'interprète dans toutes les causes portées à
cette juridiction.

« Le prévenu sera toujours interpellé de déclarer
s'il a des motifs de récusation contre cet interprète,
lesquels seront jugés immédiatement ; et, au cas où
ils seraient admis, un autre interprète sera choisi,
lequel prêtera le serment de traduire fidèlement les
discours à transmettre entre ceux qui parlent des
langages différents.

« Il suffira, pour admettre la récusation, que les faits,
posés à la charge de l'interprète, puissent donner lieu
de craindre qu'il ne soit pas exempt de partialité.

« Les causes de récusation énoncées en l'article
322 du Code d'instruction criminelle, et qui résul-
tent du degré de parenté et de la qualité de dénon-
ciateur, seront toujours admises.

« Art. 3. L'acte d'accusation en matière criminelle,
comme la citation en police correctionnelle, fixant la
prévention du délit qui la motive, seront traduits par
l'interprète assermenté, dans la langue du prévenu,
et lui seront signifiés dans les deux langues, avant
l'ouverture du débat.

« Ils seront lus dans les deux langues, à l'audience,
devant l'accusé et les témoins, et ce, à peine de nullité
de la condamnation qui interviendrait.

« Le greffier constatera l'accomplissement de cette
formalité. »

Le mode d'appel des jugements criminels rendus par les Tribunaux secondaires, est réglé par l'arrêté local du 3 septembre 1832.

Arrêté du 3 septembre 1832.

« Art. 1er. Tout appel d'un condamné par les Tribunaux des Établissements secondaires, jugeant en chambre de justice criminelle, sera fait dans les trois jours qui suivront celui de la prononciation du jugement de condamnation, par déclaration au greffe, laquelle sera reçue sans frais à première réquisition, par le greffier du Tribunal, qui devra se transporter à la prison pour recevoir ladite déclaration.

«Le concierge de la prison sera tenu de déférer sur-le-champ à la demande du condamné, en prévenant le greffier du Tribunal de se rendre au greffe de la geôle, à peine de destitution, contre le concierge et le greffier, en cas de négligence ou refus qui laisseraient périr les délais ou porteraient préjudice au condamné.

« Art. 2. Le ministère public près le Tribunal qui aura prononcé la condamnation, jouira de la faculté d'appeler *à minimâ* dans le même délai que le condamné ; mais, en cas d'absolution, l'appel du ministère public devra être formé dans les vingt-quatre heures du jugement, pour empêcher la mise en liberté.

« Art. 3. Le chef du ministère public aura le droit d'appeler *à minimâ* dans les deux mois de la condamnation, et même à l'audience de la Cour saisie de l'appel, s'il est encore dans les délais.

« Il peut appeler aussi de tout jugement d'absolution dans le même délai, alors que le ministère public de première instance se serait abstenu de tout appel, et que l'accusé aurait été mis en liberté.

« Toutefois le délai ci-dessus sera réduit à un mois du jour de la signification du jugement faite au chef

(269)

du ministère public, à la requête de l'accusé absous
ou condamné, qui voudrait abréger les délais.

« Art. 4. En cas d'appel, et dans les cinq jours au
plus tard dudit appel, les pièces du procès et l'accusé
seront envoyés ensemble devant la Cour. Dans ce
délai, il pourra être joint par l'accusé toutes requête et
pièces justificatives, pour être transmises sans frais.

« Plus tard lesdites requêtes et pièces devront être
déposées au greffe de la Cour royale, et seront jointes
à la procédure jusqu'au jour du jugement : le conseiller rapporteur en fera mention particulière dans
son rapport.

« Art. 5. Il n'est rien innové au mode de procéder, rappelé et constaté dans notre arrêté du 5
mars 1832, art. 5, et aux formes prescrites par l'arrêté du 29 février précédent, dans l'intérêt du condamné, pour lui faire connaître, avec son droit d'appel,
les délais accordés pour l'exercer et pour faciliter la
production de ses moyens justificatifs.

« Il n'est rien changé non plus au mode de procéder
pour la forme et les délais d'appel en matière correctionnelle, réglés par le Code d'instruction criminelle. »

L'arrêté du 4 février 1833 contient, relativement à
Mahé et Yanaon, des dispositions spéciales sur l'appel.

Arrêté du 4 février 1833.

« Art. 7. Toutes ordonnances de mise en liberté et
tous jugements rendus en matière criminelle à Mahé
et à Yanaon, même lorsqu'il n'y aurait point appel
les parties, seront transmis, avec les procédures, au
Procureur général qui pourra en porter l'appel devant
la Cour royale, dans la quinzaine de la réception des
pièces, constatée par l'enregistrement au parquet.

« Cet appel devra être dénoncé, dans les deux mois
de sa date, au prévenu et à la partie civile.

« Les jugements d'absolution seront néanmoins exécutés provisoirement par la mise en liberté du prévenu, et, s'il est condamné, la peine d'emprisonnement comptera toujours de la date du jugement. »

L'appel du Procureur général remet tout en question, même à l'égard de la partie civile, et lors même que le droit du prévenu d'interjeter appel, est périmé.

Des défenseurs d'office doivent être nommés aux accusés et aux prévenus de délits correctionnels, qui sont détenus.

Arrêté du 31 octobre 1837.

« Art. 1er. Toute demande de nomination de conseil dans les termes de l'article 9 de l'ordonnance locale du 26 septembre 1825, sera justifiée par un certificat d'indigence, dans la forme prescrite par l'article 5 de l'ordonnance locale du 22 juillet 1833, qui fixe le mode de recouvrement des amendes et frais de justice, et qui devra être ainsi delivré par trois notables de la commune habitée par le réclamant et approuvé par le naynard, béchecar ou talavaye, si c'est un natif, et, en outre, par le juge de paix lieutenant de police de l'arrondissement.

« Art. 2. Il n'est point dérogé, par là, au mode de nomination de conseils d'office aux accusés, qui n'en ont pas fait choix en matière criminelle, et il devra en être également nommé d'office aux détenus qui seront prévenus de délits correctionnels. »

Les présidents doivent apporter leur attention à nommer d'office un défenseur aux prévenus de délits correctionnels, qui sont détenus.

Le recours en cassation n'est admis contre les jugements ou arrêts criminels, que dans le seul intérêt de la loi.

Ordonnance de 1842.

« Art. 73. En matière criminelle, les jugements et arrêts ne seront pas susceptibles du recours en cassation, sauf :

« 1° Le droit du Procureur général de la Cour royale de dénoncer au Gouverneur les jugements et arrêts qui lui paraissent contraires à la loi.

« 2° Le droit réservé au Gouvernement et au Procureur général près la Cour de cassation, par les articles 441 et 442 du Code d'instruction criminelle de la métropole. »

La loi du 18 mai 1852, sur la réhabilitation des condamnés, a été promulguée, sans aucune modification, dans la colonie, le 2 octobre suivant.

La loi du 2 janvier 1850, qui modifie l'article 472 du Code d'instruction criminelle, a été promulguée, dans la colonie, le 23 avril 1853. C'est une preuve de plus que le législateur de la métropole pense que le Code d'instruction criminelle est entièrement en vigueur dans nos Établissements.

Arrêté du 16 septembre 1833.

« Art. 1er. Les lettres de grâce ou de commutation de peines accordées par Sa Majesté, qui doivent être lues et entérinées devant la Cour royale de Pondichéry, sur la présentation qui en est faite par le Procureur général, en présence des impétrants debout à la barre de la Cour et la tête nue, seront lues et entérinées en l'absence de ces derniers, toutes les fois que les grâciés seront restés dans la prison du lieu où la condamnation aura été portée.

« Art. 2. L'expédition de l'arrêt d'entérinement et copie authentique des lettres de grâce, seront délivrées, dans le dernier cas spécifié, par le greffier de la

Cour, au Procureur général, qui les transmettra à son substitut près le Tribunal qui aura rendu le jugement, à l'effet de produire l'arrêt et faire la présentation des lettres de grâce en audience publique, de requérir la transcription du tout sur les registres du Tribunal, et ce, après lecture préalable de l'ordonnance du Roi portant lettres de grâce ou commutation de peines, en présence des impétrants debout à la barre du Tribunal, et la tête nue, ce qui sera constaté par jugement. »

§ 5. TARIF DES FRAIS EN MATIÈRE CRIMINELLE.

Arrêté du 27 mai 1847.

« Dispositions préliminaires.

« Art. 1er. L'administration du domaine continuera de faire l'avance des frais de justice criminelle pour les actes et procédures qui seront ordonnés d'office ou à la requête du ministère public, sauf à poursuivre, ainsi que de droit, le recouvrement de ceux desdits frais qui ne sont point à la charge de la colonie, le tout dans la forme et selon les règles établies par le présent arrêté.

« Art. 2. Sont compris, sous la dénomination de frais de justice criminelle, sans distinction des frais d'instruction et de poursuite, en matière de police correctionnelle et de simple police :

« 1° Les frais de translation des prévenus ou accusés, de transport des procédures et des objets pouvant servir à conviction ou à décharge.

« 2° Les frais d'extradition des prévenus, accusés ou condamnés.

« 3° Les honoraires et vacations des médecins, chirurgiens, sages-femmes, experts et interprètes.

« 4° Les indemnités qui peuvent être accordées aux témoins, y compris les militaires.

« 5° Les frais de garde de scellés et ceux de mise en fourrière.

« 6° Les droits d'expédition et autres, alloués aux greffiers.

« 7° Le salaire et le transport des huissiers dans les limites qui seront ci-après fixées.

« 8° L'indemnité accordée aux officiers de justice dans les cas de transport sur le lieu du crime ou délit.

« 9° Les frais d'impression des arrêts, jugements et ordonnances de justice.

« 10° Les frais d'exécution des jugements criminels et les gages des exécuteurs.

« 11° les dépenses assimilées à celles de l'instruction des procès criminels et qui résulteront, savoir :

« Des procédures d'office pour l'interdiction ;

« Des poursuites d'office en matière civile ;

« Des inscriptions hypothécaires requises par le ministère public ;

« Du transport des greffes.

« Art. 3. Ne sont point compris sous la dénomination de frais de justice criminelle :

« 1° Les honoraires des défenseurs des accusés, même de ceux qui sont nommés d'office, non plus que les droits et honoraires des conseils agréés agissant comme avoués, dans le cas où leur ministère serait employé.

« 2° Les frais d'apposition des affiches, d'arrêts, jugements et ordonnances de justice, lesquels resteront à la charge de la caisse coloniale.

« 3° Les frais d'inhumation des condamnés et de tous cadavres trouvés sur la voie publique et dans quelque autre lieu que ce soit, lors, toutefois, que les cadavres ne sont pas réclamés par les familles, et sauf le recours de l'Administration contre les héritiers.

« 4° Les frais de translation des condamnés dans

les bagnes, dans les maisons centrales de correction, etc.

« 5° Les frais de conduite des mendiants et vagabonds qui ne sont point traduits devant les Tribunaux.

« 6° Les frais de translation de tous individus arrêtés par mesure de haute police; les frais de translation de tous condamnés évadés du lieu de leur détention, lesquels continueront d'être à la charge de la colonie.

« Seront également à la charge de la caisse coloniale :

« 1° Les dépenses des prisons, maisons de correction, maisons de dépôt, d'arrêt et de justice.

« 2°. Les dépenses qui pourraient être occasionnées par les poursuites intentées devant les Tribunaux militaires ou maritimes.

« 3°. Toutes autres dépenses, de quelque nature qu'elles soient, qui n'ont pas pour objet la recherche, la poursuite et la punition des crimes, délits ou contraventions de la compétence, soit des Cours, soit des Tribunaux correctionnels ou de simple police, sauf les exceptions énoncées dans les chapitres XI, XII et XIII du présent tarif.

«Des frais de translation des prévenus ou accusés, de transport des procédures et des objets pouvant servir à conviction ou à décharge.

« Art. 4. Les prévenus, accusés ou condamnés, seront conduits à pied, par les pions de police ou agents de la force publique, jusqu'au lieu de leur destination ; ils pourront néanmoins, dans les circonstances extraordinaires, et sur les réquisitions de l'autorité compétente, être transférés, soit en voiture ou en palanquin, soit par la voie de mer.

« Les réquisitions seront rapportées en original ou par copies dûment certifiées par les officiers

qui donneront les ordres, à l'appui de chaque état
ou mémoire de frais à fournir par ceux qui auront
fait le transport.

« Art. 5. Lorsque la translation par voie extraordinaire sera ordonnée d'office ou demandée par le
prévenu ou accusé, à cause de l'impossibilité où il se
trouverait de faire ou de continuer le voyage à pied,
cette impossibilité sera constatée soit par certificat de
médecin ou de chirurgien, soit par tout autre docu-
ment pouvant en tenir lieu, et qui, en tout cas, devra
suivre les prévenus, accusés ou condamnés.

« Art. 6. Les prévenus, accusés ou condamnés,
pourront toujours se faire transporter en voiture ou
en palanquin à leurs frais, en se soumettant aux
mesures de précaution que prescrira l'autorité qui
aura ordonné la translation, ou le chef d'escorte
chargé de l'exécuter.

« Art. 7. Les procédures et les effets pouvant servir à conviction ou à décharge, continueront à être
transportés suivant le mode suivi jusqu'à ce jour, et
les frais occasionnés par ces transports réglés et
ordonnancés comme par le passé.

« *Transport des dépositaires publics ou particuliers au greffe ou
devant un juge d'instruction, pour remettre des pièces arguées de
faux ou des pièces de comparaison.*

« Art. 8. Lorsque, en conformité des dispositions
du Code d'instruction criminelle, sur le faux, et dans
les cas prévus notamment par les articles 452 et 454,
des dépositaires publics, tels que les notaires et conseils agréés, seront tenus de se transporter au greffe
ou devant un juge d'instruction, pour remettre des
pièces arguées de faux ou des pièces de comparaison,
il leur sera alloué des frais de voyage et de séjour qui
seront réglés ainsi qu'il sera dit ci-après, pour les
médecins, chirurgiens, etc.

« Art. 9. Les autres dépositaires particuliers rece-vront, pour le même objet, l'indemnité réglée par l'article 21 pour les témoins.

« Quant aux huissiers, on se conformera aux dis-positions du chapitre 8 qui les concerne.

« Les indemnités, soit de voyage, soit de séjour, accordées par l'article 8 ci-dessus, ne seront que de la moitié pour les notaires indiens et conseils indiens.

« Des honoraires et vacations des médecins, chirurgiens, sages-femmes, experts et interprètes.

« Art. 10. Il est alloué à chaque médecin ou chi-rurgien, savoir :

« 1° Pour chaque visite et rapport, y compris le premier pansement s'il y a lieu, trois francs.

« Et aux officiers de santé indiens, un franc cin-quante centimes.

« 2° Pour les ouvertures de cadavres et autres opé-rations plus difficiles que la simple visite, et en sus des droits ci-dessus, à chaque médecin ou chirurgien, cinq francs.

« Et aux officiers de santé indiens, deux francs cin-quante centimes.

« Art. 11. Les visites à faire par les sages-femmes leur seront payées, savoir :

« A celles de la classe blanche, deux francs cin-quante centimes.

« Aux autres, un franc vingt-cinq centimes.

« Art. 12. Outre les droits ci-dessus, le prix des fournitures nécessaires pour les opérations sera rem-boursé.

« Art. 13. Les frais d'exhumation de cadavres se-ront payés d'après l'usage des lieux.

« Art. 14. Il ne sera rien alloué pour soins et traitement administrés, soit après le premier pansement, soit après les visites ordonnées d'office.

«Art. 15. Chaque médecin, chirurgien ou pharmacien, recevra, pour chaque vacation de trois heures :

«Pour les opérations sur cadavre ou sur résidus de cadavre, cinq francs.

« Art. 16. Les vacations de nuit seront payées moitié en sus, soit sept francs cinquante centimes.

« Les officiers de santé indiens qui auront procédé auxdites opérations, auront droit, et suivant le cas, à la moitié des taxes ci-dessus fixées.

«Art. 17. Chaque expert ou interprète de langues, autres que le tamoul, recevra pour chaque vacation de trois heures, et par chaque rapport, lorsqu'il sera fait par écrit, cinq francs.

«Les vacations de nuit seront payées moitié en sus.

« Art. 18. Les traductions par écrit de toute langue étrangère à chacun des Établissements français de l'Inde, seront payées, par chaque rôle de trente lignes à la page, un franc vingt-cinq centimes.

«Les frais de toutes les autres traductions, faites par les interprètes salariés du Gouvernement, seront à la charge des parties condamnées, et compris dans les états de liquidation.

«Art. 19. Dans le cas de transport à plus de quatre kilomètres de leur résidence, les médecins, chirurgiens et pharmaciens, outre la taxe ci-dessus fixée pour leurs vacations, seront indemnisés de leurs frais de voyage et de séjour de la manière déterminée dans le chapitre IX ci-après.

« Art. 20. Dans tous les cas où les médecins, chirurgiens, sages-femmes, experts et interprètes, sont appelés, soit devant le juge d'instruction, soit aux débats, à raison de leurs déclarations, visites ou rapports, il ne leur sera accordé aucune indemnité à raison de cette comparution.

«Des indemnités qui peuvent être accordées aux témoins.

«Art. 21. Toutes les fois que, sur la demande du ministère public, des personnes domiciliées à plus de quatre kilomètres de Pondichéry, seront appelées en témoignage, dans les affaires criminelles ou correctionnelles, elles auront droit, si elles le requièrent, à une indemnité de route qui demeure réglée ainsi qu'il suit :

« Pour les individus de la classe blanche et par chaque quatre kilomètres, deux francs.

«Et pour les individus des autres classes, également par chaque quatre kilomètres, soixante centimes.

«Art. 22. Outre cette indemnité, il pourra être accordé auxdits témoins, des frais de séjour calculés, pour ceux de la première classe, à raison de quatre francs par jour, et, pour ceux des autres classes, à raison de soixante centimes par jour.

« La taxe des indemnités de voyage et de séjour sera double pour les enfants mâles au-dessous de l'âge de douze ans et pour les filles au-dessous de l'âge de quatorze ans, lorsqu'ils seront appelés en témoignage et qu'ils seront accompagnés, dans leur route et séjour, par leurs père, mère, tuteur ou curateur, à la charge par ceux-ci de justifier de leur qualité.

« Art. 23. Le Procureur général du Roi, dans les circonstances où il résultera un dommage notable pour les témoins appelés à de grandes distances, pourra requérir la fixation d'une indemnité que la Cour liquidera suivant la qualité des personnes et le dommage éprouvé.

« Art. 24. Les indemnités accordées aux témoins par les articles qui précèdent, ne seront acquises que pour des voyages par terre.

« Art 25. Dans le cas où le Gouvernement ferait venir des témoins de Chandernagor, Karikal, Mahé et Yanaon, par mer, ils n'auront droit à aucune autre indemnité de route que le prix du passage qui sera réglé et avancé par l'Administration, avec recours contre la partie qui succombera.

« Art. 26. Tous les témoins qui reçoivent un traitement quelconque, à raison d'un service public, n'auront droit qu'au remboursement des frais de voyage, s'il y a lieu et s'ils le requièrent, sur le pied réglé dans le chapitre ci-après.

« Art. 27. L'indemnité accordée aux témoins ne sera avancée par le Trésor, qu'autant qu'ils auront été cités, soit à la requête du ministère public, soit en vertu d'ordonnance rendue d'office, dans les cas prévus par les articles 269 et 303 du Code d'instruction criminelle.

« Art. 28. Les témoins cités à la requête, soit des accusés conformément à l'article 321 du Code d'instruction criminelle, soit des parties civiles, recevront les indemnités ci-dessus déterminées, et elles leur seront payées par ceux qui les auront appelés en témoignage.

« Art. 29. Les officiers de justice énonceront, dans les mandats qu'ils délivreront au profit des témoins, que la taxe a été requise.

« Des frais de garde de scellés et de mise en fourrière.

« Art. 30. Dans les cas prévus par les articles 16, 35, 37, 38, 89, 90 du Code d'instruction criminelle, il ne sera accordé de taxe pour la garde de scellés, que lorsque le juge instructeur n'aura pas jugé à propos de confier cette garde à des habitants de la maison où les scellés auront été apposés.

« Dans ce cas, il sera alloué aux gardiens nommés d'office, et sans distinction du temps et pour toute la durée du gardiennage, par chaque jour, trente centimes.

«Art. 31. Les animaux et tous les objets périssables, pour quelque cause qu'ils aient été saisis, ne pourront rester en fourrière ou sous le séquestre plus de huit jours.

«Après ce délai, la mainlevée provisoire pourra en être accordée. S'ils ne doivent ou ne peuvent être restitués, ils seront mis en vente, et les frais de fourrière seront prélevés sur le produit de la vente, par privilége et préférence à tous autres.

«Art. 32. La mainlevée provisoire des animaux saisis, et des objets périssables mis en séquestre, sera ordonnée par le juge de paix ou par le juge d'instruction, moyennant caution et le payement des frais de fourrière et de séquestre.

«Si lesdits objets doivent être vendus, la vente sera ordonnée par les magistrats.

«Cette vente sera faite à l'enchère, au marché le plus voisin, à la diligence du commissaire de police.

«Le jour de la vente sera indiqué par affiche, vingt-quatre heures à l'avance, à moins que la modicité de l'objet ne détermine le magistrat à en ordonner la vente sans formalités, ce qu'il exprimera dans son ordonnance.

«Le produit de la vente sera versé sans frais à la caisse des dépôts et consignations, pour en être disposé ainsi qu'il sera ordonné par le jugement définitif.

«Des droits d'expédition et autres alloués aux greffiers.

«Art. 33. Il est dû aux greffiers des Cours royales, des Tribunaux correctionnels et des Tribunaux de police, suivant les cas, des droits d'expédition, des droits fixes et des indemnités, indépendamment du traitement fixe qui leur est accordé sur le Trésor colonial.

«Art. 34. Des droits d'expédition sont dûs pour tous les actes et pièces dont il est fait mention dans les articles du Code d'instruction criminelle, sous les numéros 31, 63, 65, 66, 68, 81, 86, 114, 117, 118, 120, 122, 123, 124, 125, 128, 129, 130, 131, 146, 153, 157, 158, 159, 160, 161, 188, 190, 191, 192, 193, 248, 281, 304, 305, 343, 358, 396, 397, 398, 415, 419, 452, 454, 455, 456, 465, 481 et 601.

« Art. 35. Ces droits d'expédition ne sont dûs que lorsque les expéditions sont demandées, soit par les parties qui en requièrent la délivrance à leurs frais, soit par le ministère public : dans ce dernier cas, le Trésor colonial en fait les avances, s'il n'y a pas de partie civile, ou si la partie civile est dans un état d'indigence dûment constaté.

« Hors les cas ci-dessus, il n'est rien dû aux greffiers pour les actes sus-énoncés, lorsque notification, signification ou communication en est faite sur les minutes, ainsi qu'il sera dit ci-après.

« Art. 36. Il n'est dû qu'un droit fixe aux greffiers pour les extraits qu'ils sont tenus de délivrer en conformité des articles 198, 202 et 472 du Code d'instruction criminelle, et de l'article 36 du Code pénal.

« Art. 37. Il leur est accordé une indemnité pour leur assistance aux actes désignés dans l'article 378 du Code d'instruction criminelle, et pour l'accomplissement des formalités prescrites par l'article 83 du Code civil.

« Art. 38. Les droits d'expédition dûs aux greffiers des Cours et Tribunaux, sont fixés à trente centimes par rôle de vingt-huit lignes à la page et de quatorze à seize syllabes à la ligne : néanmoins les mêmes droits pour les greffiers des Tribunaux de police seront seulement de vingt centimes par rôle composé du même nombre de lignes et de syllabes.

« Art. 39. Les droits fixes pour les extraits sont réglés à trente centimes, quel que soit le nombre de rôles de chaque extrait.

« Art. 40. L'état de liquidation des frais et dépens

sera dressé par le greffier, et les copies qu'il en délivrera lui seront payées à raison de cinq centimes par article.

« Art. 41. Lors des exécutions des arrêts criminels, le greffier de la Cour ou du Tribunal du lieu où se fera l'exécution, sera tenu d'y assister, d'en dresser procès-verbal, et, dans le cas d'exécution à mort, il fera parvenir à l'officier de l'état-civil les renseignements prescrits par le Code civil.

« A cet effet, le greffier se rendra dans une maison située sur la place publique, où se fera l'exécution, et qui lui sera désignée par l'autorité administrative.

« Art. 42. Il est alloué aux greffiers, pour tout droit d'assistance, transcription du procès-verbal au bas de l'arrêt et déclaration à l'officier de l'état-civil, savoir :

« 1° Pour les exécutions à mort, dix francs.

« 2° Pour les exécutions par effigie et exposition, et quel que soit le nombre des condamnés, trois francs.

« Art. 43. Les accusés payeront, aux taux réglés par le présent tarif, les expéditions et copies qu'ils demanderont, outre celles qui leur seront delivrées gratuitement, aux termes de l'article 305 du Code d'instruction criminelle.

« Art. 44. Dans les cas de renvoi des accusés devant un autre juge d'instruction ou un autre Tribunal, il ne pourra leur être délivré, aux frais du Trésor colonial, de nouvelles copies des pièces dont ils auront déjà reçu une copie en exécution du susdit article 305.

« Art. 45. En matière correctionnelle et de simple police, aucune expédition ou copie de pièces de la procédure ne pourra être délivrée aux parties sans une autorisation expresse du Procureur général; mais il leur sera délivré, sur leur demande, expédition de la plainte, de la dénonciation, des ordonnances et des jugements définitifs.

« Toutes ces expéditions seront à leurs frais.

« Art. 46. Les greffiers ne délivreront aucune expédition ou copie susceptible d'être taxée par rôle, ni aucun extrait, sans les avoir soumis à l'examen du ministère public, qui en fera prendre note sur un registre tenu au parquet.

« Les procureurs du Roi viseront, en outre, les expéditions.

« Art. 47. Ne seront point insérés dans la rédaction des arrêts et jugements, les plaidoyers prononcés soit par le ministère public, soit par les défenseurs des prévenus ou accusés, mais seulement leurs conclusions.

« Art. 48. Toutes les fois qu'une procédure en matière criminelle, de police correctionnelle ou de simple police, devra être transmise à quelque Cour ou Tribunal que ce soit, ou au Ministère de la justice, la procédure et les pièces seront envoyées en minutes sans en excepter aucune, à moins que le Ministre de la marine, ou à défaut le Gouverneur, ne désigne des pièces pour n'être expédiées que par copies ou par extraits.

« Art. 49. Dans tous les cas où il y aura renvoi de pièces d'une procédure, le greffier sera tenu d'y joindre un inventaire, qu'il dressera sans frais, ainsi qu'il est prescrit par l'article 423 du Code d'instruction criminelle.

« Art. 50. Ne seront expédiés, dans la forme exécutoire, que les arrêts, jugements, ou ordonnances de justice, que les parties et le ministère public demanderont dans cette forme.

« Art. 51. Il n'est rien alloué aux greffiers pour les écritures qu'ils sont tenus de faire, sous la dictée et l'inspection des magistrats, ni pour la minute d'aucun acte quelconque, non plus aussi que pour les simples renseignements qui leur sont demandés par le ministère public, pour être transmis aux Ministères.

« Art. 52. Il est très-expressément défendu, sous

les peines prévues par la loi, aux greffiers et à leurs commis, d'exiger d'autres ou plus forts droits que ceux qui leur sont attribués par le présent tarif, soit à titre de prompte expédition, soit comme gratification, ni pour quelque cause et sous quelque prétexte que ce soit.

« Des salaires des huissiers et des frais de capture alloués aux agents de la force publique.

« Art. 53. Tous les huissiers pouront être appelés indistinctement et à tour de rôle, à faire le service civil et le service criminel et correctionnel auprès des Tribunaux auxquels ils sont attachés.

« Art. 54. Lorsqu'il n'aura pas été délivré au ministère public des expéditions des actes ou jugements à signifier, les significations seront faites par les huissiers, sur les minutes qui leur seront confiées par les greffiers sur leur récépissé, à la charge par eux de les rétablir au greffe dans les vingt-quatre heures qui suivront la signification, sous peine d'y être contraints par corps en cas de retard.

« Lorsqu'un acte ou jugement aura été remis en expédition au ministère public, la signification sera faite sur cette expédition, sans qu'il en soit délivré une seconde pour cet objet.

« Les copies de tous les actes, arrêts, jugements et pièces à signifier, seront toujours faites par les huissiers ou leurs scribes.

« Art. 55. Les salaires des huissiers, pour tous les actes de leur ministère, résultant du Code d'instruction criminelle et du Code pénal, sont réglés et fixés ainsi qu'il suit, et néanmoins sans que, dans aucun cas, les huissiers puissent en réclamer ou répéter le coût contre la caisse coloniale :

« 1° Pour toutes les citations, significations, notifications, communications et mandats de comparution,

dans les cas prévus par les articles, 34, 72, 81, 91,
97, 109, 114, 116, 117, 128, 145, 146, 149, 151,157,
158, 160, 172, 174, 182, 185, 186, 187, 188, 190,
199, 203, 205, 212, 213, 214, 229, 230, 231, 242,
266, 269, 281, 292, 303, 321, 354, 355, 356, 358.
415, 452, 454, 456, 466, 479, 487, 492, 500, 507,
517, 519, 528, 531, 532, 538, 546, 547, 548 et 567
du Code d'instruction criminelle, et 86 et 115 de l'ordonnance royale du 7 février 1842.

« Pour l'original seulement, lequel, pour tous les
actes ci-dessus indiqués, sera uniquement libellé en
langue française, trente centimes.

« Et pour la copie de chacune desdites significations,
laquelle, pour les Européens et descendants d'Européens, ne pourra plus être notifiée qu'en français, et
seulement en tamoul aux natifs, trente centimes.

« Sont toutefois exceptés de la présente disposition :

« 1° Les actes d'accusation, et les citations en police correctionnelle, lesquelles devront être signifiés
aux accusés ou prévenus indigènes en français et en
tamoul.

« Les copies, soit en langue française, soit en langue
tamoule, de l'exploit portant signification de l'acte
d'accusation et de la citation correctionnelle, seront
également payées aux huissiers, trente centimes, sauf
ce qui sera dit ci-après concernant la copie des pièces
dont la notification pourrait être ordonnée.

« 2° Pour l'exécution des mandats de dépôt, aux
cas prévus par les articles 34, 40, 61, 86, 100, 193,
214, 237, 248 et 490 du Code d'instruction criminelle, y compris l'exploit de signification et la copie,
soixante-quinze centimes.

« 3° Pour la capture de chaque prévenu, accusé
ou condamné en exécution d'un mandat d'arrêt,
ordonnance de prise de corps, arrêt ou jugement
quelconque emportant saisie de la personne, y compris
l'exploit de signification , la copie et le procès-verbal

de perquisition , lors même qu'il s'agirait de l'exécution d'un seul mandat d'arrêt, ordonnance de prise
de corps, arrêt ou jugement qui concernerait plusieurs individus par les articles 80, 94, 109, 110, 134,
157, 193, 214, 231, 232 , 237, 239, 343 , 355, 361,
452 , 454 , 456 , 500 et 522 du Code d'instruction
criminelle, et par les articles 46 et 52 du Code pénal,
savoir : trois francs cinquante centimes.

« 4° Pour l'extraction de chaque prisonnier, sa
conduite devant le juge et sa réintégration dans la
prison, trente centimes.

« 5° Pour le procès-verbal de perquisition dont il
est fait mention dans l'article 109 du Code d'instruction criminelle, et qui n'est pas suivi de capture, y
compris l'exploit de signification et la copie du mandat
d'arrêt, de l'ordonnance de prise de corps ou de
l'arrêt ou jugement qui auront donné lieu à la perquisition, deux francs.

« 6° Pour la publication au son de trompe ou de
caisse et les affiches de l'ordonnance qui, aux termes
des articles 465 et 466 du Code d'instruction criminelle, doit être rendue et publiée contre les accusés
contumax, y compris le procès-verbal de la publication et les frais de trompe ou de caisse qui seront à
la charge de l'huissier, trois francs cinquante centimes.

« 7° Pour la lecture de l'arrêt de condamnation à
mort, dont il est fait mention dans l'article 13 du Code
pénal, cinq francs.

« 8° Pour salaire particulier des scribes employés
pour les copies de tous les actes dont il est fait mention ci-dessus, et de toutes les autres pièces dont il
doit être donné copie, et ce, pour chaque rôle d'écriture de trente lignes à la page et de dix-huit à vingt
syllabes à la ligne, non compris le premier rôle,
trente centimes.

« 9° Pour assistance à l'inscription de l'écrou, lorsque le prévenu se trouve déjà incarcéré, et pour la radiation de l'écrou dans tous les cas, trente centimes.

» Art. 56. Il ne sera alloué aucune taxe aux agents de la force publique pour raison des citations, notifications et significations dont ils seront chargés par les officiers de police judiciaire et par le ministère public.

« Art. 57. Si un mandat d'amener et un mandat de dépôt ont été décernés dans les mêmes vingt-quatre heures contre le même individu et par le même magistrat, il n'y aura pas lieu de cumuler et d'allouer aux huissiers la taxe ci-dessus établie pour l'exécution des deux mandats, mais, audit cas, il leur sera alloué, pour toute taxe, deux francs.

« Art. 58. Lorsque des individus contre lesquels il aura été décerné des mandats d'arrêt et ordonnances de prise de corps ou rendu des arrêts ou jugements emportant saisie de la personne, se trouveront déjà arrêtés d'une manière quelconque, l'exécution des actes ci-dessus à leur égard ne sera payée aux huissiers qu'au taux réglé par le numéro 1er de l'article 55, pour les citations, significations et notifications.

« Il en sera de même pour l'exécution des mandats d'amener, lorsque l'individu se trouvera arrêté, lorsqu'il se sera présenté volontairement ou qu'il n'aura pu être saisi.

« Art. 59. Les huissiers ne dresseront un procès-verbal de perquisition, qu'en vertu d'un mandat d'arrêt, ordonnance de prise de corps, arrêt ou jugement de condamnation à peine afflictive ou infamante ou à l'emprisonnement.

« Art. 60. Il ne sera payé, dans une même affaire, qu'un seul procès-verbal, pour chaque individu, quel que soit le nombre des perquisitions qui auront été faites dans la même commune.

« Art. 61. Lorsque les publications et affiches, pres-

crites par l'article 466 du Code d'instruction criminelle , se feront dans deux districts différents, chacun des deux huissiers qui en seront chargés ne rece-
vraque la moitié de la taxe fixée par l'article 58 n° 6.

« Art. 62. Les frais de voyage et de séjour des
huissiers seront alloués, ainsi qu'il sera dit dans le
chapitre X ci-après.

« Art. 63. Le Procureur général, chef de l'administration de la justice, fera dresser et parvenir aux
procureurs du Roi et aux officiers chargés des fonctions du ministère public, des modèles des mémoires
que les huissiers auront à fournir pour la répétition
de leurs salaires, et les huissiers seront tenus de s'y
conformer exactement , sous peine de rejet de leurs
mémoires.

« Art. 64. Pour faciliter la vérification de la taxe
des mémoires des huissiers, il sera tenu, au parquet
des Cour et Tribunaux, un registre des actes de ces
officiers ministériels. On y désignera sommairement
chaque affaire, et, en marge ou à la suite de cette désignation, on relatera, par ordre de dates, l'objet et
la nature des diligences, à mesure qu'elles seront
faites, ainsi que le montant du salaire qui y est affecté.

« Les procureurs du Roi et les officiers qui en remplissent les fonctions, examineront, en même temps,
leurs écritures, afin de s'assurer qu'elles comprennent
le nombre de lignes à la page et de syllabes à la ligne,
prescrit par l'article 71 n° 8, et ils réduiront au taux
convenable, le prix des écritures qui ne seraient pas
dans la proportion établie par ledit article.

« *Transport des magistrats et juges notables.*

« Art. 56. Dans les cas prévus par les articles 32,
36, 43, 46, 47, 49, 50, 51, 52, 59, 60, 62, 83, 84,
87, 88, 90, 464, 488, 497, 511 et 616, du Code
d'instruction criminelle, les juges, les officiers du

ministère public, les greffiers et autres agents, recevront les indemnités fixées conformément au règlement du 30 octobre 1827, concernant les frais de conduite et vacations.

« *Des frais d'exécution des arrêts.*

« Art. 66. Il sera accordé aux exécuteurs de la haute justice, les salaires ci-après fixés, savoir :

« 1° Pour chaque exécution à la peine de mort, trente francs.

« 2° Pour chaque exposition, dix francs.

« Dans le cas où plusieurs individus figureraient dans la même exposition, le salaire sera fixé, pour quelque nombre que ce soit, à quinze francs.

« *Des poursuites d'office.*

« Art. 67. Les frais des actes et procédures faits sur la poursuite d'office du ministère public, dans les cas d'interdiction et, en outre, dans les cas prévus par le Code civil, et notamment par les articles 50, 53, 81, 184, 191 et 192, relativement aux actes de l'état-civil, seront payés, taxés et recouvrés conformément au présent tarif.

« Art. 68. Il en sera de même lorsque le ministère public poursuivra d'office les rectifications des actes de l'état-civil en conformité de l'avis du conseil d'État du 12 brumaire an XI (3 novembre 1802), comme aussi au sujet des poursuites faites en conformité des lois sur le notariat, et généralement dans tous les cas où le ministère public agit dans l'intérêt de la loi et pour assurer son exécution.

« *Des inscriptions hypothécaires requises par le ministère public.*

« Art. 69. Les frais d'inscription hypothécaire, lorsqu'elle sera requise par le ministère public en conformité de l'article 121 du Code d'instruction criminelle, continueront à être portés en débet.

« Art. 70. Il en sera de même dans tous les cas où le ministère public est tenu, conformément à la loi, de prendre des inscriptions d'office dans l'intérêt des femmes, des mineurs, du Trésor colonial, etc.

« Du recouvrement des amendes et cautionnements.

« Art. 71. Les frais de recouvrement des amendes prononcées dans les cas prévus par le Code d'instruction criminelle et par le Code pénal, seront taxés conformément au tarif en vigueur pour la procédure civile.

« Art. 72. Il en sera de même pour le recouvrement des cautionnements fournis à l'effet d'obtenir la liberté provisoire des prévenus, et dans les cas prévus par les articles 122 et 123 du Code d'instruction criminelle.

«Art. 73. La même disposition est applicable, quant à la taxe, aux poursuites faites par les cautions, à l'effet d'obtenir les restitutions, dans les cas de droit, des sommes déposées dans la caisse du domaine, aux termes de l'article 117 du Code d'instruction criminelle.

« Du mode de payement.

« Art. 74. Le mode de payement des frais diffère suivant leur nature et leur urgence; il est réglé ainsi qu'il suit :

« Art. 75. Les frais urgents seront acquittés, à Pondichéry, par le receveur du domaine, sur la taxe du juge et de l'ordonnance du chef du service administratif.

« Et, dans les Établissements secondaires, par l'agent chargé de la perception des revenus du do-

naine, sur la taxe du juge et l'ordonnance du chef de
service.

« La taxe du juge et l'ordonnance de payement
seront toujours mises au bas des réquisitions, copies
de convocations ou de citations, états ou mémoires
des parties.

« Art. 76. Sont réputés frais urgents :

« 1° Les indemnités des témoins.

« 2° Toutes dépenses relatives à des fournitures ou
opérations pour lesquelles les parties prenantes ne
sont pas habituellement employées.

« 3° Les frais d'extradition des prévenus, accusés
ou condamnés.

« Art. 77. Lorsqu'un témoin se trouvera hors
d'état de fournir aux frais de son déplacement, il lui
sera délivré, par le président de la Cour ou du Tribunal du lieu de sa résidence, et, à son défaut, par le
juge de paix, un mandat provisoire, à compte de ce
qui pourra lui revenir pour son indemnité.

« Le receveur ou agent chargé de la perception des
revenus du domaine, qui acquittera ce mandat, fera
mention de l'à-compte en marge ou au bas de la copie
de la citation.

« Art. 78. Dans le cas où l'instruction d'une procédure criminelle exigerait des dépenses extraordinaires et non prévues par le présent arrêté, elles ne
pourront être faites qu'avec l'autorisation du Procureur général, et à la charge d'en rendre immédiatement compte au Gouverneur.

« Art. 79. Les dépenses non réputées urgentes,
seront payées sur les états ou mémoires des parties
prenantes, revêtus de la taxe et de l'exécutoire, et du
visa, selon le lieu, du Chef du service administratif ou
des chefs de service.

« Art. 80. Les états ou mémoires seront taxés article par article, et l'exécutoire sera délivré à la suite.

« Art. 81. Les formalités de la taxe de l'exécutoire

seront remplies sans frais par les présidents, les juges
d'instruction et les juges de paix, chacun en ce qui
le concerne.

« L'exécutoire sera décerné sur les réquisitions de
l'officier du ministère public, lequel signera la minute de l'ordonnance.

« Art. 82. Les juges qui auront décerné les mandats ou exécutoires, et les officiers du ministère public
qui y auront apposé leur signature, seront responsables de tout abus ou exagération dans les taxes, solidairement avec les parties prenantes, et sauf leur
recours contre elles.

« Art. 83. Les présidents et les juges d'instruction
ne pourront refuser de taxer et de rendre exécutoires,
s'il y a lieu, des états ou mémoires de frais de justice
criminelle, par la seule raison que ces frais n'auraient
pas été faits par leur ordre direct, pourvu toutefois
qu'ils aient été faits en vertu des ordres d'une autorité
compétente, dans le ressort de la Cour ou du Tribunal
que ces juges président ou dont ils sont membres.

« Art. 84. Les états ou mémoires seront dressés
de manière que les officiers de justice et les chefs
d'administration puissent y apposer leurs taxes, exécutoires, règlement et ordonnance : autrement ils
seront rejetés, ainsi que les mémoires des greffiers ou
d'huissiers qui ne seraient point conformes aux modèles qui seront annexés à la suite du présent arrêté.

« Art. 85. Il sera fait de chaque état ou mémoire,
deux expéditions ; chacune de ces expéditions sera
revêtue de la taxe et de l'exécutoire du juge, du visa
de l'officier du ministère public et de l'ordonnance
du Chef du service administratif à Pondichéry ou du
chef de service dans les Établissements secondaires.

« En cas de difficulté sur le règlement des taxes et
sur le payement au Trésor colonial, les pièces seront
adressées au Procureur général, qui provoquera, par
un rapport, une décision du Gouverneur en conseil.

« Art. 86. Les états ou mémoires qui comprendraient des dépenses autres que celles qui, d'après le présent tarif, doivent être considérées comme frais de justice, seront rejetés, sauf aux parties réclamantes à diviser leurs mémoires par nature des dépenses, pour le montant en être acquitté par qui de droit.

« Art. 87. Les mémoires qui n'auront pas été présentés à la taxe du juge dans le délai d'une année à partir de l'époque à laquelle les frais auront été faits, ou dont le payement n'aura pas été réclamé dans les six mois de leur date, ne pourront être acquittés qu'autant qu'il sera justifié que les retards ne sont point imputables à la partie dénommée dans l'exécutoire. Cette justification ne pourra être admise que par le Gouverneur, en conseil, sur le rapport du Procureur général.

« Art. 88. Les greffiers, les huissiers, ou porteurs de contrainte, ne pourront réclamer directement, des parties condamnées, le payement des droits qui leur sont attribués. Ces droits leur seront payés, après recouvrement, à la diligence du percepteur des amendes.

« De la liquidation et du recouvrement des frais.

« Art. 89. En matière de police simple ou correctionnelle, la partie civile, qui n'aura pas justifié de son indigence, sera tenue, avant toutes poursuites, de déposer, entre les mains du percepteur des amendes, la somme présumée nécessaire pour les frais de la procédure.

« Art. 90. Dans les exécutoires décernés, soit sur la caisse du domaine, soit sur le Trésor, pour des frais qui ne sont point à la charge de la colonie, il sera fait mention qu'il n'y a point de partie civile en cause ou que la partie civile a justifié de son indigence.

« Art. 91. Sont seules déclarées à la charge de la

colonie, et sans recours, toutes les dépenses relatives à l'exécution des arrêts criminels, le recours contre tout condamné étant de droit pour toutes les autres dépenses, quelle qu'en soit la nature et la désignation.

« Art. 92. Il sera dressé, pour chaque affaire criminelle, correctionnelle ou de simple police, un état de liquidation des frais à la charge des condamnés, et lorsque cette liquidation n'aura pu être insérée, soit dans l'ordonnance de mise en liberté, soit dans l'arrêt ou le jugement de condamnation, d'absolution ou d'acquittement, le juge compétent décernera exécutoire contre qui de droit, au bas dudit état de liquidation.

« Continueront, d'ailleurs, d'être exécutées les dispositions de l'arrêté du 28 juillet 1842, sur le recouvrement des amendes et autres condamnations pécuniaires au profit du Trésor.

« Art. 93. Toutes les fois que le Procureur général s'apercevra que des sommes ont été indûment allouées à titre de frais de justice criminelle, il en fera dresser des rôles de restitution, lesquels seront déclarés, par le Gouverneur en conseil d'administration, exécutoires contre qui de droit, lors même que ces sommes se trouveraient comprises dans des états déjà ordonnés et payés, pourvu néanmoins qu'il ne se soit pas écoulé plus de deux ans depuis la date de ces ordonnances. »

Arrêté du 4 avril 1849.

« Art. 1er. L'article 10 du tarif des frais en matière criminelle et de police du 27 mai 1847, est modifié ainsi qu'il suit :

« Art. 10. Il est alloué à chaque médecin ou chirurgien savoir :

« 1º Pour chaque visite et rapport, y compris le premier pansement, s'il y a lieu, cinq francs.

« Aux officiers de santé indiens, la moitié.

« 2º Pour les ouvertures de cadavres et autres opérations plus difficiles que la simple visite et en sus
des droits ci-dessus, à chaque médecin ou chirurgien,
neuf francs.

« Aux officiers de santé indiens, la moitié.

« 3º Pour autopsie après exhumation, y compris le
rapport, quinze francs.

« Aux officiers de santé indiens, la moitié.

« Art. 2. En exécution et par argument des articles 43 et 44 du Code d'instruction criminelle, le
juge instructeur, soit d'office, ou sur les réquisitions du ministère public, pourra ne commettre
qu'un seul officier de santé pour les opérations et
rapports sur cadavre ou résidus de cadavre. Dans les
circonstances graves, il pourra en désigner deux, s'il
le croit nécessaire, après avoir reçu l'avis du ministère public.

« Art. 3. En matière criminelle, correctionnelle et
de police, les conseils agréés pour les parties en
cause n'auront droit qu'aux allocations accordées par
le tarif de Paris, sans bonification. »

CHAPITRE XIV.

Législation pénale.

Le Code pénal a été promulgué dans la colonie par
l'arrêté que nous avons reproduit, du 6 février 1819 ;
les diverses modifications qui ont été apportées à ce
Code, par les lois du 25 janvier 1824 et 28 avril 1832,
ont été aussi promulguées : il n'est pas nécessaire de
reproduire en entier cette dernière loi qui se trouve

dans les éditions nouvelles des Codes. Il suffira de rapporter les articles qui ont subi des modifications adaptées aux besoins de la colonie.

Ordonnance du 29 mars 1836.

« Art. 17. La peine de la déportation consistera à être transporté et à demeurer à perpétuité dans un lieu déterminé par le Gouvernement, hors du territoire continental de la France et du territoire de la colonie.

« Si le déporté rentre sur le territoire qui lui est interdit, il sera, sur la seule preuve de son identité, condamné aux travaux forcés à perpétuité.

« Le déporté qui ne sera pas rentré sur le territoire qui lui est interdit, mais qui sera saisi dans des pays occupés par les armées françaises, sera conduit dans le lieu de sa déportation.

« Tant qu'il n'aura pas été établi un lieu de déportation, ou lorsque les communications seront interrompues entre le lieu de déportation et le territoire interdit au condamné, celui-ci subira à perpétuité la peine de la détention.

« Art. 20. Quiconque aura été condamné à la détention, sera renfermé dans l'une des forteresses situées sur le territoire continental du royaume qui auront été déterminées par une ordonnance du Roi, rendue dans la forme des règlements d'administration publique.

« Il communiquera avec les personnes placées dans l'intérieur du lieu de détention, ou avec celles du dehors, conformément aux règlements de police établis par une ordonnance du Roi.

« La détention ne peut être prononcée pour moins de cinq ans ni pour plus de vingt ans, sauf le cas prévu par l'art. 33 du Code, tel qu'il est modifié ci-après.

« Toutefois, les Gouverneurs pourront ordonner que le condamné à la détention restera enfermé dans une des prisons de la colonie où il aura été jugé.

«Art. 29. Quiconque aura été condamné à la peine des travaux forcés à temps, de la détention ou de la réclusion, sera de plus, pendant la durée de sa peine, en état d'interdiction légale ; la gestion de ses biens sera dévolue, à défaut de parents et d'amis, au curateur d'office aux successions vacantes, qui sera tenu d'en rendre compte conformément à la législation en vigueur sur cette matière.

«Art. 33. Si le banni, avant l'expiration de sa peine, rentre sur le territoire qui lui est interdit, il sera, sur la seule preuve de son identité, condamné à la détention pour un temps au moins égal à celui qui restait à courir jusqu'à l'expiration du bannissement et qui ne pourra excéder le double de ce temps.

«Art. 132. Quiconque aura contrefait ou altéré les monnaies d'or ou d'argent ayant cours légal en France ou dans les colonies françaises, ou participé à l'émission ou exposition desdites monnaies contrefaites ou altérées, ou à leur introduction sur le territoire français, sera puni des travaux forcés à perpétuité.

«Art. 133. Celui qui aura contrefait ou altéré des monnaies de billon ou de cuivre ayant cours légal en France ou dans lesdites colonies, ou participé à l'émission ou exposition desdites monnaies contrefaites ou altérées, ou à leur introduction sur le territoire français, sera puni des travaux forcés à temps.

«Art. 139. Ceux qui auront contrefait le sceau de l'État ou des colonies françaises, ou fait usage de l'un de ces sceaux contrefaits ;

«Ceux qui auront contrefait ou falsifié, soit des effets émis par le Trésor public ou colonial avec leur timbre, soit des bons de la caisse d'escompte et de prêts, soit des billets de banques coloniales, également autorisées, ou qui auront fait usage de ces effets, bons et billets contrefaits ou falsifiés, ou qui les auront introduits dans l'enceinte du territoire français, seront punis des travaux forcés à perpétuité. »

Le livre IV du Code pénal est remplacé, dans la colonie, par l'arrêté du 25 mai 1827.

Arrêté du 25 mai 1827.

« Art. 1er. Les peines de police sont l'emprisonnement, le rotin, l'amende et la confiscation de certains objets saisis.

« Art. 2. L'emprisonnement pour contravention de police ne pourra être moindre d'un jour, ni excéder cinq jours, selon les classes, distinctions et cas ci-après spécifiés.

« Les jours d'emprisonnement sont des jours complets de vingt-quatre heures.

« Les Indiens de basses castes seront, pendant le temps de leur détention, employés à l'un des travaux établis dans la prison.

« Art. 4. Les amendes pour contraventions pourront, suivant les distinctions et classes ci-après spécifiées, être prononcées depuis une demi-roupie, soit un franc vingt centimes, jusqu'à huit roupies, soit dix-neuf francs vingt centimes, pour les Européens et gens à chapeau; et depuis un fanon, soit trente centimes, jusqu'à quatre roupies, soit neuf francs soixante centimes, pour les Indiens.

« Elles seront toujours appliquées au profit du Trésor colonial, sous la déduction d'un tiers qui sera attribué aux pions et autres agents inférieurs de la police, du domaine ou des ponts et chaussées, qui auront dénoncé les contraventions.

« Art. 5. La contrainte par corps a lieu pour le payement de l'amende; néanmoins le condamné ne pourra être, pour cet objet, détenu plus de quinze jours, s'il justifie, par les voies de droit, de son insolvabilité absolue, sauf à reprendre plus tard la même contrainte, s'il lui survient quelque moyen de solvabilité.

« Art. 6. En cas d'insuffisance des biens, les restitutions et les indemnités dues à la partie lésée sont préférées à l'amende.

« Art. 7. Les restitutions, indemnités et frais, entraîneront la contrainte par corps, et le condamné gardera prison jusqu'à parfait payement; néanmoins, si ces condamnations sont prononcées au profit de l'État, les condamnés pourront jouir de la faculté accordée par l'article 5, dans le cas d'insolvabilité prévu par cet article.

« Art. 8. Les maris, pères, mères, tuteurs, instituteurs, maîtres, commettants et entrepreneurs de toute espèce, seront, conformément aux dispositions du Code civil, civilement responsables des restitutions, indemnités, dans le cas de contraventions commises par leurs femmes et enfants, pupilles, mineurs, élèves, domestiques, préposés, ouvriers, voituriers, bergers et autres subordonnés.

« Art. 9. Les dégâts occasionnés par la divagation ou l'abandon des bestiaux, bêtes de trait ou de somme ou autres animaux de toute espèce, seront payés par les personnes qui en ont la jouissance, ou, si elles sont insolvables, par celles qui en ont la propriété.

« Dans tous les cas, lesdits animaux resteront en fourrière jusqu'à parfait payement et, s'il n'a pas lieu dans la huitaine du jour de la contravention, ils seront vendus pour y satisfaire.

« Art. 10. Les domestiques, ouvriers, voituriers, gardiens, bergers ou autres subordonnés, seront responsables de leurs contraventions envers ceux qui les emploient.

« Art. 11. Les Tribunaux de police pourront, dans les cas déterminés par la loi, prononcer la confiscation, soit des choses saisies en contravention, soit des choses produites par la contravention, soit des matières, ou des instruments qui ont servi, ou étaient destinés à la commettre.

« *Contraventions et peines.*

» Première classe.

« Art. 12. Seront punis d'une amende d'une demi-roupie, soit un franc vingt centimes, à deux roupies, soit quatre francs quatre-vingts centimes, pour les Européens ou gens à chapeau, et de un fanon, soit trente centimes, à une roupie, soit deux francs quarante centimes, pour les Indiens.

« 1° Ceux qui auront embarrassé la voie publique, en y déposant ou laissant des matériaux, ou des choses quelconques qui empêchent ou diminuent la sûreté du passage.

« 2° Ceux qui, sans permission, auront fait des trous ou des excavations dans les rues, carrefours, places et chemins, ou qui, en ayant obtenu la permission, n'auront pas exécuté les mesures de précaution qui leur auront été prescrites pour prévenir les accidents.

« 3° Ceux qui, sans permission, auront établi, devant leurs maisons ou boutiques, des abat-vent, paillottes, ou autres constructions fixes de même nature donnant sur la rue, et propres à obstruer ou à gêner le passage.

« 4° Ceux qui auront bâti, sur les rues ou places publiques, des constructions nouvelles en terre dite caliment, ou réparé les anciennes sans avoir demandé l'alignement.

« 5° Ceux qui auront négligé, retardé ou refusé d'obéir à la sommation des autorités administratives de détruire ou réparer les édifices menaçant ruine, et généralement d'exécuter les règlements et arrêtés de petite voirie.

« 6° Ceux qui auront négligé de faire balayer, nettoyer, et arroser le devant de leur porte, jusqu'au milieu de la rue avant l'heure prescrite, et de réunir les balayures dans les lieux déterminés pour être enlevées par les charrettes du Gouvernement.

« 7° Ceux qui auront jeté dans les rues ou exposé devant leurs maisons, même parmi les balayures, des fumiers, terreaux, décombres, verres, bouteilles ou panelles cassées, et autres choses de nature à ne pouvoir être enlevées par les charrettes du Gouvernement, et à nuire à la commodité et à la sûreté de la voie publique.

« 8° Ceux qui auront jeté ou déposé des animaux morts, ou des ordures dans les rues, et places publiques et autres lieux défendus.

« 9° Ceux qui auront laissé stationner des eaux devant leur porte, ou qui auront laissé écouler dans la rue des eaux infectes et croupissantes.

« 10° Ceux qui auront jeté ou déposé, au devant de leurs maisons ou édifices, des choses de nature à nuire par leur chute ou par leurs exhalaisons insalubres.

« 11° Ceux qui auront sali des murs appartenant à autrui, d'une manière quelconque.

« 12° Ceux qui auront imprudemment jeté des immondices sur quelque personne.

« 13° Ceux qui, sans permission, auront planté des arbres sur la voie publique.

« 14° Ceux qui auront négligé d'arroser ou d'entretenir les jeunes arbres plantés devant leur maison, sans préjudice des peines correctionnelles portées contre ceux qui viendraient à les faire périr.

« 15° Ceux qui auront arraché les graines de cocotiers ou de palmiers plantés sur la voie publique ou sur les digues des étangs.

« 16° Ceux qui auront laissé leurs bestiaux manger les pousses des arbres plantés sur la voie publique ou les écorcer, ou qui les auront effeuillés eux-mêmes.

« 17° Ceux qui auront pioché des herbes ou racines dans les rues ou places de la ville.

« 18° Ceux dont les chevaux, bœufs, buffles, chévres, moutons, ou cochons, seront trouvés dans les rues et places de la ville sans guide ni conducteur, ou sur les digues, des étangs, sans que l'amende puisse être inférieure à un fanon, soit trente centimes, pour chaque chèvre, mouton ou cochon, et à deux fanons, soit soixante centimes, pour chaque âne, bœuf, buffle ou cheval.

« 19º Ceux qui auront fait camper leurs bœufs, vaches, ou buffles, dans les rues et places de la ville.

» 20º Ceux qui auront fait ou laissé courir des chevaux, bêtes de trait, de charge ou de monture, dans l'intérieur d'un lieu habité, ou qui conduiront trop rapidement leurs voitures.

« 21º Les cantiniers qui auront ouvert leurs boutiques avant le jour, ou ne les auront point fermées aux heures prescrites par les règlements.

« 22º Ceux qui auront exposé ou vendu des grains mêlés de pierres, de sable ou de poussière, des riz humides ou des huiles mélangées.

« 23º Les coulis, corvas, boués et autres ouvriers de la campagne ou gens de peine, qui se seront ligués entre eux pour faire hausser et déterminer le prix des gages ou salaires, ou pour se refuser, sans raison valable, à remplir leur profession habituelle.

« 24º Les domestiques et gens à gages, qui se seront absentés sans excuse légitime et sans la permission de leur maître.

« 25º Ceux qui, sans avoir été provoqués par des outrages, auront proféré contre quelqu'un des injures verbales autres que celles prévues depuis l'article 367 jusques et compris l'article 378 du Code pénal, quand même elles ne contiendraient l'imputation d'aucun fait ni d'aucun vice déterminé.

« 26º Ceux qui auront laissé dans les rues, chemins ou places publiques, ou dans les champs, des coutres de charrue, pinces, barres, barreaux, ou autres machines, instruments ou armes dont puissent abuser les voleurs ou malfaiteurs.

« 37° Ceux qui, sans autre circonstance prévue par les lois, auront cueilli et mangé sur les lieux mêmes, des fruits appartenant à autrui.

« 28° Ceux qui, sans autre circonstance, auront glané dans les champs non encore entièrement dépouillés et vidés de leurs récoltes, ou dans un enclos rural, soit avant le lever, soit après le coucher du soleil.

« 29° Ceux qui, avant leur maturité, auront coupé ou détruit de petites parties de grains verts ou d'autres productions de la terre, sans intention manifeste de les voler.

« 30° Ceux qui, n'étant pas propriétaires, usufruitiers, locataires, fermiers, ni jouissant d'un terrain ou d'un droit de passage, ou qui, n'étant agents ni préposés d'aucune de ces personnes, seront entrés et auront passé sur ce terrain ou sur partie de ce terrain, s'il est préparé ou ensemencé.

« 31° Ceux qui auront fait ou laissé passer leurs troupeaux, bêtes de trait, de charge ou de monture sur le terrain d'autrui, avant l'enlèvement de la récolte.

« 32° Ceux qui auront laissé pacager leurs bestiaux sur les terres même incultes et appartenant à autrui.

« 33° Ceux qui auront comblé des fossés, dégradé des clôtures, coupé des branches des haies vives ou enlevé du bois sec des haies.

« 34°. Ceux qui auront déclos un champ pour se faire un passage dans leur route, à moins que le chemin public ne fût impraticable.

« Art. 13. Seront, en outre, confisqués les coutres, instruments et armes mentionnés dans le numéro 26 de l'article précédent.

« Art. 14. La peine de l'emprisonnement pendant trois jours pourra, de plus, être prononcée suivant les circonstances, dans les cas des numéros 15, 17, 20, 27, 29, 31 et 33 de l'article 12.

« Art. 15. La peine du rotin, au nombre de dix coups au plus, pourra également être portée contre les parias et autres gens de basses castes, qui auraient arraché des graines de cocotiers ou de palmiers, effeuillé des pousses d'arbres, cueilli et mangé des fruits appartenant à autrui, injurié des Européens, ou qui se seraient ligués entre eux, dans le cas du numéro 23 de l'article 12 (*abrogé*).

« Art. 16. Les contraventions prévues par les numéros 7, 8, 17, 18, 20, 27, 33 et 34 de l'article 12, seront punies d'une amende double dans le cas où elles auraient été commises pendant la nuit.

« Art. 17. La peine de l'emprisonnement contre toutes les personnes mentionnées en l'article 12, aura toujours lieu en cas de récidive, pendant trois jours au plus.

« Seconde classe.

« Art. 18. Seront punis d'amende, depuis deux roupies, soit quatre francs quatre vingts centimes, jusqu'à quatre roupies, soit neuf francs soixante centimes, pour les Européens et gens à chapeau, et depuis une roupie, soit deux francs quarante centimes, jusqu'à deux roupies, soit quatre francs quatre vingts centimes, pour les Indiens.

« 1° Les aubergistes, hôteliers, logeurs ou loueurs de maisons garnies, qui auront négligé d'inscrire de suite et sans aucun blanc, sur un registre tenu régulièrement, les noms, qualités, domicile habituel, dates d'entrée et de sortie de toute personne étrangère qui aurait séjourné dans leur maison pendant un temps quelconque ; ceux d'entre eux qui auront manqué à représenter ce registre aux officiers et agents de police, aux époques déterminées par les règlements ou toutes les lois qu'ils en auront été requis, sans préjudice des cas de responsabilité mentionnés à l'article 73 du Code pénal relativement aux crimes ou aux délits de ceux qui, ayant logé ou séjourné chez eux, n'auraient pas été régulièrement inscrits.

« 2° Ceux qui auront étalé, dans les rues ou places publiques, des fruits, légumes, poissons et autres objets destinés à être vendus dans les bazars.

« 3° Ceux qui, sans permission, auront colporté ou fait colporter des objets de mercerie, quincaillerie, friperie et autres marchandises sèches.

« 4° Les cantiniers et débitants qui auront établi leurs cantines et débits sans permission de la police.

« 5° Ceux qui auront vendu ou débité des boissons falsifiées, sans préjudice de peines correctionnelles dans les cas où elles contiendraient des mixtions nuisibles à la santé, et de celles portées par les ordonnances spéciales contre les débitants de calou, de rhum et d'arrack.

« 6° Ceux qui auront établi ou tenu, dans les rues, chemins, places ou autres lieux publics, des jeux de loterie ou autres jeux de hasard, quelle que soit leur nature ou leur forme.

« 7° Les charretiers, conducteurs de voitures quelconques ou de bêtes de charge, qui auront négligé de se tenir constamment à portée de leurs chevaux, bêtes de trait et de charge, ou de leurs voitures, pour les guider et conduire, d'occuper un seul côté des rues, chemins ou voies publiques, de se détourner ou se ranger devant toutes autres voitures, et de laisser libre au moins la moitié des rues, chaussées, routes ou chemins.

« 8° Ceux qui auront laissé divaguer des fous ou des furieux étant sous leur garde ou des animaux malfaisants ou féroces ; ceux qui auront excité ou qui n'auront pas retenu leurs chiens lorsqu'ils attaquent ou poursuivent les passants, quand même il n'en serait résulté aucun mal ni dommage.

« 9° Ceux qui auront tiré des balles ou du plomb, jeté ou lancé des pierres ou autres corps durs contre les maisons, édifices ou clôtures d'autrui ou dans les jardins ou enclos, et ceux aussi qui auraient volontairement jeté des corps durs, du sable ou des immondices sur quelqu'un.

« 10° Ceux qui auront refusé de recevoir les espèces ou monnaies coloniales non fausses ni altérées, selon la valeur pour laquelle elles ont cours.

« 11° Ceux qui n'étant propriétaires, usufruitiers, ni jouissant d'un terrain, y sont entrés dans le temps où ce terrain était chargé de grains en tuyaux, de cannes à sucre, de coton, d'indigo, de menus grains ou d'autres produits mûrs ou voisins de la maturité ou de l'exploitation.

« 12° Ceux qui auront fait ou laissé passer des bestiaux ou animaux de charge, de trait ou de monture sur le terrain d'autrui ensemencé ou chargé d'une récolte ou dans les jardins, vergers ou pépinières.

« 13° Les domestiques et autres gens à gages, qui auront quitté leurs maîtres sans motif légitime et sans les avoir prévenus quinze jours à l'avance; les nourrices qui n'auront point rempli les mêmes formalités un mois avant leur départ.

« 14° Les boués qui auront sans raison valable abandonné des voyageurs en route ou qui, ayant reçu des avances, auront manqué de se rendre aux relais à eux indiqués.

« Art. 19. Seront saisis et confisqués :

« 1° Les tables, instruments, appareils des jeux ou des loteries établis dans les rues, chemins ou voies publiques, ainsi que les enjeux, les fonds, denrées, objets ou lots préposés aux joueurs.

2° Pourra, suivant les circonstances, être prononcé, outre l'amende portée en l'article 18, l'emprisonnement pendant trois jours au plus, contre les charretiers, voituriers et conducteurs en contravention;

contre les vendeurs et débitants des boissons falcifiées; contre ceux qui auront tiré des balles ou du plomb, jeté ou lancé des corps durs, sable ou immondices ; contre les domestiques ou nourrices qui auraient quitté leurs maîtres sans avertissement préalable; contre les boués qui auront abandonné des voyageurs.

« Les parias et autres gens de basses castes pourront, dans les mêmes cas, être punis de cinq à dix coups de rotin, en outre de l'amende (*abrogé*).

« Art. 21. Les contraventions prévues par les numéros 7, 8, 9, 11 et 12 de l'article 18, seront punies d'une amende double, dans le cas où elles auraient été commises pendant la nuit.

« Art. 22. La peine de l'emprisonnement, pendant cinq jours au plus, sera toujours prononcée, en cas de récidive, contre toutes les personnes mentionnées dans l'article 18.

« Troisième classe.

« Art. 23. Seront punis d'une amende de quatre roupies, soit neuf francs soixante centimes, à huit roupies, soit dix-neuf francs vingt centimes, pour les Européens et gens à chapeau, et deux roupies, soit quatre francs quatre-vingts centimes, à quatre roupies, soit neuf francs soixante centimes, pour les Indiens :

« 1° Ceux qui , hors les cas prévus depuis l'article 434, jusques et compris l'article 462, du Code pénal, auront volontairement causé du dommage aux propriétés mobilières d'autrui.

« 2° Ceux qui auront occasionné la mort ou la blessure des animaux ou bestiaux appartenant à autrui, par l'effet de la divagation des fous et furieux ou d'animaux malfaisants et féroces ou par la rapidité ou la mauvaise direction des voitures, chevaux, bêtes de trait, de charge ou de monture.

« 3° Ceux qui auront occasionné les mêmes dommages par l'emploi ou l'usage d'armes, sans précaution ou avec maladresse, ou par jet de pierres ou autres corps durs.

« 4° Ceux qui auront causé les mêmes accidents par la vétusté, la dégradation, le défaut de réparation des bâtiments ou édifices, ou par l'excavation, l'encombrement ou telles autres œuvres dans ou près les rues, chemins ou voies publiques, sans les précautions ou signaux ordinaires ou d'usage.

« 5° Ceux qui, sans permission, auront dressé des tentes ou auront fait camper leurs chevaux, éléphants ou chameaux, dans les rues, places ou autres lieux publics de l'intérieur de la ville.

« 6° Ceux qui auront élagué les arbres plantés sur la voie publique, sans préjudice de peines correctionnelles contre ceux qui les auront mutilés ou coupés de manière à les faire périr (Code de procédure, article 446).

« 7° Ceux qui auront bâti, sur les rues ou places publiques, des constructions nouvelles en briques, ou réparé les anciennes, sans avoir demandé l'alignement.

« 8° Ceux qui auront construit, devant leurs maisons, des bancs, marches, perrons ou trottoirs, sans autorisation préalable.

« 9° Les aubergistes, traiteurs, cafetiers et maîtres de billard, qui auront établi leurs maisons sans permission de la police.

« 10° Les cantiniers, aubergistes, traiteurs, cafetiers et maîtres de billard, qui auront donné à boire ou à jouer à des militaires, à des gens de mer après la retraite battue, et les cafetiers ou maîtres de billard qui, après dix heures du soir, auront du monde chez eux ou auront donné à jouer à qui que ce soit.

« 11° Les bouchers, boulangers et marchands de comestibles qui auront exposé ou vendu des denrées gâtées, avariées, mélangées, de mauvaise qualité ou d'une qualité pour une autre.

« 12° Les boulangers qui auront mis en vente des pains qui n'auront point le poids fixé par le règlement.

« 13° Ceux qui auront de faux poids ou de fausses mesures dans leurs magasins, boutiques, ateliers ou maisons de commerce ou dans les bazars ou marchés, sans préjudice des peines correctionnelles portées contre ceux qui auraient fait usage de ces faux poids ou fausses mesures (Code de procédure, article 423).

« 14° Les bouchers qui auront tué des bestiaux sur la voie publique.

« 15° Ceux qui auront exporté, sans permission, par terre ou par mer, des nélys, riz, blés, petits grains, copras, cocos et graines oléagineuses, sans préjudice des peines correctionnelles portées par l'article 419 du Code pénal contre les manœuvres frauduleuses qui seraient employées pour opérer la hausse ou la baisse des denrées ou des marchandises.

« 16° Ceux qui, sans en avoir obtenu les autorisations nécessaires, auront distribué ou débité des recettes, drogues, médicaments, compositions ou secrets pour la guérison des maladies, infirmités ou blessures, sans préjudice des peines à prononcer en cas d'accidents survenus par suite de l'usage de ces compositions ou recettes, ou contre les personnes qui exerceraient la médecine sans titre.

« 17° Ceux qui auront fait le métier de pronostiquer, deviner ou expliquer les songes, à l'exception, toutefois, des astrologues indiens.

« Les auteurs de fausses nouvelles, inquiétantes pour le public ou de nature à troubler l'ordre établi.

« 18° Les auteurs ou complices de rixes, attroupements, de bruits ou tapages injurieux ou nocturnes, de voies de fait et violences légères, pourvu qu'ils n'aient frappé ni blessé personne, et qu'ils ne soient pas notés comme gens sans aveu ou mal intentionnés.

« 19° Ceux qui auront affiché, vendu ou distribué des écrits, dessins ou gravures contraires à la morale ou aux bonnes mœurs, s'ils en on fait connaître les auteurs.

« 20° Ceux qui, sans raison valable, auront négligé ou refusé de faire les travaux, le service, ou de prêter le secours dont ils auront été requis dans les circonstances d'accident, tumulte, inondation, incendie ou autres calamités, ainsi que dans les cas de brigandage, pillage, flagrant délit, clameur publique ou exécution judiciaire.

« 21° Les domestiques ou gens à gages, qui auront proferé contre leurs maîtres des grossièretés ou injures verbales.

« 22° Les concessionnaires, cultivateurs ou fermiers d'une même aldée ou d'aldées voisines, qui se coaliseraient pour faire baisser ou fixer à vil prix les journées des coulis et autres ouvriers des campagnes.

« 23° Les cultivateurs ou tous autres, qui auront détérioré ou dégradé, de quelque manière que ce soit, les chemins publics, ou usurpé sur leur largeur.

« 24° Ceux qui auront élargi les canaux d'irrigation qui arrosent leurs champs.

« 25° Ceux qui auront empiété sur les canaux ou sur les digues, sans autres circonstances prévues par les lois, et sans préjudice des peines portées par l'article 437 du Code pénal, s'il y a lieu.

« 26° Ceux qui auront étendu leurs cultures, plantations, ensemencements ou récoltes, au delà des limites qui séparent leurs propriétés de celles d'autrui, déterminées par opérations de bornage ou par dernier état de possession, sans préjudice des peines portées par l'article 456 du Code pénal, dans le cas de déplacement ou suppression de bornes ou autres limites.

« 27° Ceux qui, soit volontairement, soit par négligence, auront inondé l'héritage de leurs voisins ou lui auront transmis les eaux d'une manière nuisible, quand les dommages occasionnés n'excéderont point la valeur de vingt roupies, soit quarante-huit francs, et sans préjudice des peines criminelles et correctionnelles portées par le Code pénal, si le cas y échoit.

« 28° Ceux qui auront enlevé, sans permission, des terres, pierres, sables, caliments, soit sur les terres de l'État, soit sur celles d'autrui.

« 29° Ceux qui, sans la permission du propriétaire, auront enlevé des engrais portés sur ces terres, sans préjudice de peines correctionnelles dans le cas où les délinquants auraient détourné lesdits engrais à leur profit.

« 30° Ceux qui, même sur leur propre terrain, auront méchamment, et sans nécessité, estropié ou blessé des chevaux, bêtes de trait, de charge ou de monture, des bestiaux de quelque espèce qu'ils soient, ou des chiens appartenant à autrui, sauf compensation jusqu'à concurrence des restitutions des indemnités pour les dommages faits par ces animaux.

« 31° Ceux qui auront commis les contraventions mentionnées aux numéros 11 et 12 de l'article 18, si le lieu de la contravention était clos.

« 32° Ceux qui, sans nécessité, auront fait passer une voiture dans un terrain ensemencé ou chargé d'une récolte quelconque.

« 33° Ceux qui auront laissé pacager leurs bestiaux sur un terrain appartenant à autrui, ensemencé ou non dépouillé de sa récolte, ou dans un enclos rural, sans préjudice de peines correctionnelles contre, ceux qui garderaient à vue leurs bestiaux dans les récoltes d'autrui.

« 34° Ceux qui auront conduit leurs troupeaux atteints de maladies contagieuses sur des pâturages autres que ceux qui leur auraient été désignés pour eux seuls par les agents de la police ou du domaine.

« 35° Ceux qui auront maraudé ou dérobé des productions de la terre qui peuvent servir à la nourriture des hommes ou d'autres productions utiles, sans préjudice de peines plus graves dans le cas de vols de récoltes faits avec des paniers ou des sacs, ou à l'aide d'animaux de charge (Code de procédure, article 388).

« 36° Ceux qui auront maraudé ou enlevé à dos d'homme des bois provenant de bois taillis ou futaies ou d'autres plantations d'arbres appartenant à des particuliers ou à des aldéens.

« 37° Ceux qui auront violé la défense de tirer, en certains lieux, des boîtes ou pièces d'artifice, sans la permission de la police.

« 38° Les Indiens qui, sans permission, ou d'une manière autre que celle permise, auront établi des pendals sur la voie publique, joué ou fait jouer des instruments de musique, porté ou fait porter des pavillons ou insignes, traîné ou porté des chars, et généralement célébré au dehors des fêtes ou cérémonies, sans préjudice des peines plus graves qui seraient portées par l'Administrateur général dans le cas où il serait résulté, de ces contraventions, des troubles ou contestations majeures entre une plusieurs castes.

« Art. 24. Pourra, suivant les circonstances, être prononcée la peine de l'emprisonnement, pendant cinq jours au plus, contre les auteurs et complices des contraventions prévues par les numéros 2, 3, 6, 13, 15, 17, 20, 21, 22, 25, 28, 29, 35, 36, 37 et 38 de l'article précédent.

« Art. 25. La peine du rotin pourra également être appliquée aux parias et autres gens de basse caste dans les cas des numéros 2, 3, 6, 21, 28, 35, 36, 37 et 38 de l'article 23 (*abrogé*).

Art. 26. Seront, de plus, saisis et confisqués :

« 1° Les faux poids et les fausses mesures.

« Les instruments, ustensiles et costumes servant ou destinés à l'exercice du métier de devin, pronostiqueur ou interprète de songes.

« 3° Les denrées avariées, de mauvaise qualité ou d'une qualité pour une autre.

« 4° Les pains qui ne seront pas du poids voulu.

« 5° Les grains exportés sans permission.

« 6° Les écrits ou gravures contraires aux mœurs. Ces objets seront brûlés.

« 7° Les drogues ou médicaments prohibés.

« 8° Les boîtes et les pièces d'artifice.

« Art. 27. La peine de l'emprisonnement, pendant cinq jours, aura toujours lieu pour récidive, contre les personnes et dans les cas mentionnés dans l'article 23.

« Dispositions communes aux trois sections ci-dessus.

« Art. 28. Il y a récidive dans tous les cas prévus par la présente ordonnance, lorsqu'il a été rendu contre le contrevenant, dans les douze mois précédents, un premier jugement pour contravention de police.

« Dispositions générales.

« Art. 29. Toutes dispositions antérieures relatives aux contraventions et aux peines de police sont abrogées par la présente ordonnance, laquelle sera enregistrée, publiée et affichée partout où besoin sera, dans les Établissements français de l'Inde, pour être exécutée en remplacement du quatrième livre du Code pénal. »

L'article 463 du Code pénal est applicable à toutes ces contraventions, en vertu de l'article 102 de la loi du 28 avril 1832, promulgué dans la colonie et ainsi conçu :

« Il y a récidive dans tous les cas prévus par le présent livre, lorsqu'il a été rendu, contre le contrevenant, dans les douze mois précédents, un premier jugement pour contravention de police commise dans le ressort du même Tribunal.

« L'article 463 du présent Code sera applicable à toutes les contraventions ci-dessus indiquées. »

Il est évident que cet article serait inutile, si on ne l'appliquait pas à l'arrêté que nous citons, puisque la même loi déclare non exécutoire dans la colonie, les articles 371, 475, 476, 477, 478, 479 et 480 du Code pénal.

Le Gouverneur a, d'après l'ordonnance du 20 janvier 1847, le pouvoir d'édicter des peines.

Ordonnance du 20 janvier 1847.

« Art. 1er. A l'avenir la sanction des règlements d'administration et de police, que le Gouverneur de nos Établissements de l'Inde et le Commandant des îles de Saint-Pierre et Miquelon sont autorisés à rendre en exécution des ordonnances organiques du 25 juillet 1840 (article 48) et du 18 septembre 1844 (article 44), pourra être assurée par des pénalités portées jusqu'au maximun de quinze jours d'emprisonnement et de cent francs d'amende. »

La législation locale contient plusieurs lois et arrêtés de police en vigueur, qu'il est bon de reproduire.

Loi du 23 mars 1822.

« Art. 7. Toute violation des lois et des règlements sanitaires sera punie :

« De la peine de mort, si elle a opéré communication avec des pays, dont les provenances soumises au régime de la patente brute, avec ces provenances ou avec deux lieux, des personnes ou des choses placées sous ce régime.

« De la peine de réclusion et d'une amende de deux cents à vingt mille francs, si elle a opéré communication avec des pays dont les provenances sont soumises au régime de la patente suspecte, avec ces provenances ou avec deux lieux, des personnes ou des choses placées sous ce régime.

« De la peine d'un an à dix ans d'emprisonnement et d'une amende de cent à dix mille francs, si elle a operé communication prohibée avec deux lieux, des personnes ou des choses qui, sans être dans l'un des cas ci-dessus spécifiés, ne seraient point en libre pratique.

« Seront punis de la même peine ceux qui se rendraient coupables des communications interdites entre des personnes ou des choses soumises à des quarantaines de différents termes. Tout individu qui recevra sciemment des matières ou des personnes en contravention aux règlements sanitaires, sera puni des mêmes peines que celles encourues par le porteur ou le délinquant pris en flagrant délit.

« Art. 8. Dans le cas où la violation du régime de patente brute mentionnée à l'article précédent n'aurait point occasionné d'invasion pestilentielle, les Tribunaux pourront ne prononcer que la réclusion et l'amende portées au second paragraphe dudit article.

« Art. 9. Lors même que ces crimes ou délits n'auraient point occasionné d'invasion pestilentielle, s'ils ont été accompagnés de rébellion ou commis avec des armes apparentes ou cachées, ou avec effraction, ou avec escalade.

« La peine de mort sera prononcée en cas de violation du régime de la patente brute. La peine des travaux forcés à temps sera substituée à la peine de la réclusion, pour la violation du régime de la patente suspecte, et la peine de la réclusion à l'emprisonnement pour les cas déterminés dans les deux avant-derniers paragraphes de l'article 7.

« Le tout, indépendamment des amendes portées audit article, et sans préjudice des peines plus fortes qui seraient prononcées par le Code pénal.

« Art. 10. Tout agent du Gouvernement au dehors, tout fonctionnaire, tout capitaine, officier ou chef quelconque d'un bâtiment de l'État, ou de tout autre navire ou embarcation, tout médecin, chirurgien, officier de santé attaché soit au service sanitaire, soit à un bâtiment de l'État ou du commerce, qui, officiellement, dans une dépêche, un certificat, un rapport, une déclaration ou une déposition, aurait sciemment altéré ou dissimulé les faits, de manière à exposer la santé publique, sera puni de mort s'il s'en est suivi une invasion pestilentielle.

« Il sera puni des travaux forcés à temps et d'une amende de mille à vingt mille francs, lors même que son faux exposé n'aurait point occasionné d'invasion pestilentielle, s'il était de nature à pouvoir y donner lieu en empêchant les précautions nécessaires.

« Les mêmes individus seront punis de la dégradation civique et d'une amende de cinq cents à dix mille francs, s'ils ont exposé la santé publique en négligeant, sans excuse légitime, d'informer qui de droit de faits à leur connaissance, de nature à produire ce danger, ou si, sans s'être rendus complices de l'un des crimes prévus par les articles 7, 8 et 9, ils ont sciemment, et par leur faute, laissé enfreindre ou enfreint eux-mêmes des dispositions réglementaires qui eussent pu le prévenir.

« Art. 11. Sera puni de mort tout individu faisant partie d'un cordon sanitaire ou en faction pour surveiller une quarantaine ou pour empêcher une communication interdite, qui aurait abandonné son poste ou violé sa consigne.

« Art. 12. Sera puni d'un emprisonnement d'un à cinq ans, tout commandant de la force publique, qui, après avoir été requis par l'autorité compétente, aurait refusé de faire agir, pour un service sanitaire, la force sous ses ordres.

« Seront punis de la même peine et d'une amende

de cinquante à cinq cents francs, tout individu attaché à un service sanitaire, ou chargé par état de concourir à l'exécution des dispositions prescrites pour ce service, qui aurait, sans excuse légitime, refusé ou négligé de remplir ces fonctions.

« Tout citoyen faisant partie de la garde nationale, qui se refuserait à un service de police sanitaire pour lequel il aurait été légalement requis en cette qualité.

« Toute personne qui, officiellement chargée de lettres ou paquets, par une autorité ou une agence sanitaire, ne les aurait point remis ou aurait exposé la santé publique en tardant à les remettre, sans préjudice des réparations civiles qui pourraient être dues aux termes de l'article 10 du Code pénal.

« Art. 13. Sera puni d'un emprisonnement de quinze jours à trois mois et d'une amende de cinquante à cinq cents francs, tout individu qui, n'étant dans aucun des cas prévus par les articles précédents, aurait refusé d'obéir à des réquisitions d'urgence pour un service sanitaire, ou qui, ayant connaissance d'un symptôme de maladie pestilentielle, aurait négligé d'en informer qui de droit.

« Si le prévenu de l'un ou de l'autre de ces délits est médecin, il sera, en outre, puni d'une interdiction d'un à cinq ans.

« Art. 14. Sera puni d'un emprisonnement de trois à quinze jours et d'une amende de cinq à cinquante francs, quiconque, sans avoir commis des délits qui viennent d'être spécifiés, aurait contrevenu, en matière sanitaire, aux règlements généraux ou locaux, aux ordres des autorités compétentes.

« Art. 15. Les infractions en matière sanitaire pourront n'être passibles d'aucune peine, lorsqu'elles n'auront été commises que par force majeure ou pour porter secours en cas de danger, si la déclaration en a été immédiatement faite à qui de droit.

« Art. 16. Pourra être exempté de toute poursuite

et de toute peine, celui qui, ayant d'abord altéré la vérité ou négligé de la dire dans les cas prévus par l'article 10, réparerait l'omission ou rétracterait son faux exposé, avant qu'il eût pu en résulter aucun danger pour la santé publique et avant que les faits eussent été connus par toute autre voie.

Décision du 18 février 1855.

« Le Conseil, dans sa séance du 18 février 1855, a décidé que le facteur qui se rend à bord des navires, à leur arrivée sur la rade de Pondichéry, doit s'abstenir de communiquer avec eux avant de s'être assuré qu'il n'y a point de malades à bord; et que si, du rapport de cet agent, il résulte qu'il règne quelque maladie parmi les hommes de l'équipage ou les passagers, un médecin devra se transporter immédiatement à bord et toute communication restera interdite jusqu'à ce que l'Administration autorise la libre pratique.»

Loi du 10 avril 1825 (promulguée le 22 décembre 1827).

« Art. 11. Tout capitaine, maître, patron ou pilote, chargé de la conduite d'un navire ou autre bâtiment de commerce, qui, volontairement et dans une intention frauduleuse, le fera périr par des moyens quelconques, sera puni de la peine de mort.

«Art. 12. Tout capitaine, maître ou patron, chargé de la conduite d'un navire ou autre bâtiment de commerce qui, par fraude, détournera à son profit ce navire ou bâtiment, sera puni des travaux forcés à perpétuité.

«Art. 13. Tout capitaine, maître ou patron qui, volontairement et dans l'intention de commettre ou de couvrir une fraude au préjudice des propriétaires, armateurs, chargeurs, facteurs, assureurs et autres intéressés, jettera à la mer ou détruira sans nécessité tout ou partie du chargement, des vivres ou des effets de bord, ou fera fausse route, ou donnera lieu, soit à la confiscation du bâtiment, soit à celle de tout ou partie de la cargaison, sera puni des travaux forcés à temps.

«Art. 14. Tout capitaine, maître ou patron qui, avec une intention frauduleuse, se rendra coupable d'un ou plusieurs des faits énoncés en l'article 236 du Code de commerce, ou vendra, hors le cas prévu par l'article 237 du même Code, le navire à lui confié, ou fera des déchargements en contravention à l'article 248, sera puni de la réclusion.

«Art .15. L'article 386 § 4 du Code pénal, est applicable aux vols commis à bord de tout navire ou bâtiment de mer, par les capitaines, patrons, subrécargues, gens de l'équipage et passagers.

«L'article 387 du même Code est applicable aux altérations de vivres et marchandises commises à bord par les mêmes personnes.

« Art. 20. Les individus prévenus des crimes ou de complicité des crimes spécifiés au titre II de la présente loi, seront poursuivis et jugés suivant les formes et par les Tribunaux ordinaires.

« Art. 21. Les lois et règlements auxquels il n'est point dérogé par la présente loi, notamment ceux relatifs à la navigation, aux armements en course et aux prises maritimes, continueront d'être exécutés en ce qui n'est pas contraire à la présente loi.»

Cette loi fut promulguée en entier le 9 septembre 1829.

Arrêté du 7 juillet 1826.

« Art. 1er. Les Indiens des deux sexes, chrétiens, maures, gentils ou parias, ne pourront, à l'avenir, prendre le costume des topas, sous peine de vingt-cinq coups de rotin ou de vingt-cinq roupies d'amende.

« Art. 2. Les chefs des différentes castes, sont

responsables de l'exécution de l'article précédent; ils seront condamnés, par le Tribunal de la police, à une amende de vingt-cinq roupies pour chaque individu de leur caste qui contreviendrait à l'article précité et qu'ils n'auraient pas dénoncé.

« Art. 3. La présente ordonnance sera enregistrée, publiée et affichée partout où besoin sera, à Pondichéry et à Karikal.»

Cet arrêté contient un exemple remarquable de responsabilité civile. Nous croyons que le chef de caste, pourrait établir, aux termes de l'article 1384 du Code Napoléon, qu'il n'a pu empêcher le fait qui donne lieu à cette responsabilité.

Arrêté du 28 décembre 1826.

« Art. 1er. Nulle association religieuse, littéraire, scientifique ou de toute autre nature, dont le but serait de se rassembler tous les jours ou à certains jours, nulle réunion ayant pour objet de s'occuper d'affaires politiques, administratives ou de castes, ne pourront se former ou avoir lieu qu'avec l'agrément du Gouvernement et sous les conditions qu'il lui plaira d'imposer, si elles sont composées de plus de dix personnes.

« Dans le nombre des personnes indiquées par le présent article, ne sont pas comprises celles domiciliées dans la maison où les réunions ont lieu.

« Art. 2. Toute association ou réunion de la nature de celles désignées en l'article précédent, qui serait formée sans autorisation ou qui, après avoir été autorisée, aurait enfreint les conditions à elle imposée, sera dissoute.

« Art. 3. Des adresses ou requêtes collectives ne pourront être faites, sous quelque forme, ou pour quelque objet que ce soit, sans l'autorisation du Gouvernement, et seront arrêtées de suite par la police.

« Art. 4. Les chefs, directeurs, administrateurs, auteurs et instigateurs de réunions ou associations non autorisées, ou qui auraient enfreint les règles à elles imposées, et les auteurs, rédacteurs, traducteurs, ou colporteurs de requêtes ou adresses collectives, faites sans une permission spéciale, seront punis d'une amende de vingt à deux cents francs.

« Les simples membres de réunions ou associations qui auraient pris une part active, et les signataires de requêtes ou d'adresses collectives, seront punis d'une amende de cinq à cinquante francs.

« Les amendes infligées, dans ces deux cas, aux Indiens, pourront être converties soit intégralement, soit partiellement, en une peine corporelle de dix à vingt-cinq coups de rotin (*abrogé*).

« Art. 5. Si, par des discours, exhortations, invocations ou prières, en quelque langue que ce soit, ou par lecture, affiche, publication ou distribution d'écrits quelconques, il a été fait, dans les assemblées désignées par l'article 1er, quelque provocation à des crimes, des délits ou des actes injurieux, aux dépositaires de l'autorité, la peine sera de cent à trois cents francs d'amende, et de trois mois à deux ans d'emprisonnement contre les chefs, directeurs, administrateurs, auteurs et instigateurs des associations ou réunions, sans préjudice des peines plus fortes qui seraient portées par les lois, contre les individus personnellement coupables de la provocation, lesquels ne pourront, en aucun cas, être punis d'une peine moindre que celles portées au présent article.

« Les mêmes peines seront également applicables aux auteurs, rédacteurs et colporteurs d'adresses ou de requêtes collectives, qui contiendraient des provocations de même nature.

« Art. 6. Tout individu qui, sans la permission de l'autorité, aura accordé ou consenti l'usage de sa maison ou de son appartement, en tout ou en partie, pour l'exercice d'un culte, et pour une réunion même

autorisée, mais de la nature de celles désignées en
l'article 1er, sera puni d'une amende de seize à deux
cents francs.

« Art. 7. Les articles 291, 292, 293 et 294 du Code
pénal, sont remplacés par les dispositions de la présente ordonnance, qui sera enregistrée et affichée, partout où besoin sera, dans les Établissements français
de l'Inde. »

Cet arrêté a modifié le Code pénal.

Arrêté du 25 mai 1827.

« Art. 1er. Personne ne pourra, soit volontairement,
soit par négligence, inonder l'héritage de son voisin,
ni lui transmettre les eaux d'une manière nuisible, sous
peine de payer le dommage, et une amende qui pourra
être égale à la valeur du dédommagement, dans le
cas où cette dernière serait supérieure à vingt roupies,
soit quarante-huit francs. »

Loi du 4 mars 1831.

« Art. 1er. Quiconque aura armé ou fait armer un
navire dans le but de se livrer au trafic connu sous
le nom de traite des noirs, sera puni d'un emprisonnement de deux ans au moins à cinq ans au plus, si
le navire est saisi dans le port d'armement avant le
départ.

« Les bailleurs de fonds et assureurs, qui auront
sciemment participé à l'armement, le capitaine et le
subrécargue du navire, seront punis de la même peine.

« La poursuite ne pourra avoir lieu que lorsque la
preuve du but de l'armement paraîtra résulter, soit
des dispositions faites à bord, soit de la nature du
chargement.

« Art. 2. Si le navire est saisi en mer avant qu'aucun

fait de traite ait eu lieu, les armateurs seront punis de dix ans de travaux forcés au moins, à vingt ans au plus.

« Les bailleurs de fonds et assureurs, qui auront sciemment participé à l'armement, seront punis de la réclusion.

« Le capitaine et le subrécargue seront punis de cinq ans de travaux forcés au moins, à dix ans au plus.

« Les officiers seront punis de la réclusion, les hommes de l'équipage seront punis d'un emprisonnement d'un an au moins, à cinq ans au plus.

« Art. 3. Si un fait de traite a eu lieu, le capitaine et le subrécargue seront punis de dix ans de travaux forcés au moins, à vingt ans au plus.

« Les officiers seront punis de cinq ans de travaux forcés au moins, à dix ans au plus.

« Les hommes de l'équipage seront punis de la réclusion, ainsi que tous les autres individus qui auront sciemment participé ou aidé au fait de traite, sans préjudice des peines portées contre les armateurs, bailleurs de fonds et assureurs, par l'article précédent.

« Art. 4. Les peines prononcées par les précédents articles, contre le capitaine et le subrécargue, seront applicables aux individus qui, quoique non inscrits comme tels sur les rôles d'équipage, en auront rempli les fonctions.

« L'aggravation des peines prononcées par l'article 198 du Code pénal, sera encourue par les fonctionnaires publics qui, chargés d'empêcher et de réprimer la traite, l'auraient favorisée ou y auraient pris part.

« Art. 5. Dans tous les cas prévus par les articles ci-dessus, le navire et la cargaison seront saisis et vendu.

« Si le navire et la cargaison n'ont pas été saisis, les armateurs, bailleurs de fonds et assureurs seront solidairement condamnés à une amende égale à leur valeur.

« Dans tous les cas, les coupables pourront, en outre, être condamnés solidairement à une amende qui ne sera pas moindre de la valeur du navire et de la cargaison, et qui n'excédera pas le double de cette valeur.

« Art. 6. Ne seront passibles d'aucune peine, les hommes de l'équipage autres que les capitaine, officiers et subrécargue qui, avant toute poursuite connue d'eux, et au plus tard dans les quinze jours après leur débarquement, soit dans les ports de France ou des colonies, soit dans ceux des pays étrangers, auront déclaré aux agents du Gouvernement, ou, à leur défaut, devant l'autorité du lieu, les faits relatifs à la traite, auxquels ils auraient participé.

« Art. 7. Les crimes et délits commis à bord d'un navire, contre les noirs embarqués, seront punis des peines portées par le Code pénal.

« Art. 8. Quiconque fabriquera, vendra ou achètera des fers, spécialement employés à la traite des noirs, sera puni d'un emprisonnement d'un an au moins, à deux ans au plus.

« Quiconque posséderait, au moment de la promulgation de la présente loi, des fers de cette espèce, sera tenu d'en faire la déclaration dans le délai de quinze jours, et de les dénaturer dans le délai de trois mois, sous peine de six mois d'emprisonnement.

« Art. 9. Quiconque aura sciemment recélé, vendu ou acheté un ou plusieurs noirs introduits par la traite dans une colonie, depuis la promulgation de la présente loi, sera puni d'un emprisonnement de six mois au moins à cinq ans au plus.

« Les délits prévus et punis par le présent article, seront prescrits, et aucune poursuite ne pourra être exercée lorsqu'il se sera écoulé une année depuis l'introduction dans la colonie du noir recélé, vendu ou acheté.

« Art. 10. Les noirs reconnus noirs de traite, dans

les cas prévus par les articles 5 et 9 ci-dessus, seront déclarés libres par le même jugement.

« Acte authentique de leur libération sera dressé et transcrit sur un registre spécial déposé au greffe du Tribunal. Il leur en sera remis expédition en forme et sans frais.

« Art. 11. Les noirs ainsi libérés pourront, toutefois, être soumis, envers le Gouvernement, à un engagement dont la durée n'excédera pas sept ans à partir de l'introduction dans la colonie ou de l'époque où ils seront devenus adultes : ils seront employés, pendant le cours de cet engagement, dans les ateliers publics.

« Art. 12. Les dispositions de l'article précédent seront applicables aux noirs de traite provenant des saisies antérieures et actuellement en la possession du Gouvernement. La durée de l'engagement auxquel ces noirs seraient soumis, sera comptée à dater de la promulgation de la présente loi.

« Art. 13. Lorsque le fait incriminé aura été commis dans un port du territoire continental du royaume, et lorsque le navire aura été saisi ou conduit dans ce port, le jugement du crime ou délit sera attribué à la Cour d'assises du département.

« Art. 14. Lorsque le fait incriminé aura été commis dans une colonie française, et lorsque le navire aura été saisi ou conduit dans un de ces ports, le jugement du crime ou délit sera attribué à la Cour d'assises de la colonie.

« Les quatre assesseurs seront tirés au sort, par le Gouverneur en séance publique, parmi les douze fonctionnaires de l'ordre administratif les plus élevés en grade.

« A cet effet, la liste de ces fonctionnaires sera dressée par le Gouverneur, et publiée au commencement de chaque année.

« Au Sénégal, le jugement des crimes et délits com--

mis en matière de traite des noirs, continuera d'être attribué au Conseil d'appel.

« Art. 15. Lorsqu'il pourra être nécessaire de réclamer le renvoi du jugement du crime ou du délit à une Cour autre que celle de la colonie, le Procureur général, soit d'office, soit sur la réquisition du Gouverneur, se pourvoira, à cet effet, devant la Cour de cassation. La poursuite sera suspendue jusqu'à la notification de l'arrêt de cette Cour.

« Art. 16. Les fonds provenant de la vente des navires et cargaisons, seront affectés, ainsi que le produit des amendes, à l'amélioration du sort des noirs libérés, sauf les droits attribués aux capteurs, conformément aux lois et règlements sur les prises maritimes.

« Art. 17. Les arrêts et jugements de condamnation seront inscrits dans *le Moniteur* et dans *le Bulletin officiel* de la colonie, par extraits contenant les noms des individus condamnés, ceux des navires et des ports d'expédition. Cette insertion sera ordonnée par les Cours et Tribunaux, indépendamment des publications prescrites par l'article 36 du Code pénal.

« Art. 18. La loi du 25 avril 1827 est abrogée. »

Arrêté 21 décembre 1832.

« Art. 1er. La libre circulation des riz, nélys, cambou, natchiny, froment, grains et farines, sera protégée dans tous les Établissements français de l'Inde. Les autorités civiles et militaires y tiendront la main; tous les officiers de police et de justice sont tenus de réprimer toutes oppositions, de les constater et d'en poursuivre ou faire poursuivre les auteurs devant les Tribunaux.

« Art. 2. Néanmoins, dans les temps de disette, et lorsque le prix du riz sera au-dessous de trois mesures au fanon au débit, tout individu ayant en magasin des riz, nélys, cambou, natchiny ou autres grains, en quantité excédant les besoins de la consommation de sa famille pendant dix mois, sera tenu, aussitôt la publication ou notification, 1º de déclarer au juge de paix lieutenant de police, les quantités par lui possédées et les lieux où elles sont déposées; 2º de livrer à la consommation les quantités qui lui seront indiquées par le juge de paix lieutenant de police, si mieux il n'aime mettre les grains à la disposition du Gouvernement, qui les fera vendre pour compte des propriétaires et leur en remettra le produit net au cours du marché, aussitôt la vente effectuée.

« Art. 3. Tout cultivateur ou propriétaire ayant des grains, sera tenu de faire les mêmes déclarations au maniagar de son aldée, et de se soumettre également à les livrer pour l'approvisionnement des marchés, lorsqu'il en sera requis.

« Art. 4. Les riz, nélys, cambou, natchiny et autres grains, destinés à l'approvisionnement de Pondichéry, seront portés au bazar.

« Il est défendu d'en vendre ou acheter ailleurs que dans ledit bazar.

« Art. 5. L'Administration déterminera, chaque fois qu'elle le jugera nécessaire, la quantité qui pourra être débitée individuellement et le maximum du prix de vente.

« Art. 6. Tout contrevenant à l'exécution du présent arrêté, sera passible des peines de simple police et de la confiscation des grains saisis, sans préjudice de l'application, s'il y a lieu, des articles 419 et 420 du Code pénal.»

Arrêté du 16 décembre 1835.

« Art. 1er. A compter de la publication du présent arrêté, tout individu, à quelque classe qu'il appartienne, qui se consacre au service domestique, sous quelque dénomination que ce soit, à Pondichéry et dans ses districts, et dans les Établissements secondaires, devra se pourvoir d'un livret.

« Art. 2. Ce livret sera daté, coté et paraphé par les juges de paix lieutenants de police.

« Le premier feuillet portera le sceau du greffe de la justice de paix et contiendra les noms et prénoms du serviteur, et, si c'est un natif, le nom de son père, le lieu de sa naissance, son âge, sa caste, son signalement, la désignation de la nature de son service habituel, et le nom du maître qu'il sert. Le prix du livret coûtera un fanon.

« Art. 3. Tout serviteur qui quittera la ville où il sert pour se rendre dans une autre hors de l'arrondissement, sera tenu de faire viser à la police le dernier congé de son maître, par le juge de paix lieutenant de police, et de faire indiquer le lieu où il voudra se rendre.

« A défaut d'avoir rempli cette formalité, et s'il voyageait sans être muni d'un livret ainsi visé, le domestique sera réputé vagabond et pourra être arrêté et puni comme tel.

« Art. 4. Tout serviteur sera tenu, en quittant son maître, de faire inscrire par lui, sur son livret, le temps qu'il a servi, et, sur le refus de ce dernier, de le faire inscrire par le fonctionnaire désigné en l'article 2, qui assurera que le refus n'a pas pour motif un cas d'improbité, auquel cas il retiendra le livret, et recevra toutes déclarations auxquelles il sera donné telle suite que de droit.

« Art. 5. En entrant au service, le serviteur sera tenu de déposer son livret dans les mains de son nouveau maître, qui ne pourra refuser de le remettre, ou y insérer une note portant atteinte à la probité, qu'en le déposant lui-même à la police ; et, dans ce cas, s'il y a réclamation, le juge de paix décidera si la note doit ou ne doit pas être inscrite au livret. Dans le premier cas, il retiendra le livret et procédera comme il est dit en l'article précédent.

« Art. 6. Le premier livret sera délivré :

« 1° Sur l'attestation, signée de deux notables, de la bonne moralité de celui qui le demande, et les renseignements obtenus par la police.

« 2° Sur la demande écrite du maître chez lequel sert le domestique, laquelle demande remplacera l'attestation signée des deux notables.

« Si le serviteur veut faire coter et parapher un nouveau livret, il représentera l'ancien. Le nouveau livret ne sera délivré qu'après qu'il aura été vérifié que l'ancien est rempli ou hors d'état de servir.

« Art. 7. Si le livret du domestique était perdu, il pourra, sur l'attestation de trois notables, obtenir un nouveau livret, sur lequel cette circonstance de la perte du premier livret sera mentionnée. Mais, pour rendre ce cas moins fréquent par la négligence des serviteurs, le livret donné en remplacement d'un livret perdu coûtera une roupie à titre d'amende.

« Art. 8. Toute contravention, de la part des serviteurs, à l'exécution du présent arrêté, sera punie des peines de simple police. »

Arrêté du 23 mai 1837.

« Art. 5. Tout individu, convaincu d'avoir outragé ou insulté un veilleur de nuit et tous autres agents et pions de police, dans l'exercice de leur ministère public et de sûreté, ou de leur avoir résisté, même sans violence, sera punissable des peines de simple police spécifiées aux articles 2, 3 et 4 de l'ordonnance locale du 25 mai 1827, n° 74 du *Bulletin*, lesquelles pourront être cumulées ou divisées selon l'exigence des cas et sans distinction de caste. »

Arrêté du 20 décembre 1838.

« Art. 1er. Les vols, larcins et filouteries, qui font l'objet de l'article 401 du Code pénal, et les tentatives

des mêmes délits commis par des Indiens de toute
caste seront, lorsqu'ils ne présenteront pas de circonstances aggravantes, et que la valeur des objets n'excédera pas dix roupies, soit vingt-quatre francs, punis
d'un emprisonnement de quinze jours à un mois,
et de quinze à vingt-cinq coups de rotin.»

Arrêté du 28 mars 1839.

« Art. 1er. Les articles 2 et 3 de l'arrêté du 25
mars 1827, n° 75, sont remplacés par les suivants :

« Art. 2. Les rixes et voies de fait à l'occasion desquelles des coups auraient été donnés, sans qu'il en
soit résulté aucune maladie ou incapacité de travail,
et que d'ailleurs il n'existera pas de circonstances
aggravantes, seront jugées par le Tribunal de police
et punis d'un emprisonnement de cinq jours à un
mois et d'une amende d'un à seize francs.

« Art. 3. Dans le cas où le délit prévu par l'article
1er de l'arrêté local du 25 mai 1827, modifié par
l'arrêté du 20 décembre 1838, aurait été commis par
des femmes, la peine du rotin sera convertie en un
temps d'emprisonnement, calculé sur deux jours par
coup de rotin.»

Arrêté du 30 septembre 1839.

« Art. 1er. Les puits situés dans les rues, places,
grandes routes, chemins vicinaux et dans les terrains
ou emplacements, clos ou non clos, de la ville et des
trois districts de Pondichéry, de Villenour et de
Bahour, seront entourés dans le délai de quinze jours
à partir de la publication du présent règlement.

« S'ils sont creusés dans l'intérieur de la ville, des
villages, des parcheries ou aux environs, ils seront
entourés d'une margelle en briques, de la hauteur
de 0 mètre 80 centimètres à 0 mètre 81 centimètres

(deux pieds et demi), et ayant pour épaisseur, toute la longueur de la brique ordinaire : s'ils sont situés dans les champs, ils pourront être entourés de pieux ou de fascines, assez rapprochés pour fermer toute entrée, ou de palissades bien liées ensemble par des traverses en bois, espacées de 0 mètre 18 centimètres à 0 mètre 19 centimètres (demi-pied).

« Art. 2. Les margelles, assises ou murs qui environnent les puits existants, et qui n'ont pas la hauteur indiquée en l'article 1er, seront élevés à ladite hauteur : sont exceptés les puits qui sont creusés dans les champs et qui seront, en outre de l'entourage qu'ils pourront avoir, si les entourages n'ont pas la hauteur voulue, garnis de pieux, de palissades ou de fascines de la manière ci-dessus indiquée.

«Art. 3. Les propriétaires de puits, ou toutes autres personnes chargées de l'entretien desdits puits, qui auront négligé de se conformer aux dispositions qui précèdent, après le délai déterminé et après l'avertissement préalable de la police, seront condamnés à une amende qui ne pourra pas excéder dix-neuf francs vingt centimes, aux frais et, en outre, aux frais de construction et d'entourage desdits puits, travaux qui seront, immédiatement après condamnation, exécutés par la police.

«Art. 4. Dans les cas où des puits non entourés auraient été abandonnés par les propriétaires, ou que ces derniers voudraient, pour se soustraire aux poursuites, ne pas se faire connaître, ces puits seront comblés sur la proposition de M. le juge de paix lieutenant de police, approuvée par nous.»

Règlement du 29 janvier 1844.

« Art. 1er. Les personnes qui se présenteront au puits de Moutrépaléon pour y puiser de l'eau, doivent se servir de panelles propres : les panelles empreintes de charbon ou sales seront repoussées.

« Art. 2. Il est défendu aux personnes qui puisent de l'eau, de laisser, sous quelque prétexte que ce soit, leurs panelles soit vides, soit pleines sur la margelle du puits.

« Le gardien est autorisé à faire retirer les vases soit vides, soit pleins, qu'il trouvera sur la margelle.

« Art. 3. Les personnes qui se rendront à Moutrépaléon pour se baigner, ne doivent, dans aucun cas, puiser de l'eau, la tête et le corps enduits d'huile ou de toutes autres substances, ni se jeter de l'eau sur le corps, à moins de cinq mètres du puits.

« Art. 4. Les charrettes qui se rendent à Moutrépaléon pour prendre de l'eau, ne doivent, dans aucun cas, heurter la maçonnerie qui entoure le puits ; les bouviers sont tenus de placer des pierres pour empêcher les roues de leurs voitures de frapper contre la maçonnerie.

« Art. 5. Il est défendu de faire ou de déposer des ordures autour du puits de Moutrépaléon, à une distance de vingt mètres.

« Art 6. Les contrevenants aux dispositions du présent règlement, seront punis de l'amende portée à l'article 12 de l'arrêté du 25 mai 1827, savoir : d'une demi-roupie, soit un franc vingt centimes, à deux roupies, soit quatre francs quatre-vingts centimes, pour les Européens ou gens à chapeau, et de un fanon, soit trente centimes, à une roupie, soit deux francs quarante centimes, pour les Indiens.

« Toutes les contraventions prévues par le présent règlement seront constatées par procès-verbal du gardien du puits, lequel fera foi jusqu'à preuve contraire, et poursuivies à la requête du ministère public devant le Tribunal de la police.»

Arrêté du 3 decembre 1845.

« Art. 1er. Il est fait défense à tout propriétaire de chiens, de quelque classe, caste et condition qu'il soit, de laisser sortir ces animaux dans l'intérieur des districts de Pondichéry , de Villenour et de Bahour , à moins qu'ils ne soient pourvus d'une muselière en fil de fer ou en fil de laiton, ou tenus en laisse.

« Art. 2. En conséquence, tous les chiens qui seront laissés en liberté sans muselière, à quelque époque de l'année que ce soit, seront abattus par les agents de police à ce préposés, et leurs propriétaires, dans tous les cas, condamnés au maximum de l'amende fixée par l'article 18 de l'ordonnance locale du 25 mai 1827, sans préjudice, d'ailleurs, des dommages-intérêts réclamés, et des poursuites correctionnelles qui pourraient être dirigées contre ceux dont les chiens auraient occasionné des accidents graves.

« Art. 3. La prime accordée à la destruction de toute espèce de chiens reste fixée, à Pondichéry , Karikal, Mahé et Yanaon, à raison de trente centimes, soit un fanon par tête de chien tué.

« A Chandernagor, cette même prime reste également fixée, pour les mâles, à quarante-cinq centimes ou un fanon et demi ; pour les femelles, à soixante-quinze centimes ou deux fanons et demi ; pour les petits, mâles ou femelles, trente centimes, soit un fanon.

« Art. 4. Le produit des amendes déterminées à l'article 2 du présent arrêté, sera versé, comme tous les autres produits de cette nature, dans la caisse coloniale.

« Art. 5. Le présent arrêté sera exécutoire, dans les Établissements français de l'Inde, à partir du 1er janvier 1846.

« Art. 6. Seront, en conséquence, rapportés, à partir de la même époque, les arrêtés des 26 décembre 1835 et 30 novembre 1842. »

Arrêté du 23 avril 1850.

« Art. 14. Les contraventions aux dispositions des articles 1, 2, 3 et 5 du présent arrêté, les contraventions aux mesures d'ordre et de sûreté que la police jugera utile de prescrire relativement à l'emplacement des bûchers, aux mode et lieux d'inhumation des gentils et des musulmans, seront punis d'une amende de cinquante francs à cent et d'un emprisonnement de cinq à quinze jours.

« Des inhumations.

« Art. 1er. Nul ne sera enterré dans les cimetières destinés à la sépulture des blancs et gens à chapeaux du culte chrétien, sans une autorisation sur papier libre et sans frais de l'officier de l'état-civil, qui ne pourra la délivrer que sur la production d'un certificat du médecin, constatant le décès, et vingt-quatre heures après le décès, à moins que ledit certificat ne mentionne la nécessité de presser l'inhumation.

« Art. 2. Chaque inhumation aura lieu dans une fosse séparée. L'emplacement de chaque fosse, qui aura 1 mètre 50 cent. à 2 mètres de profondeur, sera de 2 mètres 60 cent. de longueur sur 1 mètre 50 cent. de largeur ; cet emplacement sera séparé par une distance de 40 à 50 centimètres sur les côtés, et de 30 à 50 centimètres à la tête et aux pieds.

« Art. 3. Pour éviter le danger qu'entraîne le renouvellement trop rapproché des fosses, leur ouverture, pour de nouvelles sépultures, n'aura lieu que de cinq ans en cinq ans. Cette disposition est applicable aux terrains concédés. Les caveaux disposés en cellules séparées pourront seuls être ouverts en tout temps, à la condition expresse que chaque cellule occupée sera immédiatement murée.

« Art. 5. A partir de la date du présent arrêté, les

concessions de terrain aux personnes qui désireront posséder une place distincte et séparée pour y fonder leur sépulture, seront soumises à un droit une fois payé de dix francs par mètre carré. Nul ne pourra posséder, pour lui et les siens, plus de 9 mètres carrés, c'est-à-dire, l'emplacement de deux fosses, y compris l'intervalle qui les sépare entre elles. Les constructions sur les emplacements concédés ne pourront, sous quelque prétexte que ce soit, dépasser, en longueur ou en largeur, l'étendue de la concession. »

Arrêté du 3 décembre 1851.

« Art. 1er. Tout individu qui aura exploité un ou plusieurs palmiers, sans pouvoir produire le permis délivré, soit par le fermier, si le monopole du padany est affermé, soit par l'Administration si ce monopole est en régie, sera condamné à payer une amende de cinq à dix francs par chaque arbre, ainsi exploité, et, en cas de récidive, à la même amende, et, de plus, à un emprisonnement de cinq à quinze jours. »

Arrêté du 13 mars 1852.

« Art. 1er. A compter de la publication du présent arrêté, les établissements, de quelque nature qu'ils soient, qui répandent une odeur insalubre ou incommode, ne pourront être formés, tant dans les villes que dans les aldées, sans une permission de l'autorité administrative.

« Art. 2. La demande en autorisation de ces établissements, dont la nomenclature est annexée au présent arrêté, sera adressée, à Pondichéry, au Chef du service administratif, et, dans les Établissements secondaires, aux chefs de service, qui la soumettront à la décision du Gouverneur en Conseil d'administration.

« Art. 3. Tout établissement qui sera créé sans autorisation, ou dont le propriétaire n'aura pas rempli les conditions spécifiées dans l'arrêté d'autorisation, sera fermé par voie de contrainte et par les soins de l'autorité administrative. Le propriétaire sera, de plus, condamné aux peines de simple police, qui peuvent être portées au maximum déterminé par l'ordonnance royale du 20 janvier 1847.

« Art. 4. Les dispositions de l'article précédent, seront applicables aux propriétaires des établissements actuellement existants, qui seraient transférés dans un autre emplacement, ou qui subiraient une interruption d'activité pendant six mois. »

Arrêté du 10 avril 1838.

« *Grande voirie.*

« Art. 1er. Les travaux de construction, les réparations et l'entretien des édifices publics, des rues de la Ville-Blanche et de la Ville-Noire, des places et des promenades, des routes et chemins du territoire, l'empiétement sur les rues, places et routes, les réparations et l'entretien des ponts, canaux, étangs, digues, déversoirs et chaussées, et tout ce qui est relatif aux travaux d'art exécutés aux frais du Gouvernement, sont dans les attributions de l'ingénieur colonial, chargé du service des ponts et chaussées.

« Art. 2. Aucune construction nouvelle ni réparations autres que les crépissages et les badigeonnages, aucune ouverture de rues, de fossés, aucune plantation d'arbres ou de haies, ne pourra être faite sur les rues, places et promenades publiques, ainsi que sur les boulevards et routes, que conformément aux plans dressés à cet effet et suivant les indications et alignements qui seront donnés à ceux qui les entreprendront, par l'Ingénieur colonial chargé du service des ponts et chaussées, et visés par l'Ordonnateur, sous peine d'amende et de démolition des ouvrages, ou de destruction des plantations, s'il y a lieu.

« Toutefois, les plantations d'arbres et de haies, sur les places publiques, rues, promenades, boulevards et routes, l'entretien et l'élagage desdits arbres, seront exécutés par les soins du botaniste agriculteur, qui en reste chargé.

« Art. 3. Les trottoirs qui seront construits le long des emplacements, auront une largeur de deux mètres 50 cent. pour les rues qui auront quinze mètres de largeur, et de 1 mètre 75 cent. pour celles larges de douze mètres, et de 1 mètre pour les rues qui n'ont que 10 mètres de largeur. Leur saillie sera de 10 centimètres au-dessus de l'arête supérieure des caniveaux, ou de 20 centimètres au plus.

« L'arête sera en maçonnerie de pierres ou de briques sur champ, la surface sera en pavés, et le carrelage en béton, ou même en gravier.

«Art. 4. Les propriétaires de maisons dans la Ville-Blanche, seront tenus également de faire construire, dans l'intérieur ou à l'extérieur de leur maison, un puits perdu.

« L'emplacement et le mode de construction de ces puits, et les précautions à prendre pour leur creusement, seront indiqués par l'Ingénieur colonial.

« Art. 5. L'épaisseur des murs extérieurs, soit pour maison ou soit pour clôture, sera fixée par l'Ingénieur colonial, selon que ces murs devront avoir plus ou moins de hauteur, qu'ils seront construits en pierres ou en briques, avec mortier de chaux et sable et du caliment.

« Art. 6. La vérification et la constatation des abornements de terrains, soit au dedans, soit au dehors de la ville, continueront à être exécutées par l'arpenteur juré, et contradictoirement avec les parties intéressées, dont les procès-verbaux, visés par le chef du génie et par le receveur du domaine lorsqu'il s'agira de terrains assujettis à une redevance ou à une rente foncière et de ceux classés parmi les manés et manioms qui en sont exempts, feront foi devant les Tribunaux. Ces opérations seront rétribuées conformément au tarif annexé au présent arrêté.

« *Petite voirie, dite urbaine.*

« Art. 7. La police de la petite voirie, le nettoïement des rues de la Ville-Blanche et de la Ville-Noire de Pondichéry, des places publiques et boulevards, l'arrosage devant les maisons des deux villes, l'exécution des règlements relatifs à l'entretien des puits perdus, à l'écoulement des eaux, aux bestiaux vaguants, à l'encombrement des rues, à la démolition des édifices menaçant ruine, l'ouverture des boutiques ou choppes et des étaux, etc., sont confiés au juge de paix lieutenant de police.

Art. 8. Il est défendu à tout habitant d'élever des échaffaudages pour la construction des édifices ou murs de clôture, d'embarrasser les rues, les places publiques et les promenades de matériaux nécessaires pour cet objet, de décombres provenant de démolitions ou autrement, de faire le curage des puits et des puits perdus, des excavations pour trous à chaux ou à caliment ou pour cave ou puits, sans en avoir obtenu l'autorisation du juge de paix lieutenant de police, qui devra ou fera indiquer, pour les décombres et les matériaux, les lieux où les dépôts seront faits.

« Art. 9. Tout habitant de la Ville-Blanche ou de la Ville-Noire qui fera bâtir, sera tenu de faire enlever journellement les terres et les décombres qu'il aura fait déposer sur la voie publique, et de les faire transporter au lieu qui lui sera indiqué par le juge de paix lieutenant de police.

« Art. 10. Le juge de paix lieutenant de police fera procéder, après que M. Gouverneur en conseil l'y aura autorisé et après sommation préalable, à la démolition des murs et édifices qui, par vétusté ou toute autre cause, menaceraient ruine.

« Il fera également enlever, et sans autorisation, tout ce qui pourrait encombrer la voie publique.

« Les dépenses occasionnées pour démolition ou enlèvement de décombres, seront à la charge des propriétaires.

« Petite voirie, dite rurale.

« Art. 11. La police rurale, en ce qui concerne l'irrigation des terres, la répartition des eaux, la garde des arbres du Gouvernement et l'administration de leurs produits, les plantations de haies, arbres sur les chemins vicinaux ou de topes dans les aldées, l'entretien ordinaire des chemins vicinaux, des étangs, prises d'eau, canaux, digues ou chaussées à la charge des aldéens, la vérification et la constatation des abornements de terrains situés dans les aldées, sont de la compétence des agents du domaine et ne peuvent être exécutés que d'après leurs ordres.

« Ils ne peuvent, à moins de commission spéciale, s'immiscer, en aucune manière, dans la police administrative ou judiciaire.

« Art. 12. Les contraventions aux dispositions du présent arrêté, seront dénoncées, par les parties lésées, et constatées, soit par les officiers ou agents de police des ponts et chaussées ou du domaine, qui seront tenus d'affirmer devant le juge de paix lieutenant de police leurs procès-verbaux; sans cela, ils ne pourront faire foi ni motiver de condamnation.

« Ces procès-verbaux, ainsi affirmés, seront crus jusqu'à inscription de faux.

« Art. 13. Les peines encourues par les contrevenants aux dispositions du présent arrêté, et déterminées par l'ordonnance locale du 25 mai 1827, seront prononcées par le Tribunal de la police, devant lequel les contraventions seront déférées, si elles re-

gardent la grande et la petite voirie, pour tout ce qui
n'est pas de la compétence administrative en matière
de petite voirie rurale.»

Arrêté du 28 juillet 1855.

« Art. 1er. Aucun dépôt de matériaux ou de dé-
blais ne pourra être fait le long des quais du côté
de la mer, sans autorisation de M. l'Ingénieur colonial,
qui donnera les indications nécessaires à cet effet.

« Art. 2. Les alignements dans la Ville-Noire seront donnés conformément au plan arrêté et approuvé à la date du 27 mars 1843, d'après les dispositions de l'arrêté du 7 février 1842.

« Dans la Ville-Blanche, et jusqu'à ce que les plans
soient régulièrement approuvés, l'alignement à suivre sera celui de la plus grande partie alignée.

« Dans l'une et l'autre ville, tout propriétaire qui
construira, devra établir et entretenir un trottoir.

« Les trottoirs ne pourront être élevés à plus de
15 centimètres au-dessus du caniveau, et leur largeur
sera celle fixée par le tableau ci-annexé.

«Art. 3. Il est défendu de construire des perrons
en saillie sur la voie publique, et ceux actuellement
existants seront supprimés, autant que possible, lorsqu'ils auront besoin de réparations.

« Art. 4. Il ne sera accordé de permission, pour
pas de marches, que lorsque les localités l'exigeront.
Ces pas de marches ne pourront dépasser la saillie
des bases des pilastres indiquées au tableau ci-annexé; en cas d'insuffisance de cette saillie, le propriétaire rachètera la différence du niveau en se retirant sur lui-même.

« Art. 5. Conformément à l'article précédent, tous
les pas de marches en saillie existants devront être
supprimés à mesure qu'ils auront besoin de réparations.

« Art. 6. A l'avenir, il ne pourra être établi de

gouttières ou dalots en saillie pour déverser les eaux des argamasses sur la voie publique.

« Les conduits en poterie ou en métal partant de l'argamasse et venant aboutir à une gargouille pratiquée dans la hauteur du trottoir et déversant directement les eaux pluviales dans les caniveaux des rues, seront seuls autorisés.

« Art. 7. Les réparations que nécessiteront les dalots, gouttières et trottoirs, entraîneront l'application de l'article précédent, et de l'article 2.

« Art. 8. Les trottoirs seront en briques de fort échantillon, posées à plat sur une couche de caliment, reposant sur le sol préalablement bien battu. La bordure sera en pierre quand faire se pourra, autrement en briques de fort échantillon posées sur champ.

« Art. 9. Tout propriétaire qui bâtira, est tenu d'établir un puits perdu : les dimensions et conditions dans lesquelles il devra être construit, seront déterminées par l'Ingénieur colonial, sur demande.

« Art. 10. Toute construction élevée sans autorisation régulière, et en dehors des alignements, entraînera, de droit, la double peine de l'amende seule, qui sera prononcée lorsque, nonobstant le défaut d'autorisation, l'alignement aura été observé dans la construction.

« Art. 11. Les contraventions aux dispositions du présent arrêté, seront punies conformément aux arrêtés des 25 mai 1827 et 10 avril 1838, sur le service de la voirie, qui continuent à être en vigueur en tout ce qu'ils n'ont pas de contraire aux présentes dispositions.

« Art. 12. L'arrêté local du 10 avril 1838 est rendu applicable aux Établissements secondaires. »

Arrêté du 10 avril 1838.

« Art. 1er. Est promulgué, à Pondichéry et dans les Établissements français de l'Inde, l'article 1er de l'ordonnance royale du 2 janvier 1817, lequel est ainsi conçu :

« Conformément à l'article 16 du titre III de la loi du 12 octobre 1791, tout forçat qui s'évadera, sera puni pour chaque évasion :

« Par trois années de travaux forcés, lorsqu'il ne sera condamné qu'à terme, et par l'application à la double chaîne pendant le même espace de temps, s'il est condamné à perpétuité.

« Art. 2. Les peines ci-dessus, lorsqu'elles auront été encourues, seront prononcées pour les forçats évadés du bagne de Pondichéry, en premier et dernier ressort, par la chambre de justice criminelle de la Cour royale de Pondichéry, et, pour les condamnés aux travaux forcés à temps et à perpétuité, détenus dans les prisons des Établissements secondaires, par les Tribunaux criminels d'arrondissements, jugeant en première instance, et sauf l'appel à la Cour royale de Pondichéry, chambre de justice criminelle, dans les termes de droit. »

CHAPITRE XV.

Dispositions diverses.

Arrêté du 3 septembre 1832.

« Des obligations des commandants de navires en rade.

« Art. 1er. Les capitaines de navires, soit français, soit étrangers, sont tenus, vingt-quatre heures au moins avant d'appareiller, de prévenir par écrit, de leur départ :

« 1° Le Gouverneur;

« 2° Le Commissaire Ordonnateur ;

« 3° Le capitaine de port;

« 4° Le lieutenant de police.

« A défaut de remplir cette formalité, le capitaine partant sera passible d'une amende de cent francs.

« Art. 2. Le capitaine devra se présenter au bureau du port avant de s'embarquer, pour faire vérifier et ses papiers et ceux des passagers sur son bord; leur régularité sera constatée par un visa du capitaine du port, à défaut duquel le capitaine partant sera condamné, au cas d'embarquement et de départ, à cinq cents francs d'amende.

« Le capitaine de port est autorisé à retenir les papiers s'ils ne sont pas en règle, à défendre l'embarquement du capitaine, et il doit en référer de suite au Gouvernement.

« Art. 3. Tout capitaine dont le bâtiment aura séjourné plus de vingt quatre heures sur la rade, indépendamment de l'accomplissement de l'obligation imposée particulièrement aux capitaines de bâtiments du commerce français, de porter en descendant à terre, leur rôle d'équipage au bureau des classes, afin d'y faire annoter tous les mouvements qui ont lieu dans leur séjour en rade, sera tenu de se présenter au bureau de la police à Pondichéry, pour y demander la publication de son départ par affiches, qui seront placardées en français et en malabar par le sergent de ville,

« 1° A la porte du bureau de la police ;

« 2° A celle du bureau du port ;

« 3° A celle de l'auditoire de la Cour royale de Pondichéry;

« 4° A celle de l'auditoire du Tribunal de première instance.

« Un cautionnement admis, comme il sera exprimé ci-après, article 4, dispense de la formalité de l'affiche, mais non de la déclaration qui devra toujours être faite au bureau de la police, vingt-quatre heures avant le départ, comme il est dit en l'article 1ᵉʳ.

« Il sera délivré, sans frais, par le greffier du Tribunal de paix et de police, après le délai de trois jours, un certificat d'affiches ou de réception de la caution qui devra être exhibé au capitaine de port.

«Le rôle d'équipage ne devra être remis, d'ailleurs, par le bureau des classes, qu'après avoir justifié l'accomplissement des formalités ci-dessus.

« Le fait du départ sans affiche et sans caution, entraînera seul une amende de cinq cents francs.

« Des obligations des passagers à bord des navires français et étrangers.

« Art. 4. Toute personne qui voudra quitter la colonie sera tenue de le déclarer, au bureau de la police, en donnant ses noms, prénoms et profession.

« Son départ sera publié, par affiches, au moins six jours à l'avance, en la forme et aux lieux désignés ci-dessus, article 3.

« S'il ne se trouve aucune opposition dans les six jours et le délai expiré, il sera délivré un passe-port au réclamant, lequel devra être de nouveau soumis au visa du lieutenant de police, s'il s'est écoulé huit jours entre la date du passe-port et le départ.

« Le réclamant est dispensé de l'affiche et des délais, en donnant caution, laquelle devra s'obliger et par corps, par acte au greffe de la justice de paix reçu par le greffier, sans frais, à payer le montant de toute réclamation pécuniaire légitime et justifiée, qui serait formée contre les partants, dans le délai de trois mois, après leur départ. La publication, par affiche, des noms, professions et demeure de la caution a lieu dans les trois jours du départ, en la forme et aux lieux spécifiés (article 3).

« A défaut d'accomplissement des formalités prescrites, le contrevenant encourra une amende de trois cents francs.

« Art. 5. Les officiers civils et militaires en mission, voyageant par ordre du Gouvernement et pour le service public, sont exemptés de l'obligation ci-dessus imposée, leur départ ne pouvant être arrêté par aucune opposition.

« Des oppositions aux départs par mer.

«Art. 6. Les oppositions aux départs seront reçues, sans frais, au bureau de la police, par déclaration devant le greffier du Tribunal ; elles seront toujours motivées.

« Toute opposition sera reçue aux risques, péril et fortune de l'opposant, qui reste passible de tous dommages-intérêts.

« Elle sera réputée nulle et non avenue, s'il n'est justifié, dans vingt-quatre heures, par le visa du greffier, d'une ordonnance d'autorisation du juge validant l'opposition.

«Art. 7. Le président du Tribunal de première instance connaît, en référé, de toute demande et réclamation, soit d'autorisation provisoire de s'opposer aux départs, soit de mainlevée de toute opposition à ces mêmes départs, sur la citation donnée devant lui de jour à autre, et même sur l'heure, en vertu d'un permis sur requête.

« Le président autorise toutes oppositions fondées sur demandes d'hôteliers ou traiteurs, même de particuliers, à raison du logement et de la nourriture qu'ils auront fournis dans les six mois qui auront précédé la demande, celles des ouvriers et gens de travail pour payement de leurs journées, fournitures et salaires dans le même laps de temps ; celles des marchands pour marchandises qu'ils auront vendues dans l'année ; des médecins, chirurgiens et apothicaires pour leurs visites, opérations et médicaments, dans le même délai; celles des domestiques qui se louent à l'année ou au mois, pour le payement de leurs salaires d'une année au plus ; celles de tous fournisseurs, pour vivres fournis aux capitaines et officiers de bord, et à l'équipage, sur l'ordre du capitaine, et généralement pour toute dette contractée pour le voyage, dont le payement est exigible, même par corps, aux termes de l'article 231 du Code de commerce.

« Si l'opposition ou l'autorisation demandée de la former, ont pour cause une dette de vingt roupies seulement ou de moindre somme, les parties devront se pourvoir devant le juge de paix, dans les mèmes formes et délais que ceux ci-dessus spécifiés.

« Le juge désigné fait mainlevée des oppositions qu'il juge mal fondées et statue sur les dommages-intérêts demandés. Il fait encore mainlevée de l'opposition, s'il est donné caution solvable, laquelle s'engage, au greffe du Tribunal de première instance et par corps, à payer le montant des causes de l'opposition, si, dans le délai fixé par le juge, ces causes ne sont éteintes.

« Il décide toute contestation sur la solvabilité de la caution.

« Si l'indigence actuelle du débiteur est constatée, et que néanmoins il excipe de ressources en d'autres lieux, soit par lui-même, soit auprès de sa famille, le juge peut autoriser le départ, mais en condamnant par corps le débiteur au payement, dans un délai par lui fixé et présumablement nécessaire pour l'arrivée du débiteur et la réunion de ses ressources.

« Les ordonnances ou jugements rendus, soit par le président du Tribunal de première instance , soit par le juge de paix, sont exécutoires, même par corps, par provision, nonobstant appel et sans y préjudicier.

« Ils sont en dernier ressort dans la limite de la

compétence de chaque juridiction , savoir : jusqu'à concurrence de dix roupies pour le juge de paix, et de deux cents roupies pour le Tribunal de première instance (ordonnance du 7 février 1842).

« Art. 8. Tout capitaine qui embarque des soldats, marins ou déserteurs de la colonie ou des bâtiments du Roi ou qui reçoit des passagers sans l'accomplissement justifié des formalités prescrites, encourt la condamnation de mille francs d'amende par individu reçu à bord, et il est, en outre, tenu par corps, envers qui de droit, des obligations des partants.

« Des départs par terre.

« Art. 9. Tous propriétaires ou domiciliés européens qui s'absentent instantanément pour affaires ou autres motifs, sont tenus, néanmoins, de se munir de passe-ports qui leur sont délivrés au bureau de la police, et ils sont avertis de les faire viser, pour les lieux de la domination anglaise, par le principal collecteur de la province du sud d'Arcate, résidant à Goudelour, pour éviter le désagrément d'être arrêtés hors du territoire français.

«Le prix du passe-port est fixé à quatre fanons, et s'il est demandé d'envoyer à Goudelour pour obtenir le visa, le bath du pion, à raison de deux fanons par journée, sera payé en outre, en retirant le passe-port.

« Le passe-port est délivré gratis aux agents du Gouvernement voyageant par ordre, pour le service public.

« Art. 10. Toute personne qui quitte la colonie, est également tenue de déclarer son départ par terre. Elle est de même astreinte aux formalités prescrites article 9 et à celles de l'article 4, le dernier paragraphe excepté ; elle est reçue, dans les termes du même article, à donner caution. La section des oppositions au départ par mer est déclarée commune aux départs par terre.

« De la constatation des contraventions et des Tribunaux qui doivent en connaître.

« Art. 11. Le Commissaire Ordonnateur ou les commis de marine par lui délégués, le capitaine de port et le lieutenant de police, pourront cumulativement constater, par procès-verbaux, les contraventions aux dispositions du présent arrêté.

« Ces procès-verbaux seront de suite adressés au Procureur général, qui fera juger les contrevenants, en police correctionnelle, dans le plus bref délai.

« Art. 12. Si les délinquants sont absents, ils pourront être assignés au parquet du procureur du Roi près le Tribunal de première instance de Pondichéry, et les jugements de condamnations qui interviendront seront adressés au Ministre de la marine et des colonies, pour les faire mettre à exécution en France ou dans les colonies. Si le contrevenant est parti pour l'île de Bourbon, le jugement sera transmis au Gouverneur de cette île.

« Art. 13. Le Tribunal, saisi de la contravention, connaîtra en même temps des demandes civiles des opposants aux départs, et, si l'opposition est jugée fondée, il condamnera, par le même jugement, par corps, au payement des causes de l'opposition.

« Art. 14. L'opposition à l'exécution des jugements aux arrêts par défaut, sera reçue à la charge par l'opposant d'assigner, par l'opposition même, dans les délais de droit, devant le Tribunal qui aura rendu le jugement, et à charge, en outre, de consigner le montant de toutes les condamnations aux amendes, créances, intérêts et frais faits, jusqu'au jour de l'opposition au jugement par défaut, ou de donner caution.

« Dispositions générales.

« Art. 15. Aucune opposition à départ, soit par terre, soit par mer, ne sera reçue que pour dettes contractées dans les Établissements français de l'Inde ou au profit d'un de ses habitants, si ce n'est qu'il n'y ait jugement régulier contre le débiteur, emportant la contrainte par corps.

« Art. 16. Les amendes encourues pour contraventions au présent arrêté, sont dévolues au comité de bienfaisance de Pondichéry.

« Art. 17. Il n'est point innové à la disposition de l'article 6 de l'ordonnance locale du 4 novembre 1823, prescrivant aux capitaines des navires de se munir d'une patente de santé. »

Arrêté du 3 avril 1832.

« Art. 1er. Il sera nommé, pour l'arrondissement du Tribunal de première instance de Pondichéry, et, s'il y a lieu, ultérieurement, pour chacun des Établissements français de Chandernagor et Karikal, un commissaire-priseur-vendeur, lequel, conformément à la loi du 28 avril 1816, se référant à celle de 27 nivôse an IX, est autorisé à procéder à la prisée et exposition publique, comme à la vente aux enchères, des marchandises, meubles et effets mobiliers, et ce, à compter du jour de sa prestation de serment devant le Tribunal de première instance du ressort.

« Le greffier actuel de la Cour royale et celui du Tribunal de première instance conserveront, à Pondichéry, la concurrence avec le commissaire-priseur, mais arrivant mutation par décès, ou autrement, des greffiers, le commissaire-priseur aura le droit exclusif de procéder, comme le veut la loi, dans le lieu de son établissement, et en concurrence dans le reste de l'arrondissement.

« Art. 2. Il est défendu à tous particuliers, comme à tous autres officiers publics, de s'immiscer dans lesdites opérations de prisée, exposition publique et vente à l'encan, qui se feraient à Pondichéry, ou autres lieux des Établissements français où il serait établi des commissaires-priseurs, à peine d'amende qui ne pourra excéder le quart du prix des objets prisés ou vendus, conformément aux articles 7 de la loi du 22 pluviôse an VII, 2 de la loi du 27 ventôse an IX, et aux anciens édits et arrêts du conseil ci-devant datés de 1771, 1772, 1775 et 1778.

« Art. 3. Il sera dressé procès-verbal en forme des ventes; ce procès-verbal comprendra tous les articles exposés en vente, tant ceux adjugés, soit en totalité ou sur simple échantillon, avec les noms et domiciles des adjudicataires, que ceux retirés ou livrés par les propriétaires ou héritiers pour le prix de l'enchère ou de la prisée ; les prix d'adjudication seront portés de suite au procès-verbal en toutes lettres et reportés hors ligne en chiffre.

« Chaque séance sera close et signée par l'officier public et deux témoins domiciliés ; en outre, chaque vente sera insérée sur un répertoire tenu par l'officier public, visé et paraphé à chaque page, antérieurement, par le juge royal ou juge auditeur délégué.

« Art. 4. L'omission au procès-verbal d'articles adjugés sera punie de cent francs d'amende par chaque omission, conformément à la loi du 22 pluviôse an VII.

« Pour chaque article non écrit en toutes lettres dans le procès-verbal, l'officier sera passible de quinze francs d'amende.

« Toutes les amendes seront versées dans la caisse du comité de bienfaisance.

« Art. 5. Conformément à l'article 625 du Code de procédure civile, les commissaires-priseurs et autres officiers en faisant fonctions, sont personnellement responsables du prix des adjudications.

« Ils ne peuvent recevoir des adjudicataires une somme au-dessus de l'enchère, à peine de concussion.

« Art. 6. Les commissaires-priseurs pourront recevoir toute déclaration concernant les ventes auxquelles ils procéderont, recevoir et viser toutes les oppositions qui y seront formées, introduire, devant les autorités compétentes, tous référés auxquels leurs opérations pourront donner lieu, et citer, à cet effet, les parties intéressées devant lesdites autorités.

« Art. 7. Toute opposition, toute saisie-arrêt, formées entre les mains des commissaires-priseurs, et relatives à leurs fonctions, toute signification de jugement prononçant la validité desdites opposition ou saisie-arrêt, seront sans effet, à moins que l'original desdites opposition, saisie-arrêt, ou signification de jugement, n'ait été visé par le commissaire-priseur : en cas d'absence ou de refus, il en sera dressé procès-verbal par l'huissier, qui sera tenu de faire viser son exploit par le juge de paix.

« Art. 8. Les commissaires-priseurs auront la police dans les ventes et pourront faire toutes réquisitions pour y maintenir l'ordre; ils y paraîtront vêtus en noir.

« Art. 9. Les commissaires-priseurs seront nommés par nous sur la présentation de l'Avocat-général chef du ministère public.

« Art. 10. Nul ne pourra être commissaire-priseur, s'il n'a vingt-cinq ans accomplis, ou s'il n'a obtenu des dispenses d'âge.

« Art. 11. Les fonctions de commissaire-priseur sont incompatibles, aux termes de l'ordonnance du Roi du 31 juillet 1802, avec celles de notaire; elles demeurent compatibles, aux termes de l'article 11 de celle du 26 juin 1816, avec les fonctions de greffier de justice de paix ou de Tribunal, et d'huissier.

« Art. 12. Défense est faite, aux termes de la dernière ordonnance, à tous commissaires-priseurs, ou officiers en faisant fonction, d'exercer la profession de marchand de meubles de hasard, ni même d'être associé à aucun commerce de cette nature, à peine de destitution.

« Art. 13. Les commissaires-priseurs sont placés sous la surveillance du procureur du Roi près le Tribunal de première instance de l'arrondissement où ils sont établis.

« Art. 14. Le commissaire-priseur, à Pondichéry, avant d'entrer en fonctions et de prêter serment en cette qualité devant le juge royal, justifiera du versement, à titre de cautionnement, dans la caisse du trésor colonial, ou à la caisse des consignations, à Paris, d'une somme de quatre mille francs en numéraire.

« Si le versement est fait à Pondichéry, il ne portera point intérêt.

« Le commissaire-priseur-vendeur, ne sera point admis au serment, avant d'avoir justifié du payement du cautionnement.

« A Chandernagor et à Karikal, le cautionnement sera de mille francs.

« Art. 15. Le cautionnement est affecté, par premier privilége, à la garantie des condamnations qui pourraient être prononcées contre les commissaires-priseurs, par suite de l'exercice de leurs fonctions; par second privilége, au remboursement des fonds qui leur auraient été prêtés pour tout ou partie de leur cautionnement, et, subsidiairement, au payement, dans l'ordre ordinaire, des créances particulières exigibles contre eux.

« Art. 16. Les réclamants, aux termes de l'article précédent, seront admis à faire, sur ces cautionnements, des oppositions motivées aux greffes des Tribunaux de première instance, dans le ressort desquels les titulaires exercent leurs fonctions.

» L'original des oppositions faites sur les cautionnements restera déposé, pendant vingt-quatre heures, au greffe, pour y être visé.

« Art. 17. La déclaration au profit des prêteurs de fonds du cautionnement, faite soit au Trésor colonial, soit à la caisse des consignations à Paris, au cas où ledit cautionnement y serait versé, tiendra lieu d'opposition pour leur assurer l'effet du privilége de second ordre, aux termes de l'article 16 ci-dessus.

« Art. 18. Avant de pouvoir réclamer leur cautionnement, les commissaires-priseurs seront tenus de déclarer, au greffe du Tribunal dans le ressort duquel ils exercent, qu'ils cessent leurs fonctions.

« Cette déclaration sera affichée dans le lieu des séances du Tribunal, pendant trois mois.

« Elle sera insérée trois fois au *Bulletin des actes administratifs.*

« En outre, pour obtenir le certificat de quitus du produit des ventes faites par les commissaires-priseurs, exigé par le décret du 24 mars 1809, le commissaire-priseur, ses héritiers ou ayants cause, seront tenus, indépendamment des formalités ci-dessus, de justifier, au procureur du Roi près le Tribunal du ressort, de toutes les quittances du produit des ventes ou du récépissé de la consignation au Trésor, des fonds restés en leurs mains.

« Sur le vu de ces pièces, le certificat en sera délivré par le procureur du Roi; il sera visé par le président du Tribunal.

« Si les titulaires, leurs héritiers ou ayants cause se trouvaient dans l'impossibilité de représenter toutes les pièces comptables nécessaires pour obtenir le certificat de quitus, le procureur du Roi du ressort, dans les cas prévus par l'ordonnance du 9 janvier 1818, constatera cette impossibilité et en déduira les motifs dans un avis donné sur la demande du titulaire, de leurs ayants cause, ou de leurs créanciers.

« Le certificat du procureur du Roi, attestant l'accomplissement des formalités réglées ci-dessus, tiendra lieu du certificat de quitus exigé par décret du 24 mars 1809.

« Art. 19. Les commissaires-priseurs seront admis
à faire régler, chaque année, par le procureur du Roi,
le compte de leur gestion antérieure.

« Ce règlement de compte, qui ne pourra porter
aucun préjudice aux droits des tiers intéressés, aura
pour effet de décharger les titulaires de l'obligation
de représenter, lors de la cessation de leurs fonctions et pour tout le temps compris audit règlement,
le certificat de quitus ci-dessus mentionné.

« Art. 20. Les commissaires-priseurs seront admis,
dans les termes de l'article 91 de la loi du 28 avril
1816, à présenter des successeurs, pourvu qu'ils réunissent les qualités exigées par les lois.

« Cette faculté n'aura pas lieu pour les titulaires
destitués.

« Art. 21. Les commissaires-priseurs sont autorisés à recevoir dans des magasins, et à exposer en vente
publique dans une salle à ce consacrée, les meubles,
effets et marchandises, qui leur seraient apportés
comme ne pouvant être vendus dans les lieux où ils
sont déposés par les propriétaires.

«Et, pour tous frais de magasinage et de location de
salle, quel que soit le temps que les effets et marchandises soient déposés et exposés avant la vente, il
sera perçu, au profit du commissaire-priseur, deux
centimes et demi par franc, sur le produit de la vente,
plus, et indépendamment, le droit aujourd'hui perçu
de deux centimes et demi par franc, pour tenir lieu de
vacations, frais de publication, de crieur et tous
autres, sur le produit brut des ventes par adjudication.

«Sous aucun prétexte, les commissaires-priseurs ne
pourront refuser de procéder à la vente dans les lieux
qui leur seront indiqués par les parties. La rétribution
de deux centimes et demi pour location et magasinage, reste à la charge des vendeurs.»

Arrêté du 18 août 1832.

« Art. 1er. Il est alloué au commissaire-priseur :

« 1° Pour frais de prisée de toute nature de meubles et effets mobiliers, faite, soit volontairement, soit après décès, ou en vertu d'ordonnance du juge, par chaque vacation de trois heures, trois roupies.

« 2° Pour déclaration de la vente à faire, quatre fanons.

« 3° Pour composition de l'affiche annonçant la vente, une roupie.

« 4° Pour vacations en référé, trois roupies.

« 5° Visa de chaque opposition formée à la vente, deux fanons.

« 6° Extrait des oppositions, pour chacune, deux fanons.

« 7° Pour l'expédition du procès-verbal de vente, par chaque rôle de vingt-deux lignes à la page de seize syllabes à la ligne, quatre fanons.

« 8° Affiches (leur coût).

« 9° Annonces aux journaux de Madras ou autres lieux (leur coût).

« 10° Papier (les déboursés).

« 11° Hommes de peine ou coulis (les déboursés).

« 12° Transport de meubles (les déboursés).

« 13° Pour procès-verbal d'arrangement des meubles et effets mobiliers avant la vente, à l'effet de faciliter et de préparer à l'avance les différents lots et tirer le meilleur parti possible du tout, si d'ailleurs la vente est faite dans les lieux et l'arrangement requis par les parties, par vacation de trois heures, trois roupies.

« 14° Requêtes et ordonnances, trois roupies.

« 15° Pour le clerc, par vacation, une roupie.

« 16° Pour vacation à la rédaction du compte, trois roupies.

« 17° Pour vacation à la taxe des frais qui sera faite par le juge royal ou le juge-auditeur délégué, sur la minute du procès-verbal de vente, deux roupies.

« 18° Pour les procès-verbaux de constatation d'avarie de marchandises où le ministère du commissaire-priseur est requis, par vacation de trois heures, trois roupies.

« Art. 2. Le présent tarif est commun, en ce qui les concerne, aux greffiers encanteurs dont les droits de vente sont et demeurent fixés à deux centimes et demi par franc, pour tenir lieu de vacations à la vente, frais de publication, de crieurs et tous autres, comme il est attribué au commissaire-priseur, lorsqu'il ne vend pas dans la salle à ce consacrée, conformément à l'article 21 de l'arrêté du 3 avril 1832.

« Art. 3. Le droit de faire les ventes du mont-de-piété, est attribué au commissaire-priseur, à Pondichéry, en se conformant aux articles 22, 23, 24 et 25 de l'ordonnance locale du 1er mai 1827, et sans que, sous aucun prétexte, les droits de vente et vacations du commissaire-priseur-vendeur puissent excéder deux centimes et demi par franc du produit de la vente. »

Arrêté du 15 octobre 1836.

« Art. 1er. Les actes judiciaires et notariés, ainsi que les actes extrajudiciaires qui sont susceptibles de légalisation, actes de l'état-civil, certificats de vie ou autres actes authentiques, seront légalisés gratuitement par les présidents des Tribunaux de première instance ou juges royaux qui en ont les attributions, dans les Établissements français de l'Inde.

« En cas d'empêchement, les magistrats dénommés pourront déléguer cette fonction, soit aux juges des Tribunaux de première instance, juges-auditeurs ou assesseurs dans les lieux où il en existe, et au juge de paix lieutenant, commissaire ou chef de police dans les lieux où il n'existe pas d'autres membres du Tribunal de première instance que le juge royal.

« Art. 2. Les juges de paix légaliseront, concurremment avec les présidents des Tribunaux, les certificats de vie, mais seulement sur les actes des officiers publics ou pour les habitants domiciliés dans l'étendue de leur ressort.

« Art. 3. Pour tous les cas où les actes doivent servir hors de l'arrondissement du Tribunal de première instance, la signature du juge sera légalisée par le chef de service ou administrateur commandant du comptoir.

« Dans les cas où les actes devront être produits hors des Établissements français de l'Inde, les signatures des chefs de service, administrateurs ou commandants du comptoir, seront légalisées par le Gouverneur des Établissements français dans l'Inde, le tout aussi gratuitement. »

Arrêté du 12 novembre 1839.

« Art. 1er. A l'avenir, toute requête présentée, soit au Gouverneur, soit à l'Ordonnateur, soit au Procureur général, soit à tout autre fonctionnaire public, devra, sous peine de rejet, si elle est écrite en malabar, être signée par le pétitionnaire et porter en regard la traduction en français.

« Si elle est écrite en français seulement, elle devra être signée par le pétitionnaire et par le rédacteur, qui restera responsable de la valeur des expressions qu'il aura employées. »

Arrêté du 23 septembre 1852.

« Art. 1er. Il est créé, à Pondichéry, un dépôt général des anciennes archives des Établissements français dans l'Inde.

« Art. 2. Le dépôt des anciennes archives renfer-
mera toutes les pièces, registres et documents quelconques dont la date remonte au delà de notre
reprise de possession en 1816, et qui sont aujourd'hui
disséminés dans les différents services du chef-lieu et
dans les Établissements secondaires.

«Art. 3. Le dépôt desdites archives sera établi
dans une des salles de la Bibliothèque publique, dont
le conservateur prendra le titre de conservateur des
archives et de la bibliothèque. Ce fonctionnaire y
permettra toutes recherches utiles au service et pourra
délivrer, avec l'autorisation préalable du Chef du
service administratif, copie des actes relatifs à un
intérêt privé.»

Extrait de l'ordonnance du 2 novembre 1833 promulguée
le 29 mai 1839.

« Devoirs des officiers supérieurs.

« Art. 329. Les officiers supérieurs doivent donner
l'exemple de l'ordre et de l'économie.

«Le lieutenant-colonel tient la main à ce qu'aucun
officier ne se livre à des dépenses qui le mettent dans
le cas de contracter des dettes; il surveille particulièrement ceux qui ont l'habitude d'en contracter ou
qui ont le goût du jeu.

« Les officiers qui font des dettes sont sévèrement
punis; il est fait mention de leur inconduite sous ce
rapport, au registre du personnel.

« Retenues sur les appointements.

« Art. 330. Lorsque les officiers font des dettes,
soit pour leur nourriture, soit pour le logement, leur
tenue ou d'autres fournitures relatives à leur état, la
totalité de leurs appointements, moins ce qui est né-

cessaire pour les dépenses courantes et indispensables, est employée à les acquitter. Le colonel, sur le compte qui lui en est rendu par le lieutenant-colonel, donne des ordres pour que le payement soit fait dans le plus bref délai possible ; dans ce cas, il peut prescrire aussi que les officiers tirent leur nourriture d'un ordinaire de sous-officiers.

« Lorsque les officiers font des dettes, d'une nature autre que celles ci-dessus, elles sont, après l'acquittement des premières, payées au moyen d'une retenue d'un cinquième de leurs appointements. Cette retenue est ordonnée par le colonel, sur l'avis du lieutenant-colonel, et la représentation des titres constatant la légitimité des créances. Le lieutenant-colonel inscrit, en marge de ces titres, les termes fixés pour le payement ; les acquits sont remis pour comptant aux officiers par le trésorier.

« Les indemnités, les gratifications d'entrée en campagne et le traitement de la Légion d'honneur, ne sont pas passibles de cette retenue.

« Les retenues ont lieu de plein droit quand elles sont ordonnées par le Ministre, ou requises en vertu d'oppositions ou de services judiciaires; elles n'excluent, dans aucun cas, l'action des créanciers sur les biens meubles et immeubles de leurs débiteurs, suivant les règles établies par les lois.

« *Poursuites judiciaires.*

« Art. 331. Les actions en recouvrement de créances sont du ressort des magistrats civils ; les officiers et les juges militaires ne peuvent en prendre connaissance qu'à l'armée et hors du royaume ; ils ne peuvent non plus apporter aucun obstacle à la poursuite ou à l'exécution du jugement.

« Les armes, les chevaux, les livres, les instruments d'étude, les effets d'habillement et d'équipement dont les règlements prescrivent que les officiers soient pourvus, ne peuvent être saisis ni vendus au profit des créanciers.

« Vigilance des officiers.

« Art. 332. Les officiers et surtout les capitaines, doivent employer une grande vigilance à empêcher les sous-officiers, les caporaux et les soldats de faire des dettes ; ils punissent avec sévérité ceux qui en contractent ; la suspension et même la cassation sont encourues par les sous-officiers et caporaux en cas de récidive.

« Créanciers sans recours sur la solde.

« Art. 333. Il est interdit aux sous-officiers, aux caporaux et aux soldats de contracter, sous quelque prétexte que ce soit, aucun emprunt, dette ou engagement, et les créanciers sont sans recours légal sur leur solde. Lorsque le capitaine a autorisé la dette, il en est responsable : dans ce cas il peut ordonner des retenues sur la solde des sous-officiers.

« Il les fait alors vivre à l'ordinaire du soldat.

« Dans les villes où il n'y a pas d'état-major de place, le colonel, à l'arrivée du régiment, invite l'autorité municipale à faire publier ces dispositions, afin que les habitants ne soient pas exposés à des pertes, et qu'ils ne contribuent pas au dérangement des militaires par une blâmable facilité. »

Arrêté du 6 octobre 1836.

« Art. 1er. Les visites dites d'amirauté à bord des navires du commerce, seront faites à Pondichéry et dans les Établissements secondaires par une commission composée de :

« 1º Deux capitaines au long cours ou anciens navigateurs.

« 2º Un constructeur ou maître charpentier, et, si les parties le requièrent expressément, du juge royal assisté de son greffier à Pondichéry, et, dans les Établissements secondaires, du juge de paix lieutenant de police assisté pareillement de son greffier.

« Ces experts dresseront procès-verbal de leurs opérations.

« Art. 2. Ces commissions seront formées, à Pondichéry, par le juge royal, et, dans les Établissements secondaires, par l'administrateur ou le chef de service de l'Établissement, toutes les fois que les besoins de la navigation l'exigeront.

« Les experts seront choisis parmi les capitaines au long cours ou anciens navigateurs français présents sur les lieux, à l'exception, toutefois, de ceux qui seront attachés directement ou indirectement au service du navire à visiter.

« A défaut de capitaines au long cours ou anciens navigateurs français, les experts pourront être choisis parmi les marins étrangers.

« Art. 3. Lorsqu'un armateur ou un capitaine voudra, dans l'intérêt de l'armement, faire exécuter une visite à bord de son bâtiment, il en fera la demande, à Pondichéry, au juge royal, ou au chef de service dans les Établissements secondaires, qui indiquera le jour et l'heure de la visite, et nommera les experts et recevra leur serment.

« Le chef de service à Chandernagor, à Karikal, à Mahé et à Yanaon, pourra, lorsque les circonstances l'exigeront, dispenser les experts de se présenter en personne, et les autoriser à leur adresser, par écrit, leur serment, qui sera annexé au procès-verbal de la visite.

« Lorsque l'absence de marins français obligera à recourir à des experts étrangers, la signature de ces derniers sera légalisée par les magistrats de la ville,. soit de Calcutta, de Tranquebar ou de Coringuy.

« Art. 4. Les assureurs, les chargeurs ou les passagers d'un navire, pourront également provoquer, de la même manière, une visite d'amirauté, lorsqu'ils croiront leurs intérêts en péril.

« Si le résultat de la visite ne confirme pas leurs appréhensions, les frais en resteront à leur charge.

« La même visite pourra avoir lieu sur la demande de l'Ordonnateur de la marine à Pondichéry, et être prescrite d'office par les chefs des Établissements secondaires, dans l'intérêt de la conservation des équipages.

« Les frais de cette visite ne seront supportés par l'armement que dans le cas où le bâtiment ne se trouverait pas, d'après la déclaration des experts, en état d'entreprendre sans inconvénient le voyage projeté.

« Art. 5. Les procés-verbaux des opérations et autres pièces relatives aux visites d'amirauté, seront déposés dans les greffes des Tribunaux de première instance et de commerce ou des justices de paix qui en auront connu : il en sera délivré des extraits aux parties intéressées qui les réclameront.

« Le prix de ces expéditions sera de un franc vingt centimes par rôle, outre le droit de dépôt fixé à trois francs soixante centimes par visite.

« Art. 6. Les frais relatifs aux visites seront payés aux experts par les capitaines, armateurs ou autres, qui auront demandé les visites, au moyen d'un droit qui sera prélevé dans le tonnage de chaque navire, conformément au tarif ci-après :

«Navires de 150 tonneaux et au-dessous, par visite, quarante francs.

«Navires de 151 tonneaux à 200, quarante-cinq francs.

«Navires de 201 tonneaux à 250, cinquante francs,

(363)

« Navires de 251 tonneaux à 300, cinquante-cinq francs.

« Navires de 301 tonneaux à 400, soixante francs.

« Navires de 401 tonneaux et au-dessus, soixante-cinq francs.

« Art. 7. Le produit de ce droit sera réparti comme suit :

« 1° A chacun des capitaines, deux cinquièmes ;

« 2° Au maître-charpentier, un cinquième ;

« 3° Plus vingt-quatre francs pour le juge, seize francs pour le greffier, lorsqu'ils seront requis conformément à l'article 1er. »

Arrêté du 6 décembre 1838.

« Art. 1er. L'article 4 du règlement du 18 novembre 1769, dont la teneur va suivre, est maintenu en tant que de besoin, et continuera à être exécuté rigoureusement. En conséquence, tout acte sous seing privé qui contiendra une vente simulée, sera déclaré nul et de nul effet. »

« Art. 4. Tous actes sous seing privé, pour vente et achat de maisons, jardins, terrains ou autres immeubles, ne pourront être passés entre parties, que sous la condition et promesse exprimées dans lesdits actes, d'en passer contrat dans l'espace d'un mois, par-devant le notaire public ou le tabellion de la chaudrie, suivant l'ordre des parties, laquelle acquérante décidera de l'un ou l'autre de ces notaires : faute de quoi, tout acquéreur ne pourra prétendre jouir des maisons, jardins, terrains ou autres immeubles, dont le billet sous seing privé de vente et d'achat n'aurait pas été ratifié par un contrat par-devant le notaire public ou le tabellion de la chaudrie, dans ledit espace d'un mois ; la propriété devenant alors dévolue de droit au vendeur quand bien même il se serait dessaisi desdits immeubles (arrêté du 19 avril 1856).

« Art. 2. L'article 8 du titre IV du règlement du 27 janvier 1778, est maintenu et sera exécuté selon sa forme et teneur.

«Art. 8. Les Malabars, Maures, Persans, Indiens et autres, qui ne sont pas de l'ordre des gens à chapeau, ne pourront passer aucun acte par-devant les notaires européens, et ce, sous peine de nullité ; mais lorsqu'aucun des susdits sera dans le cas de passer acte avec un Européen quelconque, alors ledit acte sera reçu par un notaire européen et un tabellion malabar, lesquels en garderont, chacun et séparément, minute, dans leur langue, pour en être expéditions délivrées aux parties.

« Art. 3. Les actes reçus conformément à l'article 9 du titre IV dudit règlement du 27 janvier 1778, n'auront de date contre les tiers qu'à dater de leur dépôt chez le tabellion, et dans les circonstances mentionnées en l'article 1328 du Code civil.

« Art. 4. Les tabellions inscriront leurs actes, minutes, grosses, expéditions et brevets, sur papier d'Europe, en se conformant au tarif ci-après.

« Art. 5. L'article 10 du règlement précité du 17 novembre 1769, est abrogé.

« Art. 6. Une seconde charge de tabellion est créée à Pondichéry et à Karikal.

« Art. 7. Dans les Établissements où il se trouvera plusieurs tabellions, chacun devra adresser, chaque jour, à son confrère, un extrait de son répertoire contenant mention des actes qu'il aura passés dans la journée ; cet extrait devra être transcrit par les autres tabellions sur un registre à ce destiné.

«Chaque infraction aux dispositions du présent article, sera punie d'une amende de cinq roupies, sans préjudice de dommages-intérêts dans le cas où quelque fraude ou stellionat aurait été commis.

« Art. 8. Toutes dispositions contraires au présent arrêté sont abrogées.

« *Tarif des tabellions.*

« Art. 1er. Il sera taxé aux tabellions pour tous les
actes :

« Pour chaque vacation de trois heures,

« 1° Aux compulsoires faits dans leur études ;

« 2° Devant le juge, en cas que le transport devant
lui ait été requis (article 852 du Code de procédure
civile) ;

« 3° Aux inventaires contenant estimation des biens
meubles et immeubles ;

« 4° A tous les procès-verbaux qu'ils dresseront en
tous autres cas, et dans lesquels ils seront tenus de
constater le temps qu'ils y auront employé ;

« A Pondichéry, Chandernagor et Karikal, deux
roupies.

« A Mahé et Yanaon, une roupie quatre fanons.

« Art. 2. Pour la minute de tous actes pour la rédaction desquels il n'est pas alloué de vacations, le
rôle contenant trente lignes à la page et vingt syllabes
à la ligne,

« A Pondichéry, Chandernagor et Karikal, une
roupie.

« A Mahé et Yanaon, six fanons.

« Art. 3. Lorsque les tabellions auront à se transporter à plus d'un mille de la ville où ils résident,
il leur sera alloué des frais de transport d'après la
taxe du cotwal.

« Art. 4. Pour les ventes passées devant eux, il leur
sera alloué , savoir :

« Dans les ventes depuis quatre cents roupies jusqu'à quatre mille roupies, un demi pour cent.

« Sur la somme excédant quatre mille roupies, un
huitième pour cent.

« Au moyen de ces remises, il ne sera alloué au tabellion, pour ses minutes et expéditions, que la moitié

de ses droits dans les ventes au-dessous de quatre
mille roupies, et rien dans les ventes d'une valeur supérieure à quatre mille roupies. Dans les ventes inférieures à quatre cents roupies, le tabellion ne percevra
que son droit sur la minute et l'expédition de l'acte,
(*Modifié*, arrêté du 19 juin 1852).

« Art. 5. Tous les autres actes du ministère des
tabellions, notamment les partages, seront taxés par
le juge royal suivant leur nature et les difficultés que
leur rédaction aura présentées, et sur les renseignements qui lui seront fournis par le tabellion et les
parties.

« Art. 6. Les expéditions de tous les actes reçus
par les tabellions, y compris celles des inventaires et
de tous procès-verbaux, contiendront trente lignes
à la page et vingt syllabes à la ligne, et leur seront
payées quatre fanons, pour Pondichéry, Chandernagor
et Karikal ; et Mahé et Yanaon, trois fanons.

« Art. 7. Lorsque le tabellion sera appelé chez le
notaire pour passer des actes entre natifs et Européens,
il ne percevra que la moitié de ses droits. »

Arrêté du 27 octobre 1830.

« Art. 1er. Lorsque le notaire titulaire à Pondichéry sera empêché légitimement de passer les actes
de son ministère, le greffier en chef de la Cour royale,
et à son défaut, également pour cause d'empêchement
légitime, le greffier en chef du Tribunal de première
instance de Pondichéry, sont autorisés à le suppléer
et à passer tous les actes de la compétence du notaire.

« Dans ce cas, mention sera faite, sur l'acte requis,
des empêchements ci-dessus mentionnés.

« Art. 2. Les greffiers de la Cour royale et du Tribunal de première instance de Pondichéry, seront
tenus de se conformer à toutes les règles actuellement
en vigueur, prescrites pour le régime du notariat.

« Ils prêteront serment, en cette nouvelle qualité, devant la Cour royale.

« Art. 3. Le Procureur général devra être toujours informé, par les divers officiers publics, des causes d'empêchement qui se trouveront en eux pour la passation de l'acte requis. »

Arrêté du 23 mai 1834.

« Art. 1er. Au cas d'empêchement légitime du greffier notaire dans chacun des Établissements secondaires, cet officier sera remplacé, audit titre de notaire, par le greffier du Tribunal de paix ou de police, lequel est autorisé à passer tous actes, en se conformant aux lois.

« Il sera fait mention, sur l'acte requis de l'empêchement du notaire ordinaire, et procès-verbal sera dressé par ce dernier, du dépôt, au rang de ses minutes, d'une expédition qui lui sera remise par le notaire suppléant, de chaque acte par lui reçu dans les trois jours de la passation de l'acte, au plus tard, indépendamment de l'inscription sur les répertoires du notaire.

« La double minute autre que celle destinée au dépôt de Versailles, d'après l'édit du Roi de 1776, restera au greffe du Tribunal, auquel est attaché le greffier remplissant la fonction de notaire suppléant, pour y avoir recours au besoin, et les deux notaires pourront indifféremment délivrer expédition de l'acte aux parties intéressées.

« Art. 2. Le greffier remplaçant le notaire prêtera serment comme notaire, devant le Tribunal de première instance de l'arrondissement.

« Art. 3. Le procureur du Roi devra être immédiatement prévenu de l'empêchement qui motive le remplacement, et il devra en prévenir également le Procureur général. »

Arrêté du 5 avril 1841.

« Art. 1er. Les minutes des tabellions démissionnaires, destitués ou décédés, seront remises au successeur, à charge, par ce dernier, de tenir compte, à qui de droit, des recouvrements, à raison des actes dont les honoraires sont encore dûs, et du bénéfice des expéditions.

« Art. 2. La remise des minutes du tabellionnage sera faite en présence du procureur du Roi, au fur et à mesure de la levée des scellés par le juge de paix, sur un état double et sommaire en langue native, lequel sera traduit en regard en langue française ; ledit état, dressé contradictoirement entre le successeur désigné et les héritiers ou ayants droit du tabellion destitué ou décédé ou avec le démissionnaire.

« Un double de l'état sera déposé au greffe du Tribunal de première instance de l'arrondissement, où il pourra en être pris connaissance par tous intéressés.

« Art. 3. Si le tabellion destitué ou révoqué est en état d'interdiction légale, l'état sera dressé contradictoirement avec le curateur aux biens vacants, à défaut de parents ou d'amis également désignés, conformément à l'article 29 du Code pénal.

« Art. 4. Les frais d'apposition et levée de scellés, seront avancés par le tabellion dernier nommé, et retenus sur le montant des recouvrements dont il est parlé en l'article 1er. »

Tarif du notariat du 30 décembre 1775.

« Art. 1er. La minute de tous actes et contrats sera taxée à deux roupies le rôle, le rôle de deux pages, la page de vingt-deux lignes et la ligne de quinze syllabes.

« Les expéditions d'iceux seront taxées à une roupie le rôle.

« Art. 2. Les inventaires resteront taxés à trois roupies par vacations, et les expéditions d'iceux à une roupie le rôle.

«Art. 3. Les copies collationnées resteront à quatre fanons le rôle.

« Art. 4. Les recherches de pièces dans l'année courante et dont la date sera certaine, gratis. Depuis la première année révolue jusqu'à cinq, seront taxées à une roupie, et, de cinq jusqu'à dix et au delà, deux roupies. Les communications de pièces qui auront occasionné une recherche et l'examen par la partie passant une heure de temps, la vacation sera taxée à trois roupies.

« Art. 5. Consignations d'espèces, dépôts quelconques, il sera prélevé un pour cent à compter du jour du présent règlement (*abrogé*).

« Art. 6. Les vacations des comptes de partages, de successions, communautés, tutelles, etc., seront taxées à trois roupies, indépendamment des minutes.

«Art. 7. Il sera alloué au notaire un pour cent sur la vente des meubles, et, sur celle des immeubles, une roupie pour cent roupies ; et, passé cent roupies, il sera alloué une demi roupie d'augmentation sur chaque cent roupies (*modifié* pour la vente des immeubles, arrêté de 19 juin 1852).

« Art. 8. La signature sur les olles des ventes de maison passées à la chaudrie, sera payée deux fanons, et celle sur les olles de vente d'esclaves, quatre fanons, attendu qu'il faut les enregistrer (*abrogé*).»

Arrêté du 8 octobre 1843.

« Art. 1er. Les greffiers chargés, provisoirement, de la conservation des hypothèques, percevront, pour chaque transcription d'actes translatifs de propriété

24

immobilière, un droit de quatre fanons par rôle de trente lignes à la page et de vingt-cinq syllabes à la ligne, lorsque la vente ne s'élèvera pas au-dessus de deux cents roupies ; et d'une roupie par rôle, pour toute vente excédant ladite somme.

« Art. 2. L'exécution de l'arrêté du 4 juillet dernier, concernant la conservation des hypothèques, ne datera, pour l'Établissement de Karikal, que de l'enregistrement du présent arrêté. »

Arrêté du 25 juillet 1845.

« Art. 1er. Dans tous les Établissements français de l'Inde, un bureau de conservation des hypothèques est établi pour chaque arrondissement du Tribunal de première instance.

« Ce bureau est placé dans la ville où siège le Tribunal.

« Art. 2. À Pondichéry, la conservation des hypothèques est confiée à un employé de la direction du domaine désigné par le Gouverneur.

« Dans les Établissements secondaires, elle est remise au greffier en chef du Tribunal de première instance.

« Art. 3. Le conservateur aura son domicile de droit dans son bureau, pour toutes les contestations auxquelles sa responsabilité donnera lieu. Ce domicile durera autant que sa responsabilité.

« Art. 4. Les conservateurs sont chargés, sous leur responsabilité, conformément aux dispositions du chapitre 10 titre 18 livre III du Code civil , de l'accomplissement des formalités prescrites pour la conservation des hypothèques.

« Art. 5. Chaque conservateur devra avoir trois registres, savoir :

« Le premier, pour l'enregistrement du dépôt des pièces, tenu en exécution de l'article 2200 du Code civil, sur lequel seront inscrites, jour par jour, et par ordre numérique, toutes les remises d'actes qui seront faites au conservateur, à l'effet d'inscription ou de transcription.

« Le conservateur donnera au requérant une reconnaissance qui rappellera le numéro du registré de dépôt, et il ne pourra transcrire les actes ni inscrire les bordereaux sur le registre à ce consacré, qu'à la date et dans l'ordre des remises qui lui auront été faites.

« Le second registre, tenu en conformité de l'article 2150 du Code civil, est destiné à l'inscription des bordereaux de créances hypothécaires.

« Le troisième est destiné, en conformité de l'article 2181 du Code civil, à la transcription des actes translatifs de biens et droits susceptibles d'hypothèques.

« Art. 6. Chaque registre sera coté et paraphé, à chaque page, par première et dernière, par le juge royal du Tribunal dans le ressort duquel le bureau est établi.

« Art. 7. Tous ces enregistrements seront faits, jour par jour, dans l'ordre du registre des dépôts, sans blanc ni intervalle; chacun d'eux portera un numéro d'ordre, et sera signé du conservateur.

« Ce numéro sera rapporté sur chacun des actes qui doivent rester au bureau.

« Toutes les mentions qui doivent être faites sur les registres, seront également signées par le conservateur.

« Art. 8. Les arrêtés, qui, conformément à l'article 2201 du Code civil, doivent être effectués chaque jour, à l'instant où le bureau est fermé au public, seront inscrits immédiatement après le dernier enregistrement ou le dernier arrêté, sans intercalation, et sans qu'il en puisse être mis plus d'un dans la même case ou sur la même ligne.

« Chaque arrêté sera écrit en toutes lettres par le conservateur et signé par lui.

« Art. 9. Aucune formalité hypothécaire ne pourra être remplie, les dimanches et jours de fêtes légales.

« Ces jours seront désignés dans l'arrêté incrit sur le registre, indépendamment de la date.

« Art. 10. Les formalités hypothécaires s'accomplissent, savoir :

« 1° A l'égard de l'inscription, par la copie littérale sur le registre à ce destiné, de l'un des bordereaux présentés par les requérants, ou rédigés par le conservateur dans le cas où il en est requis.

« 2° A l'égard de la transcription, par la copie littérale des actes soumis à cette formalité.

« Dans les deux cas, le conservateur remettra au requérant le bordereau inscrit ou l'acte transcrit, et il certifiera, au pied, avoir accompli la formalité dont il énoncera la date, le volume et le numéro.

« Art. 11. Les déclarations de changement de domicile, les cessions de priorité, les subrogations dans les inscriptions hypothécaires, et les nouvelles époques d'exigibilité, consenties en vertu d'actes authentiques de cessions, de subrogations ou de prorogations de délai, représentées au conservateur, seront mentionnées en marge des inscriptions qu'elles concernent. En cas de cession ou subrogation, l'acte restera déposé entre les mains du conservateur.

« A défaut d'espace en marge de l'inscription, les déclarations de changement de domicile seront portées sur le registre à la date courante, avec mention sommaire en marge de l'inscription, ainsi que sur le bordereau, dans le cas où il serait représenté par la partie.

« Dans ce même cas de changement de domicile, la déclaration sera valable, même sans acte authentique, si elle est signée par le créancier ou son mandataire spécial.

« Art. 12. Les erreurs, omissions ou irrégularités commises sur les registres, et reconnues après l'arrêté des registres, ne pourront être certifiées qu'au moyen d'une nouvelle formalité accomplie par le conservateur à la date courante, sans préjudice toutefois des droits acquis à des tiers, antérieurement à la seconde formalité, et du recours en garantie, s'il y a lieu, contre le conservateur.

« La seconde formalité rappellera la date, le volume, et le numéro de celle qu'elle a pour objet de rectifier, et mention en sera faite en marge de la première formalité.

« Les extraits ou certificats qui seront délivrés devront les comprendre toutes les deux.

« Art. 13. Les extraits, états, certificats ou copies des registres à délivrer, devront être conformes aux intentions clairement exprimées par les requérants dans leurs demandes.

« Lorsqu'une inscription aura été renouvelée dans la période de dix ans, l'état devra comprendre la première inscription, ainsi que les inscriptions de renouvellement.

« Les états ou certificats seront, dans tous les cas, cotés et paraphés, sur chaque feuillet et au bas de chaque page, par le conservateur. Dans la clôture de chaque état, il indiquera le nombre d'inscriptions qui y sont contenues.

« Art. 14. Indépendamment des registres prescrits par l'article 5 ci-dessus, les conservateurs tiendront un registre répertoire sur lequel seront portés par extrait, au fur et à mesure de l'accomplissement des formalités, sous le nom de famille de chaque grevé ou de chaque nouveau possesseur, et à la case qui lui est destinée, les inscriptions faites à sa charge, les radiations, les transcriptions et tous autres actes qui le concernent. Les transcriptions d'actes de mutation seront en outre portées sous le nom du propriétaire vendeur ou exproprié.

« Le registre répertoire indiquera, pour chacun des actes mentionnés au présent article, le registre où il est inscrit, son numéro sur ce registre, sa nature et le montant des sommes qui y sont exprimées.

« Il sera formé une table de ce répertoire, dans l'ordre alphabétique du nom de famille de l'individu désigné en tête de chaque case.

« Art. 15. Les conservateurs devront tenir leurs bureaux ouverts au public pendant six heures, chaque jour, excepté les dimanches et jours de fêtes légales. Les heures de séance seront affichées à la porte du bureau.

« Art. 16. Les conservateurs recevront, pour toutes les formalités qu'ils accompliront et pour les actes qu'ils délivreront, un salaire dont la quotité est déterminée par le tableau annexé au présent arrêté.

« Ce tableau sera affiché dans le bureau du conservateur, tant en français que dans la langue native de l'Établissement.

« Il ne pourra être perçu ou exigé, sous le titre de droit de recherche, prompte expédition, ou sous quelque autre dénomination que ce soit, aucun salaire autre que ceux désignés audit tableau.

« Art. 17. Les conservateurs tiendront un registre sur lequel ils porteront, jour par jour, article par article, et par série du numéros, tous les salaires qui leur seront payés ; mention du numéro de l'article sera faite sur la quittance délivrée aux parties : le tout à peine, contre les conservateurs, d'une amende de cinq francs pour chaque article ou mention, omis ou incomplet.

« Toutefois, ils pourront porter en une seule ligne, à la fin de chaque mois, le nombre des articles enregistrés pendant le mois dans le registre des dépôts, et le nombre des inscriptions faites aussi pendant le mois avec le montant en masse des salaires de ces articles.

« Art. 18. Les salaires seront payés par les requérants, avant l'enregistrement sur le registre de dépôt.

« Les conservateurs donneront une quittance détaillée, article par article, et en toutes lettres, de tous les salaires qui leur seront payés ; cette quittance sera portée dans la relation prescrite par l'article 10 ci-dessus.

« Art. 19. Les inscriptions de créances appartenant à l'État, ou prises contre ses comptables, les inscriptions prises à la requête du ministère public, celles des hypothèques légales, des établissements publics sur leurs receveurs et comptables, celles des mineurs et des interdits sur leurs tuteurs, celles des femmes sur leurs maris, seront faites sans avances de droits ni salaires.

« Les conservateurs énonceront, tant sur leurs registres que sur le bordereau remis au requérant, le montant des salaires qui seront dûs ; ils en poursuivront le recouvrement contre le débiteur.

« Art. 20. Les conservateurs des hypothèques seront soumis à un cautionnement dont la quotité et les conditions seront ultérieurement réglées.

« Art. 21. Sont abrogées toutes dispositions antérieures aux règlements, arrêtés ou ordonnances locales contraires aux présentes. »

Tableau des salaires des conservateurs des hypothèques.

« Pour la rédaction des bordereaux lorsqu'ils en sont requis, lorsque la créance est au-dessous de 150 francs, un franc vingt centimes.

« Au-dessus de 150 francs, deux francs quarante centimes.

« Au-dessus de 300 francs, quatre francs quatre-vingts centimes.

« Pour l'enregistrement au registre de dépôt des actes remis au conservateur, et la reconnaissance qu'il en délivre, trente centimes.

« Pour l'inscription de chaque hypothèque ou privilége, quel que soit le nombre de créanciers ou de débiteurs d'une seule et même créance, au-dessous de 150 francs, un franc vingt centimes.

« Au-dessous de 150 francs, deux francs quarante centimes.

« Au-dessus de 300 francs, quatre francs quatre-vingts centimes.

« Pour chaque inscription d'office faite par le conservateur, en vertu d'actes translatifs de propriété soumis à la transcription, les mêmes droits.

«Pour chaque déclaration de changement de domicile, d'époque d'exigibilité ou de subrogation (il n'est dû qu'un seul salaire si les trois changements sont consentis par le même acte), un franc vingt centimes.

«Pour chaque mention de consentement à priorité d'hypothèque, soixante-quinze centimes.

«Pour chaque radiation totale ou partielle d'inscription, y compris le certificat qui en est délivré immédiatement, un franc cinquante centimes.

« Pour chaque extrait ou copie d'inscription, y compris toutes les mentions qui la modifient, un franc cinquante centimes.

« Il sera payé, en outre, deux centimes par ligne de quinze syllabes pour copie de chaque inscription qui contiendrait plus de cinquante lignes.

« Pour chaque certificat qu'il n'existe pas d'inscription, et pour chaque individu y dénommé, un franc cinquante centimes.

« Pour chaque rôle de transcription d'acte de mutation, rôle d'écriture calculé à raison de vingt-cinq lignes à la page et de quinze syllabes à la ligne :

« Lorsque le prix de vente n'excède pas 150 francs, un franc cinquante centimes.

« Au-dessus de 150 francs jusqu'à 300 francs, deux francs.

« Au-dessus de 300 francs, trois francs.

« Pour chaque certificat de transcription ou de non transcription d'acte de mutation ou d'autres formalités hypothécaires, un franc cinquante centimes.

« Pour chaque duplicata de quittance, un franc cinquante centimes.

« Pour chaque rôle de copie collationnée des actes déposés, transcrits et enregistrés au bureau des hypothèques, un franc cinquante centimes. »

Arrêté du 24 janvier 1846.

« Art. 1er. Les droits de transcription au bureau de la conservation des hypothèques, des actes de toute nature translatifs de propriété ou d'usufruit d'immeubles, sont, à dater de la promulgation du présent arrêté, réduits ainsi qu'il suit, savoir :

« Pour chaque rôle de transcription d'acte de mutation, le rôle d'écriture calculé à raison de vingt-cinq lignes de quinze syllabes à la page :

« 1° Lorsque le prix de vente n'excédera pas 150 francs, soixante-quinze centimes.

« 2° Lorsque le prix de vente excédera 150 francs jusqu'à 300 francs, un franc.

« 3° Lorsque le prix excédera 300 francs, un franc soixante-quinze centimes. »

Tableau des distances en mètres du chef-lieu de chacun des Établissements français de l'Inde aux aldées qui en dépendent.

Pondichéry.

	mètres.		mètres.
Adingapet	15,000	Andipaléom (à l'O. de Caliditancoupam)	23,500
Agrarom	11,000	Aranganour	14,800
Allancoupam	11,000	Arassour	8,000
Andipaléom	10,000		

	mètres.		mètres.
Aratchicoupom	20,000	Kijéparicalapett	18,000
Archiwack	10,000	Kilagrarom	13,000
Ariancoupam	5,500	Kirmapacom	13,300
Arouganour	15,000	Lingaretty paléom	22,000
Ayencoutti paléom	7,500	Madagadipett	20,500
Bahour	19,000	Madoucoré	25,600
Cadouvanour	19,000	Manacoupom	17,000
Caladitancoupom	22,000	Manadipett	28,000
Calapett	12,000	Manalipett	28,000
Canabadichettycolom	13,500	Manomode	20,000
Canialcovil	16,000	Manapett	16,000
Carassour	12,000	Mangalom	12,000
Carclampacom	13,000	Mélassatamangalom	14,000
Cariamboutour	23,400	Méléagrarom	21,000
Cariamanicom	23,000	Méléparicalapett	17,500
Cattéry	20,500	Moulapok et Couchipett	24,000
Chadéandiandicoupom	10,000	Moutalpett	3,000
Chelipett	16,500	Moutré paléom	6,000
Chimbipaléom	13,000	Mouroungapacom	4,500
China Cariamboutour	21,000	Mourticoupom	17,000
China Calapett	10,500	Nallour	22,000
China Virapatnam	8,000	Narambé	14,000
Coché paléom (à l'O. de		Nellavadé	9,100
Madoncoré)	26,000	Nirnayapett	16,000
Codatour	20,000	Nittépacom	23,000
Comara paléom	20,000	Nondicoupom	6,500
Comapacom	5,500	Odiampett	7,000
Corcadou	11,500	Olanday	2,700
Corcamodou	9,000	Ouchimodou	17,000
Cottépérinattom	18,500	Oulgaret	5,500
Coudépacom	13,000	Ourouviar	10,500
Coudiroupaléom	15,000	Oussoudou	10,000
Couchipett et Moulapok	24,000	Panéadicoupom	21,500
Counichampett	23,600	Pangour	16,000
Coupom	20,000	Papanchavedy (route de	
Couroumbapett	8,000	Madras)	12,500
Courouvinattom	20,000	Pédaricoupom	19,500
Courouvapanaïken pa-		Pénachicoupom	15,500
léom	7,300	Pérangalour	11,000
Édéarpaléom	8,000	Podéandicoupom	16,500
Iroulansandy	19,500	Poréour	9,000
Janjivirayapett	10,000	Pondassajanour	22,000
Kaycalapett	20,400	Poudoucoupom	16,000
Kijassatamangalon	18,000	Poudou paléom	2,700
Kijéour	14,000	Pouliarcoupom	15,000

	mètres.		mètres.
Pouliarcoupom (à l'E. de Kirmapacom)	14,000	Tanna paléom	9,500
Pournacoupom	9,000	Tavalapett	8,000
Pournassing paléom	13,000	Tavalacoupom	8,500
Pourvi paléom	16,000	Tédouvanattom	11,000
Rangapoullé chavedy	9,000	Tétampacom	21,000
Sanassicoupom	20,000	Timanaïken paléom	13,000
Sarompacomodéanpett	3,700	Tingatittou	2,800
Sédrapett	13,000	Tiroubouvané	20,000
Séliamodou	16,000	Tiroucangy	12,500
Sindanattom	10,000	Tiroucanour	26,000
Sivarandagom	16,000	Tirouvendacovil	20,000
Smalom	21,000	Tondamanattom	14,000
Sompett	20,000	Toutipett	14,000
Sonancoupom (au S. de Courouvinattom)	21,000	Vadanour	20,000
		Vamboupett	18,000
Sorapett	20,000	Villenour	9,000
Souramangalom	23,000	Virapatanam	5,000
Soutoucany	20,000	Yambalom	15,000

Chandernagor.

La distance de Pondichéry à Chandernagor, par Madras et Calcutta, est de 1,937,200 mètres.

	mètres.		mètres.
Aginagor	1,500	Coloupoucour	2,000
Barasette	2,500	Dachepoucour	3,000
Bornagor	1,500	Dinamardinga	2,000
Boro	2,000	Dupleix poty	2,000
Cantapoucour	2,000	Joguipoucour	2,500
Chabinara	1,500	Goudelpara	1,500

Karikal.

La distance de Karikal à Pondichéry est de 120,800 mètres.

	mètres.		mètres.
Agalancannou	9,300	Ambagaratour	13,600
Agarécassacoudy	7,100	Antourtembady	13,100
Agarécouroumbagarom	12,000	Antourvadébady	13,100
Agorémancoudy	10,800	Aquarévaremarécadou	5,700
Agaréneyvatchéry	5,000	Aquarévattam	3,300
Agarépouttacoudy	8,900	Aquarévattamcovilpattou	4,000
Agarésettour	10,800		

	mètres.		mè. res.
Atchelinganoulcadé	7,300	Méléodoudouré	4,100
Attipadougué	4,200	Mélépoutagaram	10,900
Ayaoullécadé	10,500	Mélévangiour	10,900
Cailachenadercovilpattou	10,500	Méléyour	5,300
Cannapour	13,700	Méloutrangoudi	5,100
Cantchébouram	5,500	Meltchembiangal	11,400
Caroucancoudy	9,100	Mouppaytincoudy	9,600
Cassaçoudy	4,000	Mouroganoulcadé	7,300
Cassacoudytemebady	6,900	Nallambal	11,900
Cassacoudyvadébady	7,100	Nallatour	15,300
Cliénour	11,100	Nellegeandour	13,100
Collécoudy	15,300	Naricaroumbé	14,900
Cottagam	11,800	Nédouncadou	10,700
Cottépaquam	13,300	Neivatchéry	6,100
Cottouchéry	5,700	Nérévy	5,300
Couroumbagarom	12,400	Ongiepattou	5,600
Covilepattou	9,600	Padoudarcollé	8,200
Covilpattou	2,000	Pagéa-Ambagaretour	13,100
Ecluse à 3 vannes	9,900	Pandarwadéguésettour	10,700
Ecluse à 5 vannes	10,600	Pandarévapépouttécoudy	8,700
Ecluse à 7 vannes	10,800	Pantchacharépouram	11,300
Eléancoudy	9,800	Patchour	2,100
Grande Aldée	5,300	Pattécoudy	10,800
Kaquemogy	6,000	Pariticoudy	12,000
Kigeannavassal	12,100	Petté	5,400
Kigéconné	9,600	Pologam	6,300
Kigéour	5,600	Ponepetty	9,800
Kigéour	5,800	Poudoutoré	2,000
Kigéodoudouré	2,300	Poumaleyamangalom	5,200
Kigéoutrangoudy	4,300	Pouttamangalon Annassamychetty	3,600
Kigépouttégàrom	8,500	Pouttamangalom Ramassamychetty	3,600
Kigévangiour	10,500	Pouvam	9,300
Kigetchembiangol	9,900	Rayampallem	6,400
Kijemané	5,800	Salines de Vangiour	11,000
Letchoumanaraïnabourom	7,000	Sarénéripou	13,700
Madébouram	10,500	Sattamcoudy	12,300
Madour	10,800	Ségabourom	10,500
Manamouty	9,200	Sellour	8,100
Mannoincovil	9,600	Sermavélingué	10,500
Maltalancoudy	14,200	Sorécoudy	7,800
Mélannavassel	12,600	Soupprayebouram	6,800
Méléconné	9,900	Taccalour	3,700
Mélénallegeandour	12,600	Talctorou	3,400

	mètres		mètres.
Tamenancoudy	12,600	Toudouponémoullé	7,600
Taroumabouram	1,800	Vadecattellé	14,600
Temabouram	10,300	Vademarécadou	1,300
Tennancoudy	8,500	Vademattou	9,200
Tenour	6,900	Vallattamangolom	10,700
Tirnoullar	5,100	Varessépotticottébady	11,500
Tirouvattécoudy	7,900	Varitchécoudy	7,900
Tirouvengadébourom	8,600	Vigidour	7,400

Mahé.

La distance de Pondichéry à Mahé, en passant par Salem et Calicut, est de 630,700 mètres.

La France n'ayant pas encore été remise en possession des aldées dépendantes du territoire de Mahé, on s'abstient ici d'exprimer la distance du chef-lieu auxdites aldées (1).

Yanaon.

La distance de Pondichéry à Yanaon, en passant par Madras, Ongole, Biswara et Rajahmundry, est de 842,500 mètres. En passant par Madras, Ongole et Mazulipatam, elle est de 744,900 mètres.

Du N. au S. le territoire d'Yanaon mesure 4,200 mètres, et de l'E. à l'O., 12,000 mètres.

	mètres.		mètres.
Adivipolom	10,300	Chinamétacour	1,200
Cagoulongoudi	3,200	Francetippa	2,300
Cancolpetta	3,300	Pédamétacour	1,700

Le cadre de cet ouvrage, exclusivement consacré aux matières judiciaires, ne nous permet pas d'insérer les arrêtés locaux relatifs aux monopoles et aux fermes : bien que ces arrêtés contiennent des dispositions pénales, les matières qu'ils règlent sont entièrement administratives.

FIN.

(1) Les aldées ont été restituées depuis cet arrêté ; mais le tableau de leurs distances n'a pas encore été publié.

TABLE DES MATIÈRES.

Absence. — Cause d'ouverture de succession, 107. Sa durée, 108. Effets de l'absence, 109.

Achat. — Défense d'acheter dans certains cas, 169.

Accusation. — Chambre des mises en accusation, 260-263.

Adamanom. — Terres dont l'État a abandonné la jouissance, 54, 55.

Administration. — Mode de procéder dans les affaires qui l'intéressent, 210, 211.

Adopté. — Doit être de la classe de l'adoptant, 31. Doit être choisi parmi les parents de l'adoptant, 31, 32. Age qu'il doit avoir, 32, 33. Est-il tenu des dettes de son père naturel? 37. Peut demander des aliments à son père naturel, 37, 38.

Adoption. — Motifs de l'adoption, 27. Quand peut-elle avoir lieu? 27, 32, 33. Peut-on adopter plusieurs personnes? 28. Qui peut adopter? 28. De l'adoption par les veuves, 28, 29. Conditions essentielles à la validité de l'adoption, 31, 32. Formes de l'adoption, 34, 35. Effets de l'adoption, 36. Peut-elle être conditionnelle? 37. Peut-elle avoir lieu par testament? 184. Droits des fils adoptifs, 117, 118.

Affaires de caste. — Les juges de paix en ont la connaissance, 13, 14, 15, 193, 194.

Ajournements. — Délais pour les ajournements, 195, 198, 201. Modifications au Code de procédure, 199, 200.

Aliments. — Sont dûs à la femme, 12, 13. L'enfant adopté peut en demander à son père naturel, 37, 38. Les enfants en sont tenus envers leurs parents, 40. Sont dûs aux enfants naturels, 46; aux communs, 79, 80. Doivent être fournis en nature, 80. Sont dûs aux ascendantes veuves, 90; aux filles des communs, 91; aux incapables, 92, 113.

Appel. — En matière d'affaires de caste, 194. Procédure sur l'appel en matière civile, 202-207. Amende d'appel, 218, 219. Des jugements rendus à Mahé et Yanaon, 220. Des jugements de simple police, 256. Des jugements criminels, 268, 269.

Arbitres. — Les juges peuvent renvoyer les affaires devant des arbitres, 196, 197.

Archives. — Dépôts des anciennes archives, 356.

Arrêtés. — Sont traduits après leur promulgation, 183, 184.

Assignations. — Données à l'étranger, 209.

Assistance judiciaire. — Formes dans lesquelles elle est accordée, 223. Ses effets, 224. Retrait de l'assistance judiciaire, 226.

Audiences. — Règlement sur le service des audiences, 221, 222.

Aveugles-nés. — Sont incapables de recueillir des successions, 114.

Bandhu, 112.

Béchecar. — Officier de police judiciaire, 246.

Biens. — Sont patrimoniaux, 43, 110, 178. Sont propres ou acquêts, 41, 42, 16, 17, 18, 77, 78. Le père a-t-il le pouvoir de disposer des biens patrimoniaux? 110, 111. De les hypothéquer? 110. Il dispose librement de ses biens particuliers, 111. Partage égal des biens patrimoniaux, 140.

Chambre du conseil. — Ses attributions, 228-237.

Chaudrie. — Est un établissement de charité; nécessité de l'autorisation du Gouvernement pour les fonder; peuvent être aliénées; l'acquéreur ne peut changer leur destination, 66, 67.

Clôture. — Est obligatoire à Pondichéry, 64.

Collége. — Est représenté par le proviseur, 214, 215.

Commissaire-priseur. — Institution des commissaires-priseurs; leurs droits et leurs devoirs, 349-354.

Communauté. — Définition, 68. Du chef de la communauté, 68. L'aîné est le chef, 69. Les autres communs peuvent choisir un autre que l'aîné pour chef, 69. Pouvoir d'administration, 69; de disposition, 70. Il peut faire des baux, 72; constituer des hypothèques, 72, 73; défendre en justice, 74; ne peut faire de donation, 73; est tenu de rendre compte, 74. La communauté est obligée par d'autres que par le chef, 75. N'est pas tenue des obligations résultant des délits, 76, 99. Charges de la communauté, 79, 80. Époque du partage de la communauté, 81. Pluralité de communautés, 84. Mode de procéder au partage, 85. Preuves et présomptions de dissolution de la communauté, 100-104. Peut être rétablie après partage, 104. Les communs ont le droit de posséder des biens particuliers, 76. Conditions requises pour qu'ils puissent acquérir, 76, 77. Immeuble recouvré, 77. Ont droit à des aliments, 79. Sont tenus des dettes de la communauté, 94, 95.

Compétence. — Des Tribunaux de paix en matière civile, 185, 190; en matière de simple police, 252, 253; en matière de caste, 193. Des Tribunaux de première instance en matière civile, 194, 195; en matière correctionnelle, 258.

Conclusions. — Doivent être signifiées, 204.

Contrainte par corps. — A lieu en matière civile et commerciale, 171-174.

Contrats. — Modifications apportées par la législation locale, 162.

Contravention de police. — Énumération des contraventions de police, 300-314.

Correction. — Comment s'exerce le droit de correction, 38, 39.

(384)

Costume. — Interdiction aux gens de basse caste de prendre le costume des topas, 319, 320.

Cour criminelle. — Mode de procéder, 283-268.

Curateur aux biens vacants. — Ses fonctions, 151-152.

Défense. — Nomination des défenseurs d'office, 270.

Dégradation. — Est une cause d'ouverture de la succession, 107. Comment et par qui est-elle prononcée? 115. Le fils né après la dégradation n'hérite pas, 114.

Dettes. — De la communauté, 94, 95. Sont divisibles, 95, 96. Les communs en sont tenus, 95. Les héritiers sont tenus de payer les dettes de la succession, 144.

Dévastanom. — Sont les biens des pagodes, 54.

Distance. — Tableau des distances du chef-lieu de chacun des Établissements français de l'Inde aux aldées qui en dépendent, 376-379.

Donation. — Étendue du pouvoir de disposer à titre gratuit, 178, 179. Capacité de disposer et de recevoir, 179. Règles diverses sur les donations, 179, 180.

Dwyamushyayana, 37.

Émancipation, 52.

Enfant posthume. — Ses droits, 88.

Enfants. — Ont le droit d'acquérir des biens particuliers, 40, 41. Similitude du droit indou avec le droit romain, sur ce point, 42, 43.

Enfants naturels. — Ont droit à des aliments, 46. Mode de constater leur filiation, 47. Sont successeurs aux biens dans certains cas, 120. Fixation de leurs parts, 120.

Époux. — Leurs devoirs, 15.

Établissements de charité. — Doivent être autorisés par le Gouvernement, 66, 67. Sont impartageables, 94.

État. — Qui le représente en justice? 212.

Eunuques. — Sont incapables de recueillir des successions, 114.

Exhérédation. — Droit d'exhérédation, 142, 143.

Fabriques. — Comment elles peuvent ester en justice, 212, 213.

Femmes. — Sont en tutelle perpétuelle, 50, 51, 140. Peuvent tester, 140.

Fermes. — Par qui elles sont représentées en justice, 215, 216.

Filles. — Héritent en troisième ordre, 123. Distinction entre les filles pauvres et les filles riches, 123-125. Ne sont pas tenues des dettes de leur mère, 148.

Fils. — Diverses espèces de fils, 116, 117. Sont héritiers en première ligne, 117. Le partage s'opère entre eux par égales parts, 117. Part des fils adoptifs, 117, 118. Peuvent-ils contraindre leur père au partage des biens patrimoniaux? 142. Sont tenus des dettes *ultrà vires*, 145. Ne sont pas tenus de certaines dettes, 146.

En sont-ils tenus du vivant de leur père? 146, 147. Sont-ils tenus des dettes de leur mère ? 148. Peuvent-ils renoncer à la succession de leur père, 149.

FRAIS FUNÉRAIRES. — Sont à la charge de la communauté, 81.

FRÈRES. — Héritent en cinquième ordre, 127. Privilége du double lien, 127, 128. Succession d'un frère réuni, 130.

GOUVERNEUR. — Pouvoir du Gouverneur d'édicter des peines, 314.

HYPOTHÈQUES. — Obligations et devoirs des conservateurs, 368, 374.

IDIOTS. — Sont incapables de recueillir des successions, 114.

IMPÔT. — Abaissement de l'impôt, 56.

INCAPACITÉS. — Causes d'incapacité, 113, 114. Les incapacités de succéder sont personnelles, 113. Les fils des incapables héritent, 113. Elles sont perpétuelles ou temporaires, 114.

INCONTINENCE. — Est une cause d'indignité, 13, 115.

INDIGNITÉ. — L'incontinence est pour la veuve une cause d'indignité de recueillir la succession de son mari, 115. Comment et par qui l'indignité est prononcée, 116.

INDIGO. — Contrats relatifs aux fournitures d'indigo, 170.

INITIATIONS. — Cérémonies d'initiation, 22. A quel âge elles sont célébrées, 23. La communauté est tenue de faire les frais de ces cérémonies, 80.

INTERDICTION, 52.

INTÉRÊTS. — Prohibition du cumul des intérêts, 162, 163.

JUGE SUPPLÉANT. — Remplace le juge d'instruction, 251.

LÉGALISATION. — Par qui les actes sont légalisés, 355.

LETTRES DE GRACE. — Entérinement, 271.

MAJORITÉ. — A quel âge l'Indien est-il majeur? 47. Majorité en droit pénal, 52, 53.

MANÉ. — Terrain d'habitation situé dans les aldées, 54.

MARIAGE. — Son importance, 1. Age auquel on peut le contracter, 2. Conditions requises : égalité de classe, consentement, 3. Empêchement résultant de la parenté, 4. Obligation de marier les filles, 4. Diverses espèces de mariage, 5, 6. Conditions imposées par la législation locale, 7. Mariage des chrétiens, 8. Le mariage contracté par un gentil marié devenu chrétien est-il valable? 9. Indissolubilité du mariage, 10. Seconds mariages et cas dans lesquels on peut les contracter, 10, 11. Modifications apportées au Code Napoléon pour le mariage entre Européens, 23, 26. Les filles des communs sont mariées aux frais de la communauté, 91.

MÈRE. — Hérite en quatrième ordre, 127.

MILITAIRES. — Actions des créanciers contre les militaires, 357, 358.

MINISTÈRE PUBLIC. — Causes qui lui sont communicables, 198. Délai dans lequel la communication doit être faite, 205, 206.

MINORITÉ. — Les Indiens sont mineurs jusqu'à l'âge de seize ans révolus, 47.

Nantissement. — Conditions imposées aux prêteurs sur nantissement, 169.

Naynard. — Officier de police judiciaire, 246.

Notariat. — Par qui les notaires sont remplacés, en cas d'empêchement, 365.

Obligations. — Preuves des obligations, 164, 166.

Opposition. — Aux départs par mer, 345. Par terre, 347.

Ordre des héritiers. — Tableaux des ordres d'héritiers, 131, 134. Aux biens particuliers des femmes, 134, 136, 137.

Pagodes. — Mode d'administration des pagodes, 217, 218.

Panéal. — Institution des panéals, 177.

Partage. — De la communauté, 81. Époque du partage, 82. Mode du partage, 85-87. Biens à partager, 93. Partage par acte sous seing privé, 97. Sont annulables, 97, 98. Peuvent être rescindés, 99, 100. Preuves du partage, 100, 101. Présomptions de partage, 102, 103. Partage opéré par les ascendants, 140. Époque de ce partage, 141. Les enfants nés après le partage ont-ils des droits sur les biens partagés? 141. Partage inégal, 143, 144.

Paternité. — Recherche de la paternité, 47.

Pécules. — Existent dans le droit indou, 40, 41. Leur étendue, 42, 43.

Payement des dettes. — Les communs sont tenus de payer les dettes de la communauté, 94, 95. Ils en sont tenus *ultrà vires*, 98. Les héritiers sont tenus de payer les dettes de la succession, 144. En sont-ils tenus *ultrà vires*? 145. Distinctions à établir, 145. Les dettes se divisent entre tous les héritiers, 148. Payement des dettes de la mère, 148. Des dettes contractées par le père après le partage, 150.

Pénalités. — Modifications au Code pénal, 296, 297, 298, 329, 330. En matière de police sanitaire, 315-318. En matière de traite, 323-326. En matière de baraterie, 318-319. Contre les Indiens qui portent le costume des topas, 319. Contre les réunions illicites, 320-322. Contre ceux qui entravent la circulation des grains, 326. Contre ceux qui inondent les héritages de leurs voisins, 322. Contre les domestiques, 327-329. En matière de voirie, de grande voirie, de voirie urbaine et de voirie rurale, 330-341. Contre les forçats évadés, 341, 342.

Père. — Hérite en quatrième ordre, 127. A l'usufruit légal des biens de ses enfants, 45.

Pions garnisaires. — Mise de pions garnisaires, 173.

Police judiciaire. — Officiers de police judiciaire, 246, 251.

Police sanitaire. — Loi sur la police sanitaire, 314, 318.

Prescription. — Reconnue comme moyen de libération, 174.

Prêts. — D'argent, 164. De bijoux, 168.

Procédure civile. — Devant la Cour, 203. Devant les Tribunaux, 207.

Procédure criminelle. — Règles diverses sur la procédure criminelle, 256-272.

Procureurs. — Peuvent-ils représenter les plaideurs en justice ?
198, 208, 209. Les Tribunaux ont le droit de leur interdire la
plaidoirie, 197, 199, 208.

Promulgation. — Mode de promulgation des arrêtés, 182. Traduction des arrêtés après leur promulgation, 183, 184.

Propriété. — Constitution de la propriété dans les Établissements
français de l'Inde, 54-57. Division de la propriété, 59. Mode de
transmission de la propriété, 59, 60. Sur quels biens s'étend le
droit de propriété, 59.

Puissance paternelle. — Le père pouvait vendre ses enfants,
39, 40, 47. Son droit de correction sur ses enfants, 38, 39.

Rapport — Est dû dans certains cas, 88.

Renonciation — Le fils peut-il renoncer à la succession de son père?
149.

Représentation. — Cas dans lesquels elle est admise, 117, 125,
126.

Requêtes. — Forme dans laquelle elles doivent être présentées,
359.

Réunions. — Réunions illicites ; modifications apportées au Code
pénal, 320.

Rôle. — Tenue du rôle, 204. Distribution des causes, 204.

Samonadacas, 112.

Sanadamaniom. — Terres concédées à titre de récompense, 54.

Sapindas, 112, 116.

Séparation des patrimoines. — Peut être demandée par le créancier de la communauté, 97.

Signature. — Une marque constitue-t-elle une signature ? 175,
176.

Soeurs. — Ne sont pas héritières, 128. Leurs droits, 128.

Solidarité. — N'existe pas entre les communs pour les dettes de
la communauté, 96-98.

Sourds-muets. — Sont incapables de recueillir des successions, 114.

Stridhana. — Ce que l'on entend par Stridhana, 16. En quoi il
consiste, 16, 17, 19. Étendue du droit de la femme sur le Stridhana, 18. Le mari en a-t-il la disposition ? 18. La femme a-t-elle
une hypothèque légale pour son Stridhana ? 19-21. Est-il compté
pour la fixation de la pension alimentaire ? 89, 90. Quels sont les
héritiers au Stridhana ? 134, 135. Les biens recueillis dans la
succession de la mère font-ils partie du Stridhana ? 138.

Successions. — Ouverture des successions, 106, 107. Règles générales relatives à l'ouverture des successions, 111, 112. Qualités
requises pour succéder, 113. Divers ordres d'héritiers, 116. Successions vacantes, 151, 152.

Suttees, 22.

Tabellionnage. — Institution des tabellions, 361, 362. Remise de leurs minutes, 366.

Talavaye. — Officier de police judiciaire, 246.

Taléari. — Officier de police judiciaire, 246.

Tarifs. — Des conseils agréés, 237. Des huissiers, 238. Des greffiers, 239-244. Des interprètes, 244. En matière criminelle, 272. Des tabellions, 363. Des notaires, 367. Des conservateurs des hypothèques, 374, 375.

Tarpadymaniom. — Terres attribuées aux serviteurs des aldées pour leur tenir lieu de solde, 55.

Testament. — Les femmes peuvent tester, 140. Forme des testaments, 180, 181. Peut-on adopter par testament ? 181.

Transport. — Conditions prescrites pour la validité des transports de créances, 167, 168.

Trésor public. — Forme de procéder dans les causes qui l'intéressent, 210, 211.

Tribunaux correctionnels. — Composition, 258. Forme de procéder, 259.

Tribunaux de simple police. — Composition, 252. Forme de procéder, 253, 258.

Tutelle. — Ouverture de la tutelle, 47-49. Tutelle légale, 49. Tutelle des femmes, 50, 51. Similitude du droit indou avec le droit romain, 51.

Usufruit légal. — Sur quels biens il s'étend, 45.

Vente. — Doit être enregistrée, 60, 62. Ventes sous seing privé, 65. Vente faite par le chef de la communauté, 71.

Veuvage. — Devoirs qu'il impose à la femme, 21.

Veuves. — Peuvent-elles se remarier ? 22. Leur rang, 13. Droits des veuves, 23. Elles peuvent adopter, 28, 30, 31. Ont droit à des aliments sur le fonds commun, 89. Sont héritières de leur mari, 120. En cas de concours entre plusieurs veuves, elles héritent par égales parts, 120. Autre opinion sur ce sujet, 120, 139. Étendue du droit des veuves sur les biens recueillis dans la succession de leur mari, 121, 138, 139. Peuvent-elles hypothéquer ? 121. Elles ont le pouvoir d'aliéner, 122, 138. Cas dans lesquels elles peuvent aliéner, 122, 138.

Visites d'amirauté. — Par qui elles sont faites, 359, 360.

FIN DE LA TABLE.

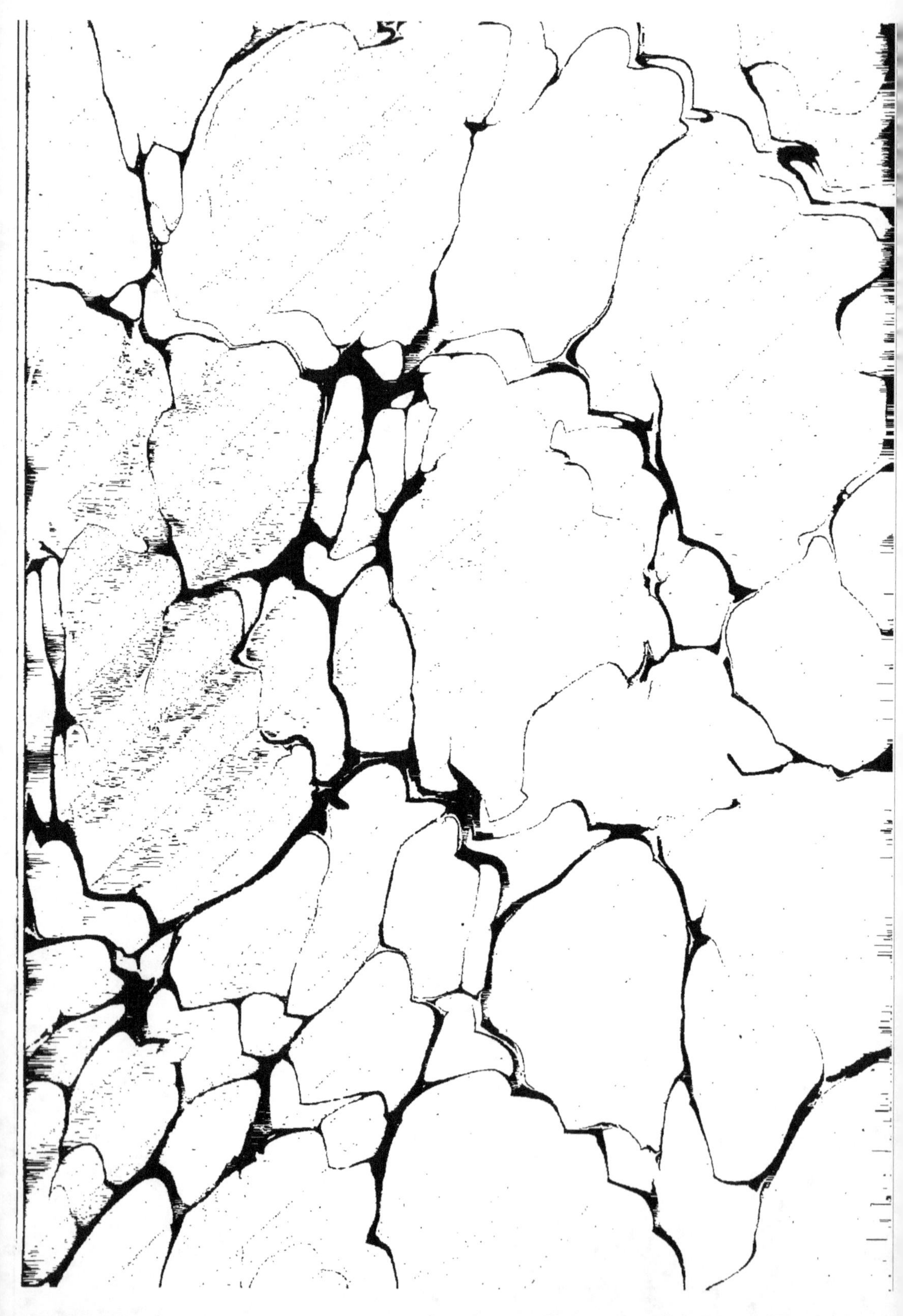

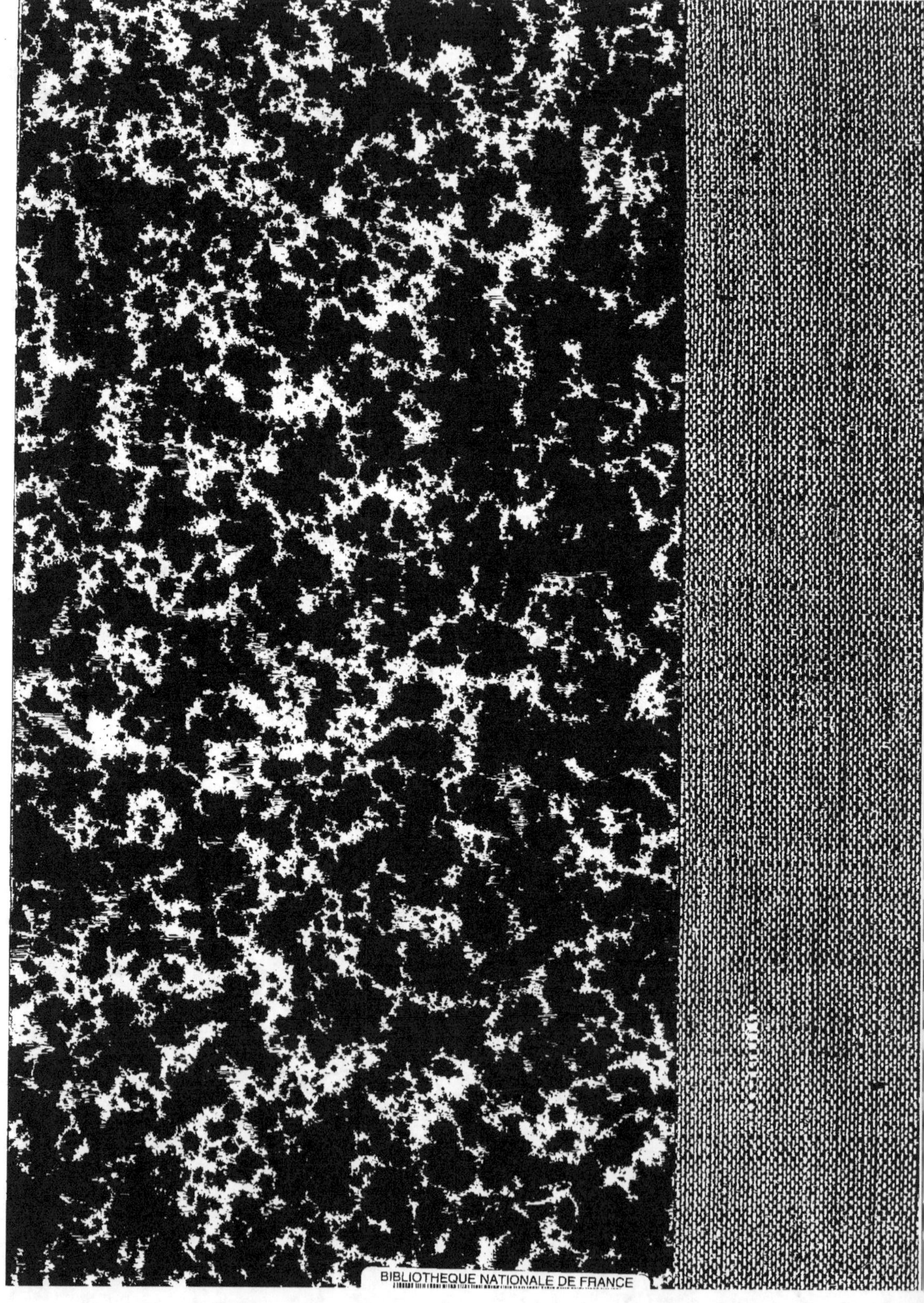

www.ingramcontent.com/pod-product-compliance
Lightning Source LLC
Chambersburg PA
CBHW061257030726
47595CB00001B/104